# 博物苑
## BOWUYUAN

南通博物苑苑刊
总第二十、二十一辑
2012 年合刊
2012 年 12 月 28 日

主　　编：赵　鹏
副主编：金　艳
　　　　徐　宁
责任编辑：黄　金
　　　　郭菁菁
　　　　周左锋

### 环濠河博物馆群创建国家公共文化服务体系示范项目专题

一、馆长论坛

1　公共文化服务体系与博物馆免费开放　　　　　　　　　　　　　宋新潮

5　由创建公共文化服务体系示范项目看博物馆发展之路
　　　　——在环濠河博物馆群馆长论坛上的讲话　　　　　　　　束有春

8　环濠河博物馆群提升公共文化服务能力试探　　　　　　　　　　李宜群

12　南通环濠河博物馆群创建工作设想　　　　　　　　　　　　　　赵　翀

15　历史文化名城的亮丽名片
　　　　——南通环濠河博物馆群建设述评　　　　　　　　　　　　习　慧

二、第二届"张謇杯·文博南通"讲解职业技能大赛

17　博物馆学习与讲解　　　　　　　　　　　　　　　　　　　　　宋向光

30　"第三只眼"看讲解
　　　　——讲解员与观众的有效沟通　　　　　　　　　　　　　　崔　波

37　公共文化服务理念下的自我突破
　　　　——第二届"张謇杯·文博南通"讲解职业技能大赛始末　　金　艳

40　讲解大赛对提升讲解队伍素质的经验与启示　　　　　　　　　　徐　宁

### 文博论坛

43　论新形势下的博物馆管理机构模式　　　　　　　　　　　　　　陈银龙

46　小康社会后江苏博物馆发展与管理的几点思考　　　　　　　　　邢致远

50　使走进博物馆成为百姓的一种生活方式
　　　　——南通博物苑观众调查研究综述　　　　　　　　　　　　张美英

52　关于县级博物馆爱国主义教育基地作用的探讨　　　　　　　　邱淑莉

54　CBIR 技术在博物馆数字藏品图像中的应用浅析　　　　　　　黄　金

## 工作平台

59　方寸之间尽显馆群风采

　　　——南通环濠河博物馆群"掌上博物馆"建设的思考　　　如　茶

62　谈互动在博物馆的运用　　　　　　　　　　　　　　　　　夏鹏飞

65　浅谈博物馆讲解员态势语言的运用技巧　　　　　　　　　　张胜男

68　关于博物馆讲解员培养工作的实践及思考

　　　——以南通城市博物馆为例　　　　　　　　　　　　　汤　建

70　浅谈学习博物馆讲解的步骤与方法　　　　　　　　　　　　周　燕

## 藏品天地

74　魏德栋旧藏"正心"琴款识初解　　　　　　　　　　　　　严晓星

77　创意新巧　制作精良

　　　——记失而复得的曼寿堂屏风　　　　　　　　　　　　沈　倩

82　江北特委机关刊物——《大众周刊》　　　　　　　　　　　王兴相

84　一张不同寻常的布告　　　　　　　　　　　　　　　　　任苏文

## 遗产保护

86　南通话剧百年　　　　　　　　　　　　　　　　　　　　曹　琳

104　蓝印花布与南通民俗文化记忆　　　　　　　　　吴灵姝　吴元新

109　自然标本在博物馆陈列环境中的保护思考　　　　陈　玲　李　宇

## 南通史话

112　张弘纲·张鼎·查家坝桥　　　　　　　　　　　　　　　胡小甜

117　《州乘资续·范凤翼传》研究　　　　　　　　　　顾　启　顾一冰

124　笑向西风写物华

　　　——张馨谷艺事漫谈　　　　　　　　　　　　　　　琅　村

135　"另类"的亲历者

　　　——重读蔡观明《知非录》　　　　　　　　　　　　傅宏星

140　冒广生平生及其《疚斋杂剧》　　　　　　　　　　　　　冒榕龄

## 编读往来

144　也谈编修家谱　　　　　　　　　　　　　　　　　　　周思璋

## 绿色长廊

146　城市化进程中绿化景观的雷同化纠谬与创新

　　　——以"中国近代第一城"南通市研究为例　　　　　　曹玉星

[编者按]：2011 年 5 月，以南通博物苑为龙头的"环濠河博物馆群"被文化部、财政部列为国家公共文化服务体系示范创建项目，成为全国唯一的文博项目。为切实做好示范创建工作，提升环濠河博物馆群的建设水平和服务能力，按照国家公共文化服务体系示范项目的创建标准和要求，南通市政府特制定了《南通市环濠河博物馆群创建国家公共文化服务体系示范项目工作规划》。依据创建规划，成立了环濠河博物馆群合作理事会，组织开展了一系列的活动。现将其中的博物馆服务公共文化之探求——环濠河博物馆群馆长论坛、第二届"张謇杯·文博南通"讲解职业技能大赛两项活动的有关内容整理出来，刊登如下。

### 馆长论坛

# 公共文化服务体系与博物馆免费开放

宋新潮（国家文物局副局长　中国博物馆协会理事长）

博物馆是人类收藏历史记忆凭证和熔铸新文化的殿堂，是传播文化、传承文明、启发民智的重要载体，是建设公共文化服务体系、实现文化大发展大繁荣的重要组成部分。改革开放特别是十六大以来，我国经济社会的快速发展，促进了博物馆事业的大发展。中国博物馆总数从改革开放前的 350 个，增长到现在的 3415 个。伴随我国进入全面建设小康社会的关键时期，文化在经济社会发展中的作用更加突出，国家高度重视公共文化服务体系建设。中央印发了《关于加强公共文化服务体系建设的若干意见》的专门文件。党的十七届六中全会站在全局高度作出了推动社会主义文化大发展大繁荣的重大战略决策，进一步突出和强调了公共文化服务体系在整个社会主义文化建设中的地位和作用。今天，我主要和大家交流以下四方面内容。

**一、博物馆是公共文化服务体系的重要内容**

众所周知，博物馆是收藏和展示人类及人类环境的物质及非物质文化遗产的文化机构。博物馆两大基本属性，决定了它在公共文化服务体系

中的地位，一是公益性，二是开放性。博物馆是文艺复兴之后，人类对自身及其生存环境的兴趣和研究与日俱增，渴望了解自然、了解历史、了解艺术的背景下而产生的一种新的文化组织形式。虽然早在古希腊、古罗马时期就有被称为"museum"的场所，但其仅限于收藏，没有向社会开放，也不体现公益性。因此，具备真正意义上的博物馆的产生是人类历史发展的进步，是人类文明的一个新起点。在国外，我们经常能看到博物馆是如何去为整个社会教育服务的，从幼儿到中学生、大学生，以及到一般老人，整体上是一个全民终生教育的定位。中国博物馆迄今历经了百年发展历程，南通是中国第一个博物馆的诞生地，当年张謇等人对博物馆性质的考虑和后来学者对博物馆的认识，从某种程度上来讲，甚至高于我们今天的认识。仅以著名学者、考古学家、古生物学家杨钟健先生为例，他当年曾参加周口店北京人遗址的发掘工作，在发掘刚开始的时候，杨钟健还在德国留学，期间曾讲道："我在国外无一日不对国家没有一个这样的机构（指博物馆）而感到羞愧。"他在参观了美国大都会博物馆后说："一个博物馆应该

相当于几十座学校。"杨钟健将博物馆定义为："博物馆不但为文化品物的储藏的地方,研究人才集中的场所,普及专门教育的辅助机关,也是民族复兴与国家元气的大本营。"他认为博物馆(陈列馆)"兼有保存文化、普及文化、提升文化三种要务"。时至今日,这些言论仍是掷地有声。我们现在常常谈到的中华民族的文化复兴,谈到的文化大发展大繁荣,同样与博物馆密切相关。在那个时代,对于博物馆的认识已经达到了非常高的高度,当时学者已经意识到,博物馆的发展,更多的时候是在为社会教育、为公众服务。

2007 年,国际博物馆协会在第二十一届大会上修订了《国际博物馆协会章程》,将博物馆界定为:"博物馆是为社会及其发展服务的、向公众开放的非营利性常设机构,为教育、研究、欣赏的目的征集、保护、研究、传播并展出人类及人类环境的物质及非物质遗产。"博物馆征集、保护、研究、传播并展示人类环境物质和非物质这种文化遗产见证物,都是为我们的教育、研究和欣赏服务的。通常很多人认为博物馆就是收藏、保护、研究、展示,实际上这一切的目的都是在为教育服务,这从根本上阐述了博物馆的性质和使命。

**二、免费开放政策有力促进了博物馆事业的全面发展**

从 2008 年起,在党中央和国务院的高度重视下,全国实施了博物馆免费开放。目前,全国 3415个公共博物馆中,有 1804 个博物馆向社会免费开放。中央用于博物馆免费开放的财政补助总额,在文化领域中是最大的一项公共文化支出。第一年中央拿出 12 个亿作为试点,2009 年 20 个亿,2010 年 20 个亿,从 2011 年开始增加到 30 个亿。当时国家文物局提出,除古建筑、遗址类博物馆外,文物系统所属的博物馆、纪念馆,在两年时间内(至 2009 年底)全部实现向社会免费开放。当前,免费开放的博物馆占到文物、文化系统所属博物馆总数的 75.6%。此外,包括江苏在内,内蒙古、浙江、福建等很多地区的博物馆主动免费开放。据不完全统计,加上自行免费开放的博物馆,全国免费开放的博物馆已经达到 2400 多个。一些民营博物馆也积极响应政府的号召,主动实施了免费开放。

免费开放的直接结果,就是博物馆观众人数大幅增加。免费开放以来,博物馆观众平均比免费开放前增长了 50%,各地的省级博物馆普遍增加了 3～4 倍。也就是说,在国家投入建设一个博物馆的情况下,发挥了 3～4 个博物馆的作用。李长春同志当年在国家文物局视察,了解到博物馆免费开放顺利推进时指出:"我一直在思考一个问题,我们建这么多的公共文化服务体系、公共文化服务的设施,怎么才能发挥它的作用? 现在看,免费开放是充分发挥公共文化设施作用的一项有效途径。"随着观众人数的增加,观众群体结构也发生了变化。免费开放后,参观博物馆的学生和本地低收入阶层增长明显。如陕西历史博物馆,免费开放前,观众的主体主要是外宾或者外地游客;免费开放后,主体就是当地民众。以我们做过调查的湖北省博物馆为例,其免费开放后 50% 的观众是武汉及其周边的当地居民。

免费开放对中国博物馆事业更是一个巨大的促进。免费开放之初,即使是博物馆工作人员,对博物馆免费开放的认识也不尽一致,但从这几年的博物馆实践看,免费开放对博物馆事业的巨大提升已经成为行业界的共识。首先,博物馆在基础设施、陈列展览等方面大幅提升。2007～2010年,文物系统博物馆年举办展览数从 7689 个增长到 10091 个。博物馆为满足群众多样文化需求,推陈出新,营造丰富多彩的博物馆文化。"复兴之路"、"国家宝藏"、"中国记忆"、"长江文明"、"早期中国"、"奇迹天工"、"自然·生命·人"等展览观者如潮,成为轰动一时的文化盛事。一批学术性、艺术性强的精品展览,入围两年一度的"全国博物馆十大陈列展览精品"名单。第二,博物馆的服务意识得到加强。博物馆渐渐由传统的对收藏文物标本的重视,变为对社会大众精神文化需求的关注,即由以藏品为工作核心的博物馆转变为"以人为本"、强调博物馆服务社会、服务教育的新博物馆。博物馆研究的重心已从"物"的研究转移到"人"的研究上来,博物馆社会教育和公共服务的职能和作用愈加突出。第三,博物馆免费开放得到社会各界的普遍肯定。免费开放对于博物馆融入社会,为促进社会和谐发挥了巨大作用,也进一步提高了中国博物馆的国际地位。2010年在上海召开的国际博协大会,充分展示了中国博物馆的发展，并得到国际社会的广泛认可。第四，推动了中国博物馆体制、机制改革的思考。免费开放条件下，为了避免博物馆退回到吃大锅饭的状况，我们组织专家学者开展对博物馆管理的体制机制研究，加强宏观指导和协调，积极推进博物馆运行机制体制改革，营造博物馆健康发展的制度环境。另一方面，一些博物馆积极适应文化体制改革和事业单位改革要求，不断建立健全法人治理结构，实现博物馆可持续发展。在此过程中，国家文物局的一个重要举措就是开展对博物馆的评估定级。一个博物馆办得好坏，应该有行业的评价，也应该有一些行业标准。我们在综合评估的基础上，评定了83家一级博物馆、178家二级博物馆和290家三级博物馆。综合评估设定了1000分，其中有200分如果按照打分标准来评，几乎所有的博物馆应该是零。但我们认为，"零"是一个数字，而不是无。"零"体现我们应该做的而没有做的事。评估定级对中国博物馆界是一个很大的触动和促进。同时，在中央财政的支持下，实施了中央和地方共建的博物馆计划，确定了8家中央地方共建国家级博物馆，由财政部和国家文物局牵头给予经费和政策支持，目标就是在博物馆与文化遗产保护上体现中央政府的责任，支持和扶持这些博物馆基础条件和业务水平的全面提升，并逐渐进入国际先进博物馆行列。

### 三、加强对免费开放后博物馆的管理

2008～2009年国家一级博物馆评定工作结束后，国家文物局对这两年全国一级博物馆的运行情况进行了评估。2011年又对2010年的情况进行了评估。通过这两次评估结果可以看出，中国博物馆哪些方面进步了，哪些方面还有不足，从而知道中国博物馆的发展状况。如果把2010年的评估和2008～2009年做一个比较的话，从总体来看，中国博物馆在很多方面提升的幅度很大。比如说，在2008～2009年的整体评估中，我们83家一级博物馆，得分在60分以上的有52家，约占62.7%；得分居于60分以下的有31家，约占37.3%，其中还有5家博物馆得分低于50分，从严格意义上来讲是不合格的。也就是说，如果将国家一级博物馆列为中国博物馆的第一方阵的话，实际这五家博物馆达不到合格水平。在2010

年的评定中，所有参评的博物馆全部达到了50分以上，其中得分在60分以上、评估结论为"合格"的博物馆超过80%，得分在50～60分、评估结论为"基本合格"的只占到不足20%。这就体现了博物馆的进步和整体水平的提高。原来普遍认为评估标准只适合于一般意义上的综合类博物馆，不适合于对遗址类、古建筑类、纪念馆和专题类博物馆的判断，后来经过调整和改进，现在评估体系也更加科学和实事求是，促进了各个类型博物馆的发展。这是因为，整个评定体系的核心部分突出了社会服务的内容，这些方面都有明显的提高。两次的评估情况已经全部公开发表，有非常详尽的数字，如果大家有兴趣的话，可以去参考一下。

### 四、努力提高博物馆公共服务能力

从博物馆评估的结果来看，当前我们博物馆在发展当中还存在一些问题，突出地表现在五个方面：第一，博物馆服务社会的能力不强，评估的结果显示，公共关系与服务项的得分率都比较低；第二，博物馆的定位不清，普遍缺少发展规划和目标；第三，陈列展览水平还有待于进一步提高；第四，学术能力不强，这也是制约博物馆发展的瓶颈问题；第五，专业人才队伍整体不强，这在评估过程中表现得非常明显，也是从根本上制约博物馆发展的一个问题。

如何去面对这些问题，使博物馆得到新的提高？博物馆应该明确自身使命，努力成为提高全民科学水平、促进社会和谐发展的重要力量。今天的博物馆不仅仅是一个文物保护和展示的机构，它必须成为所在地区社会发展与进步的动力，必须反映当前社会所关注的问题，成为社区和公共文化服务体系的重要组成部分。博物馆服务更应该延伸到所有人群，而不仅仅是为一部分人，应该要明确为所有人服务的定位。博物馆应该以合作的姿态，参与相关的社会发展计划的实施，通过利用独特的资源和潜力，适应积极而理性的社会变革，为多元文化的平等交流与对话提供平台，促进社区或者民众对于社会重大问题的理解。就是说，博物馆应该是一种为社会公众服务以及促进社会和谐的力量。美国的博物馆在这一点上值得我们借鉴。美国作为一个移民国家，它在展示不同民族文化、不同历史的时候，博物馆都试图告诉

观众所有的民族对于这个国家的整个历史都做了贡献，提倡人们对所有民族和文化的尊重。这在很大程度上是一种民族乃至国家文化力量的整合。为实现博物馆使命，我们必须提高自己的专业化、社会化和现代化水平。对此，我们必须坚持博物馆公共文化服务机构的公益性性质，不断深化博物馆免费开放，使免费开放政策持续促进博物馆发展，而不是成为制约博物馆发展的因素。

要着力提升陈列展览水平。博物馆展览是传达和完成博物馆使命的重要媒介，作为博物馆陈列展览，有三个方面是必须坚持的，就是坚持科学性、真实性和严肃性。现在很多博物馆科学性不高，知识性也不强，传达知识缺乏依据。比如，几乎所有的博物馆关于史前时代的场景营造，从严格的意义上来讲是一种臆造的场景，缺乏科学的依据。博物馆有时候为了展览需求或者需要做了很多无依据的场景，也同样影响了展览的严肃性。博物馆传递给观众的知识，必须是真实的知识，这是所有陈列展览都必须坚持的。同时，必须强调坚持以实物说话。对此，第一，要体现博物馆的语言。观众看完展览以后，能够得到启发和感悟。第二，要强调博物馆的艺术水平，增强博物馆的感染力。走进博物馆，如同进了艺术殿堂，坚持展览内容与形式的统一，吸引观众流连忘返。第三，要强调贴近生活、贴近群众、贴近现实，即博物馆应该有亲和力，不是高高在上地指导、教育观众。从这个角度来讲，展览要从如何让观众看得懂、看得明白去设计，我们陈列展览还有大幅度的提升空间。

要不断地拓展博物馆文化影响力。在做好免费开放的同时，还要使博物馆能够进社区、进校园。目前，很多博物馆都做了流动车，并通过各种手段加强博物馆宣传。博物馆做得好，宣传很重要，需要利用媒体，在各个方面对博物馆进行推广，要不断发展博物馆之友，扩展博物馆群众基础。同时，利用数字化方式推广博物馆文化，在这个方面有很多工作需要做。

积极主动地做好博物馆文化产品开发。博物馆文化产品开发要坚持几个原则：第一，必须和博物馆主题相一致，起到对博物馆文化的宣传和推广作用，体现"把博物馆带回家"的理念；第二，博物馆文化产品不仅仅只是复仿制品，还应该是我们经常使用的具有文化意义的商品；第三，博物馆文化产品应和该博物馆的宗旨相一致，并起到对博物馆的宣传作用；第四，博物馆文化产品也应该是增加收入的一个重要的方面。

不断加强博物馆人才队伍建设。要建立健全培养、激励和评价措施，探讨博物馆从业资格制度的管理，加强人才培养，包括加强博物馆职业道德建设。国际博协有职业道德准则，中国博物馆协会目前也正在制订中国博物馆的职业道德准则，博物馆机构及其从业人员，能做什么不能做什么，应该有一个行业的标准。国家文物局正在与人社部探讨设立博物馆的资质资格管理。日本有一种学艺员制度，进博物馆应该有一定的准入的资格和门槛。

着力推进博物馆体制和机制改革，进一步探讨社会参与博物馆建设的理事会制度。博物馆需要社会各个方面参与，通过建立理事会制度，广泛增加社会的参与度。在实施博物馆免费开放时，当初提了一个目标，要提高社会参与博物馆建设、社会参与博物馆管理、社会参与博物馆监督，促进博物馆在体制上有所改变。在英国以及中国香港，实际上就是一个总馆长制，总馆长来负责若干个馆，这样能够做到人力、物力和财力的统一协调。我们在这个方面也正在做一些探讨，包括探讨人事和内部制度的改革，包括采用聘用制，如何建立竞争、激励和约束机制，等等。

在 2012 年评估结束之后，国家文物局把所有结果向社会公布，而且要求各个博物馆对照得分进行对比检查。要通过评估定级，不断建立健全博物馆运行和服务标准化体系。博物馆还有很多工作要做，时代为中国博物馆发展创造了新的机遇，同时也对博物馆发展提出了新的要求，中国博物馆发展依然是任重而道远。

（摘自《文博之窗》2012 年第 3 期）

整理者：凌振荣

# 由创建公共文化服务体系示范项目看博物馆发展之路

## ——在环濠河博物馆群馆长论坛上的讲话

环濠河博物馆群创建国家公共文化服务体系示范项目馆群论坛已经圆满结束。论坛给我留下了深刻的感受和体会，主要有以下几点。

### 一、论坛主题富有时代意义

南通是中国博物馆的发祥地，作为新一代从事文博事业、从事博物馆研究的领导、专家，接过了前辈关于博物馆事业建设的大旗，肩负起新一代文博工作者的使命。中国博物馆事业有一百多年的历史，她续写的第一篇章就在南通。新时代的南通人，在继承前人业绩的基础上，要把这个光荣的传统发扬下去，同时也要符合现代社会对公共文化服务体系建设的要求。在这样的情况下，我们采取了一系列的行动。其中，很荣幸地成为了47个创建国家公共文化服务体系示范项目之一。

在此之前，南通市有关领导曾经为此到省里去商讨创建事宜。不管怎么样，把创建示范项目这么一个光荣任务能够拿到手，今天举行馆群论坛，我认为是肩负起了新一代南通博物馆建设的责任，是真正肩负起时代所赋予我们的使命，再一次体现了大家的使命感和责任感。

本次论坛层次是高的，内容具有针对性，既有宏观阐述，又有个案分析，对于搞好新时期博物馆建设，具有一定的指导作用和引领作用。很荣幸，这次国家文物局副局长宋新潮亲临会议、参加论坛，并且做了精彩的演讲，这也是我们始料未及的。由此可见，国家文物局对南通一直是高度重视的。宋新潮局长参加论坛，既有历史的渊源，也有我们同志的共同努力。他的讲话，首先在南通这块土地上发出了这么一个声音，是对论坛的鼓励，更重要的是对江苏乃至于全国博物馆工作的指导。今天，南通的同志是先睹为快、先听为快。这次论坛不仅是南通籍以及在南通工作同志的论坛，实际上也是上升到国家文物局领导参加的、高层次的论坛。因为宋新潮局长不仅是国家文物局副局长、是政府官员，更重要的是，他还是一位学者，并且长期从事理论研究和实际工作。论坛层次是高的，内容具有针对性。

### 二、论坛中心议题清晰明确

之所以针对性强，是因为我们是47个之一，这是很实在、很有目的性地开展一项工作，或者说实用性很强。因为是创建，所以要有一系列的动作。看起来是一种形式，实际上也是一种内容。通过这种行动，通过论坛的举办，把博物馆理论更加丰富起来，把博物馆群示范工程的内容、内涵更加丰富起来。

首先，要解决博物馆与博物馆群的关系。提交大会的20几篇论文，我粗略地看了一下。各位先生和女士的发言，我也认真地听了。博物馆与博物馆群究竟是什么关系？我觉得今天大家讲的或者提交的论文里面，已经有这么一个题目。

第二，博物馆群与公共文化服务体系是什么关系？这要回到问题的主题上来。因为博物馆群是47个公共文化服务项目之一，内容是博物馆群，那么博物馆群与公共文化服务体系究竟是什么关系？这个是馆群论坛要回答的第二个问题。

第三，如何发挥博物馆以及博物馆群在公共文化服务中的作用？南通有环濠河博物馆群，但是我历来主张南通应该讲中国博物馆城，这种称谓也不是不可以，实际上我们环濠河博物馆群有

20 多家博物馆,市区境内共有 30 多家博物馆。如何发挥博物馆群在公共文化服务体系中的作用?博物馆和博物馆群在公共文化服务中有何差异?现在要讲群的概念。今天这个论坛,从个人来讲,就应该想办法在文章当中找到这样的答案、找到这样的议题。

第四,南通环濠河博物馆群的内涵和外延是什么?应该通过这次论坛得到更加明晰、更加清晰的回答。关于环濠河博物馆群的定义,在这个文集的背面有,这也是经过认认真真的思考形成的。南通环濠河博物馆群究竟指的是什么?每个具体的博物馆,如珠算博物馆,审计博物馆,一看就知道是什么内容,大家清清楚楚。但是,环濠河博物馆群的内涵究竟是什么?今天,实际上是把这个问题提交给大会。我觉得这个问题还要深入讨论。总之,大家觉得南通环濠河博物馆群就是这么一种定义,它的内涵就是这么多,或者说还有什么?希望今天在这个论坛上得到回答,如果大家觉得还不够完善,那么会后还可以补充。

第五,环濠河博物馆群建设发展有什么优势和劣势?优势怎么发挥,劣势怎么弥补?如何改善、完善?因为创建的示范项目不是很完善,不是十全十美的,不是不需要发展、不需要完善的。今天开会一系列的动作,包括研究、措施的采取,实际上是告诉大家,这个示范项目有很好的基础,有很大的优势,通过今天这个论坛,更重要的是要找到不足,明确下一步应如何做好这项工作。

**三、论坛特点鲜明**

1. 宏观论著指导性强,具有前瞻性。有这么一些论文,实际上是在分析现在博物馆群优势的基础上,对下一步工作如何开展,在宏观上有所指导。首先,王栋云局长的文章很能说明这个问题,其次还有周小波、李宜群等同志的文章,实际上都带有宏观性的指导作用,当然有宏观和分项的阐述。

2. 能够立足南通,放眼中国和世界,具有对比性。我看了凌振荣、钱健、任苏文、钱红等人的文章,大家不仅仅能够就南通谈南通,就江苏谈江苏,而且还能够把国外的先进理念、好的做法在会上进行交流。尤其是凌振荣同志的文章,就博物馆群的概念,也就是我们所讲的什么叫博物馆群,

对比一下美国怎么讲的,日本怎么讲的,我们的博物馆群是什么概念,就是将全世界的博物馆群梳理一下,并探讨我们这个博物馆群有什么特色,有什么优势和不足。

据我所知,关于博物馆群的建设,除了南通以外,淮安正在打造运河博物馆群,因为淮安号称运河之都,沿着运河建博物馆。她的名称叫运河博物馆,实际上是由许许多多博物馆组成的。我一再跟他们讲,你们要向南通学习,不要叫运河博物馆,要叫运河博物苑。她里面含有戏曲名伶博物馆、名人博物馆,等等。另外,她还有一些自然的、生态的东西。扬州也在打造博物馆群,苏州在打造社区博物馆、生态博物馆。但是,我觉得实际上南通最具备博物馆群这一个特色,事实也证明了这一点。以上的同志能够立足南通,放眼中国和世界进行对比,对比的目的是从中找到差别或者不同,以后把别的地方的、异国的、异邦的有用的东西拿过来,为我们博物馆群更加的完美,为下一步工作的开展提供思路。

3. 论文结合各馆的工作,把自己的优势和不足谈出来,具有实践性。立足本单位、本部门,解剖个案,提出问题、分析问题,最后提出解决问题的思路,具有针对性和可操作性。今天我很感动,南通博物馆协会真正地发挥了联络、协调、服务这样一些好的功能。协会不是权力机构,而是完全靠大家自觉自愿、志同道合走到一起来的。那么靠什么?靠大家共同的信念、共同的理想追求,更重要的是靠大家对自身单位情况的了解,同时想办法在一定的场合下,达到互相学习、取长补短的目的。

有些单位的同志写的文章,尽管出发点、视角小了一点,但是提出了一些问题,对他们各自的博物馆具有可操作性。如周小波、姜平、徐永战等先生,这些同志的文章实际上都能引发人们去思考,为什么呢?如文化产业、遗址挂牌、体现风格特色等问题,都应该成为环濠河博物馆群建设发展的组成部分。博物馆群不是七凑八凑拼出来的,实际上她的元素、建筑风格大体上是一致的。

另外,在南通博物馆群中,主体是什么?有位先生提出来,将张謇的遗迹列入博物馆群进行挂牌保护,这个思路在某种程度上来讲,同我们省里要求开展的文化解读工程有相似之处。我们要建

设一个文化解读工程，什么概念呢？对于文保单位要进行解读。文保单位是这样，一般有意义的建筑乃至遗址就包括在里面。所以，从今天几位先生的发言来讲，应该说这些问题都能够提出来。

陆嘉玉老先生是报业人士，是文化上的老前辈，今天他的讲话我认为是最慷慨激昂、中气最足的一个，也是思维最敏捷的一个。我听说陆老是南通人，说明我们南通人尽管工作在他乡，但心还系着故土，还在为家乡博物馆事业、文化事业的发展献计献策。我想，从我从事全省博物馆工作来讲，从我个人工作履历来讲，要感谢今天在座的各位前辈和同行为我提供了这么一个学习的机会，感谢南通博物馆协会为我提供了这么一个学习的机会。

### 四、江苏博物馆事业发展和南通博物馆事业发展建设问题

第一，江苏省要实现县县有博物馆。江苏省"十二五"规划、省文物工作意见和曹省长在全省文物工作会议上的讲话都提出，江苏在"十二五"期间要实现县县有博物馆。今天启东、如东和通州区的领导也来了。江苏提出县县有博物馆的工作目标，从调查的情况看是能实现的。南通市的一些县区积极重视，为实现县区有博物馆而努力。说县县有博物馆，不是一定要你去建一个新的馆，假如有老建筑、名人故居，或者有些比较好的建筑，把它的功能改变一下，就可以成为博物馆。

县县有博物馆这个目标要努力实现，南通在这方面要带个头，争取早点实现南通县县有博物馆。到时候，从中国博物馆的发祥地又将传来一个振奋人心的喜讯。关键要注意主城区博物馆建设，不仅要注意环濠河博物馆群的建设，更要把博物馆建设这么一个公共文化服务体系辐射到县、区，否则，从工作上来讲就会产生失衡。来南通市区到处都是博物馆，而有的县、区却是空白，一个博物馆都没有，这个对工作来讲就显得不均衡。

博物馆究竟怎么建？什么内容、形式？从南通博物馆的建设来说，比如慈善博物馆、环保博物馆不是建了吗？这些博物馆，开始几乎没有什么实物。几个县在建博物馆的时候，都应该找到精神上的动力和参照的框架。环保博物馆有什么？慈善博物馆有什么？它们不是都建了吗？还挂"国字号"啦！今天南通几个区县的同志到了，我把这个事情说一说，希望南通早日实现。

第二，处理好环濠河博物馆群和整个市域博物馆建设的关系。在强调环濠河博物馆群建设的同时，不要放弃南通博物馆城的理念和对她的阐释。南通的博物馆在全省来讲，数量已经处于领先地位。打造中国博物馆城不是空穴来风，现在环濠河博物馆群已有二十来个博物馆，其他还有几十个。大家到南通除了看环濠河博物馆群外，还可以看其他博物馆。南通博物馆城的旗号不要松掉。

第三，处理好软件和硬件建设的关系。从这次会议提交的论文看，在软件和硬件建设方面还要下功夫，更重要的是要在软件建设上下功夫。我们不缺固定场所，不缺博物馆的数量。如何把现有的馆运行好、利用好，在有效运行的基础上，既让老百姓能感受到文化的熏陶，同时也让政府觉得博物馆不是一种负担。纺织博物馆的同志提出关于博物馆如何运行的问题，这是对的。我们建博物馆不是为了让政府增加负担，而是为社会服务，同时也要增加造血功能。

对于软件这一块，就是文化产业怎么搞？南通博物馆尤其是环濠河博物馆群建设，在软件上要多动脑筋，文化产业是比较核心的问题。另外，还有人才队伍培养、内部资源的优化互补问题。今天有同志提出来，南通二十几个或是五十几个博物馆，其资源可以互补。千万不能你是你的，我是我的，这样博物馆群或是博物馆城才能发挥她的最大效益。

第四，处理好博物馆建设、生存和发展三者的关系。希望能够在南通找到一种比较理想的模式。我国博物馆不是挺多，对政府不是个包袱，政府稍微拿一点出来补贴，她就能够活起来。博物馆作为公益性事业，政府肯定要补贴，但是，必须把博物馆建设、生存和发展的关系妥善处理好。要利用好环濠河博物馆群这个平台，南通市已经建立了一个联盟——"环濠河博物馆群合作理事会"，这能不能作为一种试点，20家以联盟的形式，发挥资源互补优势，以环濠河博物馆群为示范点，这样探索出一条路子来，推动全市博物馆能够可持续地向前发展。

（摘自《文博之窗》2012 年第 3 期）

整理者：凌振荣

# 环濠河博物馆群提升公共文化服务能力试探

李宜群

2011 年 5 月，南通环濠河博物馆群被文化部和财政部列入第一批国家公共文化服务体系示范项目，成为全国 47 个项目中唯一的文博项目。如何提升环濠河博物馆群的服务能力，搞好创建工作，是摆在每一个博物馆人面前的问题，以下仅谈个人的浅见。

南通环濠河博物馆群包括濠河周边的 20 余家各类博物馆，由于主管部门和投资主体的不同，形成了不同的发展局面，最近几年新建的博物馆硬件设施较好，而大部分老馆则设备老化，展览陈旧，明显与公众文化消费习惯和公共文化服务的大环境不相适应。在这样的形势下，要提升整个环濠河博物馆群的公共文化服务能力，就需要协调政府、博物馆和社会各界等各方的力量，多管齐下，共同努力，充分利用现有资源，提高各博物馆的服务能力和服务水平，发挥博物馆的公益服务功能和教育功能。

## 一、政府如何引导、扶持和鼓励博物馆的良性发展

博物馆作为公共文化服务体系的一个重要组成部分，它的发展，首先是要有充足的经费和人员、政策的保障。对于大多数中小型博物馆来说，经费是最大的问题。

博物馆的维持发展需要持续不断的资金投入，资金从何而来？不可能全靠政府，虽然近几年各级政府大力发展公共文化事业，加大了对公共文化事业的投入，但也不可能把这么多博物馆全部包下来。国家鼓励多渠道发展博物馆事业，鼓励包括企业、个人在内的各种主体投资办博物馆。中共十七届六中全会指出："落实和完善文化经济政策，支持社会组织、机构、个人捐赠和兴办公益性文化事业，引导文化非营利机构提供公共文化产品和服务。"[①]2010 年 1 月，国家文物局等七部门联合印发了《关于促进民办博物馆发展的意见》，就积极鼓励、大力扶持民办博物馆发展提出三条意见。只是具体的政策至今仍未出台。如何将扶持政策落到实处，需要各级政府从实际出发，制定切实可行的措施，以不同形式支持和资助无拨款的行业博物馆和民办博物馆，促进博物馆事业的健康发展。

我想，政府除了不定时给予一些专项补贴外，是否可以从以下几方面来制定一些对博物馆的扶持政策，从政策、机制上为博物馆提供保障。

### 1. 税收减免政策

西方许多国家对非营利性公共机构都有减免税金等优惠政策，此外，企业和个人向非营利性公共机构捐赠可抵销相应的纳税基数。

相对来说，中国在博物馆方面的税收减免政策就比较少，虽然《博物馆管理办法》规定博物馆依法享有税收减免优惠，但这种税收优惠在执行上限制很多。如 1993 年 11 月 26 日通过的《中华人民共和国营业税暂行条例》第八条规定："纪念馆、博物馆、文化馆等举办文化活动的门票收入免征营业税。"2008 年后，大部分博物馆逐渐实行免费开放，这一门票免税政策已失去意义。

2009 年 4 月 1 日，财政部发出《关于 2009 ~ 2011 年鼓励科普事业发展的进口税收政策的通知》，规定 2009 ~ 2011 年，对公众开放的科技馆、自然博物馆及各种对外开放的科普基地，从中国境外购买自用科普影视作品播映权而进口的拷

贝、工作带、科普影视作品,免征关税和进口环节增值税;同时规定,上述科普单位的门票收入免征营业税。这使科技类博物馆享有一定免税政策,但其他博物馆和民办博物馆依然无法享受该政策。

在公益捐赠方面,1999年6月28日通过的《中华人民共和国公益事业捐赠法》第八条规定:"国家鼓励自然人、法人或者其他组织对公益事业进行捐赠。"原来的老税法对企业的公益捐赠在年度利润总额3%以内的部分,准予扣除。2008年1月1日起施行的《中华人民共和国企业所得税法》修改为:"企业发生的公益性捐赠支出,在年度利润总额12%以内的部分,准予在计算应纳税所得额时扣除。"

在个人捐赠方面,早在1994年颁布的《中华人民共和国个人所得税法实施条例》规定:"个人捐赠额未超过纳税义务人申报的应纳税所得额30%的部分,可以从其应纳税所得额中扣除。"

虽有上述优惠政策,但一来大多数企业和个人可能还不十分了解这些政策,而且一些减免税政策因程序复杂、手续繁复也难以落实,并未发挥应有的作用。

环濠河博物馆群作为全国第一批公共文化服务体系示范项目中的博物馆项目,应利用这一优势,进一步争取国家尽快出台相关的对公益性文化机构的优惠政策和实施细则及配套措施,将各种优惠政策落到实处。这样,在不增加国家投入的情况下,也能为各博物馆节省不少开支。比如南通纺织博物馆作为自收自支的博物馆,经济来源主要靠房租收入,按相关规定,单位出租房屋应申报缴纳营业税(税率5%)、房产税(税率12%)、印花税等各种税费共17.65%。博物馆每年房租收入100多万元,但每年支付的税款就有20多万元,而免费开放后前三年政府每年拨给的补贴也不过是20万元,如果能减免一部分税收,对于想方设法创收的博物馆来说,无疑要轻松许多。

2. 其他优惠措施

以美国为例,政府采取了许多优惠政策来支持各类博物馆。例如邮资补贴,博物馆在寄发广告邮件时给予减免60%邮资的优惠[2]。此外,针对博物馆的专项津贴还有联邦担保计划,联邦政府承担了艺术品展览的保险费用,由博物馆自己先垫部分保险费,而后抵扣。

除了联邦政府的扶持外,美国各州、市的地方政府对本地的各种博物馆也有不同的扶持政策。比如位于纽约的大都会艺术博物馆虽然是私立博物馆,"但其位于中央公园内的馆舍和地皮均是纽约市市政府的财产,纽约市为该馆免费供电、供暖并负责设施及藏品安全,此外每年还负担约1/3的运营维护费"[3]。

在中国,相关的优惠政策还较少,但也并非不能实行,比如河北省物价局规定:"自2011年8月1日起,博物馆、纪念馆和全国爱国主义教育基地等免费开放的公益性文化单位,用水、用电、用气执行当地居民生活用水、用电、用气价格标准。"以居民用电每度约0.6元,而博物馆用电每度约0.9元计,博物馆可以在用电上少交1/3,再加上水费等,每年运营成本至少节约几万元。

除了资金方面的优惠政策以外,还可以从场地、设施、管理等诸方面给博物馆提供各种优惠政策。对于一些有较大影响的民办博物馆,政府是否可以优惠提供公共用房,或者采取私人收藏家提供展品、设施,政府提供场地和人员管理等合作方式,创新理念,搞活博物馆。期待政府能从博物馆发展的角度出发,多制定一些优惠政策,从根本上扶持博物馆的发展。

3. 建立地方文化事业发展基金

《中共中央关于深化文化体制改革推动社会主义文化大发展大繁荣若干重大问题的决定》提出:"设立国家文化发展基金,扩大有关文化基金和专项资金规模,提高各级彩票公益金用于文化事业比重。"

为保障环濠河博物馆群能有一个相对稳定的发展环境,是否也可以申请政策,建立地方文化事业发展基金,为公益事业提供资助,扶持中小型博物馆和民办博物馆的大型建设性项目和重要展览。当然,为了提高资金利用效率,可以限制博物馆将申请的资金用于保护藏品、支持博物馆基础研究及日常运作管理等方面,并利用绩效评估、考核等各种方式来考核申请利用资金的博物馆。

**二、博物馆自身如何提高公共文化服务能力**

在国家大力发展社会文化、加强公共文化建

设的大环境下,博物馆自身必须从各方面出发,努力提高公共文化服务能力。我认为,可以从以下几方面入手,全面提升博物馆的服务能力。

1. 加强基础设施建设,提升展览水平

博物馆的基本功能是收藏、陈列、研究、教育、休闲,而陈列展览就是博物馆面向大众发挥文化休闲和教育服务功能的主要方式,也是最基本的教育手段。博物馆应尽可能地运用文物、场馆、设施、技术等所有自身掌控的公共资源,为大众提供优秀的展览。除了经常举办各种陈列展览外,陈展的内容及展出效果也不容忽视,要在陈展的内容上、形式上、机制上进行积极探索和大胆创造,使展览为广大人民群众喜闻乐见。

2. 增强从业人员的服务意识,提高服务水平

除了完善基础设施外,博物馆更重要的是服务、管理制度等软件的完善。坚持以人为本是博物馆公共服务体系的核心,观众满意程度是博物馆公共服务功能的基本体现和根本依据。因此,博物馆必须突破传统的以陈列展览为主体的服务理念,强化以人为本、多元发展的理念,加强员工公共文化服务理念和公共服务意识的教育与学习,加强业务和技能培训,不断提高员工的服务意识、服务能力和服务水平。

博物馆要完善社会服务职能,提供多元化文化产品,不仅仅是举办展览,而是包括提供社会教育服务、信息服务、专业服务和场馆服务等诸多服务。

（1）社会教育服务

首先,博物馆要围绕陈列展览,为观众提供配套服务和多种陈展的文字资料。

大多数博物馆一般只对外提供陈展简介、展品宣传册页等,具体的版面文字内容较少,经常可见观众尤其是中小学生手抄展览版面内容的现象。为此,南通纺织博物馆在多年前就印制了专为中小学生服务的讲解词手册,很受学生欢迎。

其次,博物馆要配合国民教育,根据不同年龄、职业、教育程度进行分类,根据不同侧重点进行规划与安排,积极开展包括讲座、室内教程、户外活动、手工参与等各种观众参与的互动性活动,在培养观众兴趣的同时传播科学文化知识。

南通纺织博物馆自1995年起就对青少年推出"扎染——送给妈妈的爱"等手工参与互动活动,并逐步拓展活动范围,从单一的扎染发展到陶艺、植物标本、剪纸等多种,使学生参与的活动内容更加丰富;同时走出馆门,走进学校,上门教学生学习扎染技术,提高青少年的兴趣。自1997年开始,纺博推出的"做一天纺织人"专题活动,让国内外的观众共同参与、亲身体验纺纱、织布、扎染等别具地方风情的传统纺织活动,收到了很好的成效。

（2）信息服务

博物馆的信息服务包含网站资讯、资料查询等向公众提供的公益性资料服务,这是博物馆利用公共资源实现公益责任的必要途径。

博物馆应借助全国文化信息资源共享工程和远程教育网络等信息平台,通过网络发布文物、博物馆知识、展览资讯、本地区历史文化介绍及数字化博物馆、网上办展等形式扩大传播的辐射范围,让更多的人能够通过网络了解博物馆的展览内容,获取各种知识。

（3）专业服务

全民收藏热的出现,为博物馆发挥社会教育功能提供了新的天地,博物馆可以利用自身的公共资源和优势,联合社会各界的力量,举办各种丰富的文化活动。如举办群众性学术讲座、出版专业书籍和普及读物等,向社会提供展览设计、文物鉴定、文物修复、文物复制、藏品保护、文物摄影等功能性服务,使社会文物得到更好的收藏、保护。

（4）生活、娱乐服务

博物馆免费开放使更多人群进入博物馆,除了参观导游外,博物馆还可以为观众提供各种生活、休闲娱乐服务,比如餐饮、摄影摄像、参与性活动、纪念品销售、文艺表演、影视观看等配套服务,让观众更好地享受博物馆。

（5）场馆服务

博物馆的场馆、设施可以根据具体情况向外单位和个人提供无偿或有偿的服务。

3. 根据地方特色大力进行文化产业开发

博物馆不仅要为公众提供通俗易懂的文化产品,还要大力开发各种与博物馆有关的产业,积极销售各种旅游纪念品,带动城市经济的发展。在欧美国家,博物馆商店出售的纪念品种类繁多,有些博物馆甚至在世界各地开设分店和网店,销售收入相当可观,是博物馆资金来源的重要部分。

而目前环濠河博物馆群中,销售旅游纪念品的不少,但大多是款式雷同的蓝印花布工艺品和地方名优食品等,很少有专门设计的有本馆特色的纪念品。环濠河博物馆群的公共文化服务示范项目建设把文化产业开发提上日程,这就要求博物馆要积极开发既有传统又能体现本馆特色的各类文化服务和产品,以满足社会公众的需求。

4. 加大人才培养力度

环濠河博物馆大多编制较少,人员少,知识结构、专业训练等与岗位脱节,因此要进行内部调整,加大专业人才的培训力度,提升专业化程度;同时应建立有效的人才引进、培养、流动机制,营造出良好的人才发展环境。

**三、社会各界的共同参与和支持、配合**

博物馆公共文化服务能力的提升需要政府的主导和博物馆自身的努力,也需要社会各界的共同参与和支持、协助。如政府可协调教育局、文体局、工会、团委、妇联等部门围绕各自的特点和优势,积极组织学生、青少年、干部职工、工人、妇女、农民等社会不同层次的群众,定期不定期地组织开展参观、重温入党入团、树立形象等各种富有成效的教育活动;各级教育行政部门、共青团组织和各级各类学校,可把利用博物馆开展教育活动作为对青少年进行思想政治教育、素质教育、科普教育的重要

内容,列入学校德育和素质教育工作计划,由学校提出要求,博物馆根据教育对象不同年龄特征,科学安排活动内容,制定活动计划。由于场地的限制,南通的博物馆大多不具备同时接待多个大规模学生团体的能力,而大部分学校经常是几个年级几百上千人同时涌来,对博物馆的接待、讲解、安全等各方面提出了挑战,学校有学校的考虑,博物馆也有自身的难处,如果双方能加强沟通与协调,可能会达到更好的效果。比如学校最好能以年级或班级、各种兴趣小组为单位,合理分配,错开时间,以充分利用博物馆的教育资源,从而收到成效。

博物馆要听从社会的需求,社会也需要考虑博物馆的具体条件,互相多交流、沟通、协调,共同努力,充分利用现有资源,提高各博物馆的服务能力和服务水平,发挥博物馆的公益服务功能和教育功能。

**注释:**

①《中共中央关于深化文化体制改革推动社会主义文化大发展大繁荣若干重大问题的决定》,2011 年 10 月 18 日中国共产党第十七届中央委员会第六次全体会议通过。

②马琳《私人捐赠——美国艺术博物馆发展的关键》,《东方早报》2011 年 11 月 14 日。

③段勇《当代美国博物馆》,第 17 页,科学出版社,2003 年。

# 南通环濠河博物馆群创建工作设想

赵　翀

南通环濠河博物馆群以南通博物苑为龙头，包括濠河风景名胜区周边20多家中小型博物馆，分别属于地方综合、科技、艺术、行业、纪念性等不同类别和不同专题。在创建国家公共文化服务体系示范项目的过程中，各成员单位如何转变理念、整合各馆资源、发挥联动效应，实现公共文化服务社会全覆盖的局面？以下是个人的三点设想。

**一、积极转变理念，从政策"受用者"的角色，转变为政策制定的"引导者"**

南通环濠河博物馆群由于投资主体的差别，各成员单位形成了不同的发展格局。有稳定资金投入的博物馆，经费充足，业务发展稳定；缺乏资金投入的博物馆，则举步维艰，门庭冷落，有些行业博物馆和民办博物馆甚至处于勉强维持的状态，这与全社会推行公共文化服务的大环境不相适应[①]。在发展水平参差不齐的情况下，要提升环濠河博物馆群整体公共文化服务能力，积极谋求政府政策和资金的扶持是不可或缺的。

早在1993年，国税总局颁布的《中华人民共和国营业税暂行条例》第八条规定："纪念馆、博物馆、文化馆、文物保护单位管理机构、美术馆、书画院、图书馆举办文化活动的门票收入列为免征营业税项目。"

为了大力发展公共文化事业，加大对公共文化事业的投入，国家还鼓励多渠道发展博物馆事业，鼓励包括企业、个人投资等多种形式来支持博物馆的发展，并出台了一些政策。如2008年《中华人民共和国企业所得税法》规定："企业发生的公益性捐赠支出，在年度利润总额12%以内的部分，准予在计算应纳税所得额时扣除。"2010年，

国家文物局、民政部、文化部等七部门联合印发《关于促进民办博物馆发展的意见》，积极鼓励、大力扶持民办博物馆的发展。

中共十七届六中全会在《中共中央关于深化文化体制改革推动社会主义文化大发展大繁荣若干重大问题的决定》中明确提出："落实和完善文化经济政策，支持社会组织、机构、个人捐赠和兴办公益性文化事业，引导文化非营利机构提供公共文化产品和服务"，"设立国家文化发展基金，扩大有关文化基金和专项资金规模，提高各级彩票公益金用于文化事业比重"。

这些政策法规、重大决定都为环濠河博物馆群的发展提供了重要依据和良好的社会大环境。南通环濠河博物馆群需要积极转变一些观念。

1. 从政策"受用者"的角色，转变为政策制定的"引导者"

国家、政府出台的各项优惠政策毕竟是宏观性的，各种具体办法和实施细则还不是很完善，甚至没有。这就需要博物馆在充分研究现有国家政策的同时，还应该积极发挥"引导者"的作用。所谓"引导者"，就是博物馆在改革管理体制、创新办馆模式、拓展公共文化服务方面多做些尝试，敢于做"吃螃蟹的人"，为政府多提供一些可参照的依据和经验，从而能够出台更多的促进博物馆提升公共文化服务能力的相关法律法规和配套政策。

2. 改变"等、靠、要"的观念，注重自身良性发展

仅仅寄希望于国家出台优惠政策，"等、靠、要"的观念已不能适应当代博物馆发展的趋势。还需要从自身出发，脚踏实地，夯实基础；从研究

自身藏品和资源出发，深入挖掘各馆民俗化和专业化的特点，进行自我研发、整合和创造。发掘自身的优势资源并形成良性发展才是博物馆提升公共文化服务能力的硬道理。

3. 改变从业人员工作理念，加强服务意识，提升服务水平

服务在当今博物馆发展进程中变得越来越重要。这需要博物馆从业人员改变以往教育主导者的角色，淡化教育意识，加强引导观众在博物馆活动中的主导性，将"教育模式"转变为"服务模式"。服务模式体现在展览服务、讲解服务、信息服务、专业服务、场馆服务等方面。

## 二、深入挖掘各馆优势资源，科学互补，发挥博物馆群整体联动效应

1. 南通环濠河博物馆群从建立开始，就有着鲜明的地方特色和丰富的资源。国办和民营并举是南通环濠河博物馆群的特色之一。除南通博物苑及其下属的张謇纪念馆和南通范氏诗文世家陈列馆外，冠以"国"字号的博物馆就有中国珠算博物馆、中国审计博物馆和中国眼科博物馆，另有正在筹建中的中华慈善博物馆和中国环境博物馆。在保护非物质文化遗产方面，有蓝印花布博物馆、风筝博物馆等一批民营专业博物馆。除此以外，还有南通纺织博物馆、沈寿艺术馆、华侨博物馆、个簃艺术馆以及南通革命纪念馆、城市博物馆等内容广泛、风格迥异的文博场馆，从多个侧面展示了南通地方历史和本土文化[②]。

2. 科学整合博物馆群的资源，合理分配优势资源，是提升博物馆群整体公共文化服务能力的关键之一。自收自支、民间投入的小型博物馆其藏品的丰富程度和广泛性自然不能和有稳定投入、业务发展良好的中型博物馆相比。再加上各馆分属主管部门的不同，展览、活动相对独立，且发展不平衡，这使得博物馆群在发挥公共文化服务整体效应方面难免有些不足。如何改变这种不足？中型博物馆带动小型博物馆开展业务，是改变不足的方法之一。

现以南通博物苑为例。南通博物苑在中国博物馆发展史上有着独特的历史地位，除藏品数量和质量在南通地区首屈一指外，展览和活动的宣传力度、媒体关注度也是南通地区最强的。因此，

在环濠河博物馆群整体创建进程中，南通博物苑应该发挥其龙头单位的重要作用，对周边小型博物馆进行帮带。南通博物苑在全年举办的各类展览活动中，策划部分展览活动与其他博物馆合作，将各馆的特色藏品根据一定的主题进行有效的组合，在不需要过多投入的情况下，这种形式可以让更多的博物馆真正加入到环濠河博物馆群公共文化服务示范体系中来。此外，也可以发挥南通博物苑展陈技术力量和策划活动方面的优势，帮助一些小型馆推出规模小、制作精美、贴近百姓生活实际的展览。比如，在传统节日期间，根据本地的风俗习惯举办民俗展览，并结合展览，组织一些相应的群众活动。这样，无更新展览计划的博物馆也可以做到有计划的推陈出新。

3. 科学策划活动，创新操作模式，发挥联动效应。濠河全长10公里，周边有20多家博物馆，馆与馆之间的距离最远不超过3公里，最近只有200米左右，分布相对集中。南通市区的老百姓参与博物馆的公共文化活动有着得天独厚的地理优势和便利的交通条件。

环濠河博物馆群是一个团队，需要有好的活动策划和操作模式，让整个团队运转起来，发挥联动效应，共同实现公共文化服务体系示范项目创建的目标。

操作模式一：活动集体打包，实行菜单式服务。

借鉴上海世博会的经验，以每年国际博物馆日的口号为主题，策划全市国际博物馆日活动。将环濠河博物馆群成员单位视为主题分馆，由各馆根据本馆特色策划符合当年国际博物馆日口号的主题活动，再将这些活动集体打包推向社会，实行菜单式服务，由观众自由选择。这种模式既可以让各馆根据自身特点打造特色服务品牌，又可以宣传整个环濠河博物馆群的文化品牌。目前，环濠河博物馆群正在开展的"春蕾文博之旅"大型主题活动，就是将各馆成熟的未成年人教育活动集体打包，形成菜单式服务的一种尝试。

操作模式二：与社区机构合作，化零为整。

环濠河博物馆群中的20多家博物馆根据地区划分，分布在几个大型社区范围之内。因此，主题活动还可采取与社区机构合作，同一社区的几家博物馆组合的方式来进行。也就是说将整个主

题活动菜单中的各项活动根据社区的不同进行组合，以组合菜单的形式推出活动，方便观众的选择，特别是博物馆所在社区范围内的观众。

### 三、关注重点人群，以"点"到"面"，实现公共文化服务社会全覆盖

公共文化服务除了未成年人群体，服务的目标中还有几个重要人群也需要重点关注。

1. 老年人群体

中国社会老龄化的程度越来越高，老年人逐渐成为社会生活中的主要人群，关注老年人的学习生活和为老年人提供文化服务也显得越来越重要。

南通环濠河博物馆群在创建公共文化服务体系示范项目的活动中应把当地的老年人群体视为公共文化服务的目标人群之一，以家庭文化、老年文化为切入点，筹办一些适合老年人身体特征的流动展览和活动。把握"老而思乐，老而思学"的脉搏，不断选择新的角度，来满足老年人的文化需求，使老年人有一种"归宿感"和"认同感"。

2. 外来务工群体

外来务工人员是现今社会关注的焦点人群，全国关于民工的报道也越来越多，社会对他们的关心也越来越多。他们的生活质量在提高，经济水平在提高，同时他们的文化要求也在不断地提高[3]。针对这一人群，南通环濠河博物馆群在创建

过程中，可组织策划一些浅显通俗轻松的活动，发挥博物馆对文化的整合功能，把他们保留的乡村文化中的重精神、重礼仪、重道德、富有人情味和乡土气息的精髓发扬光大。向他们传播南通地方传统文化和城市文明的现代精神，让长期居住在南通的外来务工人员更深入地了解南通的历史，增强他们"住南通，爱南通"的第二故乡意识。

以上是南通环濠河博物馆群创建国家公共文化服务体系示范项目的三点设想。与其说是示范，不如说是先行者或探路者。作为新型的博物馆公共文化服务品牌，南通环濠河博物馆群面临着许多新情况和新困难。只有在不断求索的过程中，始终坚持"以人为本"的理念，发挥各馆特色，整体联动、资源互补，才能使环濠河博物馆群成为一个有机结合而相得益彰的博览体系。

注释：

①李宜群《环濠河博物馆群提升公共文化服务能力试探》，《博物馆服务公共文化之探求——来自南通环濠河博物馆群的报告》，2012年。

②南通市文化广电新闻出版局《我市搭建"博物馆与社会公众互动平台"——市民、文博工作者、专家共议博物馆公共文化服务》，《国家公共文化服务体系示范项目——南通环濠河博物馆群创建工作动态》2012年第4期。

③蔡琴《博物馆学新视域》，浙江人民出版社，2003年。

# 历史文化名城的亮丽名片

## ——南通环濠河博物馆群建设述评

习 慧

2011年5月,南通环濠河博物馆群被公布为全国首批创建国家公共文化服务体系示范项目,这是全国47个项目中唯一的文博项目。环濠河博物馆群,是改革开放后南通在文化建设上所获得的最大成果,是对外文化宣传的重要窗口,是本市民众休闲和旅游的主要场所,是南通历史文化名城的亮丽名片。

### 一、富有特色的博物馆群

现在运行的环濠河博物馆20座,有各类专业人员255人,每年推出各类展览86个(含社区巡展),管理文物藏品123970件,每年发表的学术论文42篇,每年的课题研究23个。南通环濠河博物馆群深厚的文化积淀、秀丽的濠河风光、人文景观与自然景观相交融的特色,受到中外宾客的青睐。

这里有中国最早的博物馆——南通博物苑。1905年张謇在濠河之滨创办了中国第一座博物馆,从而揭开了中国博物馆建设的序幕。南通是中国博物馆事业的发祥地,南通博物苑独特的历史地位,吸引了无数博物馆管理者、爱好者、研究者和保护者。

这里有多个"国字号"博物馆。20世纪80年代初,南通在濠河边建立了全国第一座纺织博物馆。跨入新世纪,又陆续建立了中国珠算博物馆、中国体育博物馆南通馆、中国审计博物馆、中国眼科博物馆,以及正在筹建的中华慈善博物馆等。一个地级市有如此多的"国字号"博物馆,这在全国极为罕见,也反映了南通有敢为人先的精神。

这里有首批国家级非物质文化遗产项目的博物馆:南通蓝印花布博物馆和南通风筝博物馆。

南通入选首批国家级非物质文化遗产的项目有两个,2006年6月国家公布首批国家级非遗项目时,南通这两个项目的博物馆早已建成,这说明了南通人具有超前的文化意识。

这里的人文景观融入了自然景观。各类具有地方特色的博物馆建在濠河风景区,使人文景观与自然景观交相辉映、相得益彰,为博物馆的游客提供了一个宜人的游览环境。它不仅代表了中国博物馆的发展方向,也符合世界博物馆的发展潮流。这些鲜明的特色,使南通环濠河博物馆群声名远播。

### 二、博物馆的运作情况

博物馆的运作,反映了博物馆履行自身职能和发挥的社会作用,反映了其整体管理能力和业务水平,反映了博物馆的基础设施建设。

1. 运作良好的国办博物馆

这些馆有南通博物苑、南通个簃艺术馆,以及近几年建立的中国珠算博物馆、中国审计博物馆等"国字号"博物馆,它们是地方博物馆中的骨干馆,是博物馆中的主力军,实际上同行业博物馆一样,都是国有博物馆。这些博物馆建立时间比较早,文物收藏较丰富,专业人才较多,有固定的馆舍,运行经费有保证,管理制度比较健全,各项业务有一套成熟的运作方法。这些博物馆的运作是令人满意的。

2. 艰难前行的行业博物馆

行业博物馆是伴随着改革开放的脚步出现的。曾经闻名全国的南通纺织博物馆,是行业博物馆建设的排头兵,引来许多博物馆创建者前来学习取经。在改革浪潮的不断冲击下,行业博物馆步履沉重。兄弟省、市及时解决了行业馆体制上的问题，使博物馆恢复了勃勃生机，这种做法值得南通效法。南通行业博物馆在改革中做了大胆探索，但除中国珠算博物馆等少数几个运行得较好之外，其他馆还有待于提升。希望能够在体制创新和机制创新上，使行业走上新的发展之路。

### 3. 异军突起的民营博物馆

民营博物馆有7座，占总数的三分之一，民营博物馆的发展势头良好。民营馆的普遍问题是硬件不硬、软件不软，这类馆有较为丰富的文物藏品，但缺少符合博物馆功能需求的建筑。现在的民营博物馆有两种情况：一是部分馆已走出"阵痛"阶段，博物馆运行情况比较好，如蓝印花布物馆、沈寿艺术馆等；二是有部分馆仍处于"阵痛"之中，影响了博物馆功能的发挥。民营博物馆的发展，曾得到市政府及有关部门的大力支持，他们希望能继续得到政府的扶持和帮助。

### 4. 充满活力的高校博物馆

南通高等院校博物馆的性质有两种，一种是学院办的，另一种是学院与个人合办的。南通有3个院校，共建立5座博物馆，有4座博物馆仍在筹建中。从现有的情况看，南通高校博物馆的发展前景良好，因为高校有比较充裕的资金、良好的设施和优秀的人员，有这样的条件再加上个人收藏的藏品，这有利于加快博物馆的建设。从博物馆的内容看，都是与学院的专业相关，有助于学校教学和为师生服务。目前，5座博物馆的馆舍都已落实，且有专业人才在运作，不久将有一批高校博物馆面世。

### 三、博物馆业务工作分析

#### 1. 文物征集

不少博物馆积极开展文物征集，使馆藏品逐年增多。近三年来，每年开展文物征集工作的博物馆有12座，还有些博物馆因各种原因没能开展此项工作。在市场经济条件下，民众的文物意识有了很大的提高，给博物馆的文物征集工作带来了难度。一是不愿捐赠。如南通教育博物馆在文物征集中遇到这样的情况，一些学校只肯借文物而不愿捐赠文物，因打算今后办校史馆。二是缺少经费。文物征集需要有大量资金，如果一座博物馆仅能维持生存，要开展文物征集工作是有困难的。三是场馆紧张。有的民营博物馆陈列室就像文物仓库，文物多了无法放置，因此暂时放松了文物征集工作。

#### 2. 藏品管理

本次调查，藏品总数超过5万件的1座，是南通博物苑，文物藏品为51081件；超2万件的1座，是南通蓝印花布博物馆，藏品为23220件；超1万件的3座，其中中国珠算博物馆藏品为13732件，南通纺织博物馆藏品为12834件，南通沈寿艺术馆藏品为10000件。另外，南通民间艺术馆藏品为4030件，南通刺绣传习馆藏品为2200件。其余的博物馆藏品均不超过2000件。本次调查的民营博物馆有7座，藏品总数41155件，占全市藏品数的三分之一，这说明南通民营博物馆对文物征集和保护的意识比较强。

#### 3. 举办展览

陈列展览是博物馆服务观众的主要形式。调查数据表明，经常举办展览的博物馆有12座，占调查总数的60%。这说明，还有8座博物馆主要是以基本陈列来为观众服务的。尽管12座博物馆每年有近90个新办的文物展览提供给观众，但是我们还有一部分资源没能更好发挥作用。

#### 4. 学术研究

现在，博物馆研究的成果主要体现在发表学术论文、出版各种专业著作。调查数据表明，发表学术论文的博物馆有12座，做科研课题的博物馆有9座，这说明能经常开展学术研究活动的博物馆占了较大的比例。从发表学术论文的数量来看，处于前三位的还是成立较早的博物馆，而且是馆内的中老年业务骨干。这说明博物馆的学术研究，需要长时间的积累，没有积累是难以出研究成果的。博物馆的工作性质表明，业务人员成才的周期较长。博物馆要根据这一特点，制定长期人才工作规划，以防止出现人才青黄不接或断档的现象。

南通环濠河博物馆群建设，具有鲜明的地方特色、坚实的工作基础、良好的发展态势和美好的发展前景。我们确信，南通博物馆人必将在第二个百年里为中国博物馆事业的发展，书写更加辉煌的篇章。

# 博物馆学习与讲解

宋向光（中国博物馆协会高校博物馆专业委员会主任委员　北京大学考古文博学院教授）

今天，我与大家主要交流两个方面的内容，一是博物馆学习方面的一些基础理论，二是国外的博物馆从事讲解工作的一些同仁，他们对讲解工作的一些研究成果。

对讲解工作，我以前也一直在关注，对讲解工作与讲解工作从业人员的发展，也还是很注意，但是总找不到可突破的一些东西。这次非常感谢博物苑给出的这个题目。我学习了一些相关的资料，发现我们还是有一个非常好的发展空间。而且现在，讲解工作在博物馆和文化遗产保护方面的地位，应该说是越来越重要。国外的博物馆和文化遗产保护与展示的地方对讲解工作是非常的重视，也有很多很好的经验，我们了解一些国外的博物馆以及他们的教育活动与讲解工作，对我们中国的博物馆发展将是如虎添翼。下面我把个人收集的资料跟大家交流一下，另外也把我的一些想法向大家作一汇报。

## 一、博物馆学习

"博物馆学习"是今天的第一个话题。有一个基本前提：公众对博物馆的看法，可能跟博物馆人对博物馆的看法还是有着一定差距的。国际上，就公众对博物馆的态度、认识做了很多调查，已经几十年了，现在还是约有百分之四五十的公众不愿意去博物馆，或者没有什么特别的理由，就是不愿意去博物馆。我们以前经常宣传，博物馆是没有围墙的大学、第二课堂，这个说法可能恰恰是阻挡观众进入博物馆的一个主要原因。很多人不来博物馆，可能就是认为博物馆是学校教育的翻版，即所谓的第二课堂。还有很多人认为，博物

馆是一个高雅的处所（场馆），当然，我们认为高雅不是很好吗？但很多人就是不太喜欢高雅。现在网上火爆的一首歌，大家都知道，叫《江南style》，绝对不高雅，但事实上网上点击率是最高的，这个说明，其实很多人不喜欢自诩为高雅的地方。前两天看到一个很有趣的资料《高雅音乐》，古典音乐在公众心中受喜爱的程度比博物馆还惨，据说，古典音乐现在只有 3% 的人喜欢，而博物馆起码还有 20% 的人喜欢。所以，如果我们自己把博物馆定位在那样一个高雅的位置上，会影响到公众对博物馆的态度及认识。

所以，博物馆不必要把自己展示出一个什么重要性，一种什么样的形象，其实我们首先要吸引更多的观众，重要的是要考虑观众的需求，根据观众自己人生的发展以及改善生活质量的需求，博物馆去做一些什么样的事，这样才能吸引人。

我们大家都是成年人，我们在选择做一些事时，往往是要让自己在做的过程中有所发展，得到提升和改善，这样的事情我们才会去做。如果认为帮助不大，尽管别人认为是非常重要的事，我们也可能会放一段时间再去做。所以，博物馆要想吸引观众，要想让更多的人走进博物馆，一个很重要的前提就是要与人的发展需求紧密地结合起来。

二十年前，人们认为"学习"是参观博物馆的一种需求，一个重要的考虑。现在，学习不敢说让位，依旧是第一位的，但后面还有其他一些重要的事情、一些重要的目的。所以，参观博物馆是人们生活中要做的一件事情。公众参观博物馆往往是根据自己对休闲生活、业余生活的一些标准、考

量、取舍、价值来决定的。国外的调查说，现在参观博物馆的主要目的，第一个是学习，第二个是感受一些新的体验，第三个认为参观博物馆是一件有价值的事情，是值得做的一件事情。当人们闲暇时，当什么事情都不想去做，什么事情都可以去做的时候，这时候博物馆就可能是一个首选。现在，博物馆在与公众的关系上，或者说在教育的领域里，它的工作重点也在发生着潜移默化的变化：逐渐从博物馆自己的知识的传授，向为观众的学习需求或向博物馆使用者的学习需求提供一些支持这个方向转化；博物馆教育的工作重点，从教学、教授传播方向，向提供学习机会转化。此外，博物馆教育工作的重点也在从博物馆研究者的研究成果向学习者的个性需求发生转换。

现在，博物馆教育工作不光要考虑到我们自己想些什么、想说什么、想告诉别人什么，更重要的是要考虑来博物馆这里学习的人，他们需要什么，我们可以给他们提供一个什么样的支持，给他们创造一些什么样的学习条件。这就是现在博物馆教育工作的一些特点，或者说是现在的一个重要任务。各位在从事博物馆教育或讲解这方面，任务的重点也得要考虑一下。我们以前是要保持科学知识的准确严谨，现在可能就是要注意学习者的需求和学习者自身的状况，我们给他们提供一些适宜的、适合的学习资料，同时也要激励他们更好地学习、更主动地学习。这个变化对我们博物馆工作来讲确实影响比较大，这个问题后面再具体讨论。

在中国的博物馆，这种变化正在发生。大家可能看过，齐吉祥老师写过一篇题为《博物馆社会教育的主体和客体》的文章。以前，齐老师在博物馆教育专业学术会议上也曾提出这个观点，指出以前博物馆教育的主体是博物馆的讲解员、研究人员。现在，齐老师他们提出，博物馆教育的主体是观众、学习者。当然，怎么样根据这种认识来调整我们的工作，不仅是博物馆的讲解工作，甚至是我们博物馆从陈列到教育环境等总体工作，还有比较长的路要走。但这种变化已经开始了。我们的工作方向是要时刻想着，我们教学中的重点、主体是观众，然后我们怎么样给观众提供他们所需要的东西。

考虑到观众，考虑到学习者，要注意到观众、学习者他们的特点、学习能力、学习要求。现在的学校教育，教育界提出个性化教学，根据学习者的特点、任务来安排他的学习，等等。在博物馆，这个问题比学校教育复杂一点，因为学校教育起码还是同等年龄、智力水平也都差不多的一些孩子在一起学习，他们还是有比较多的共性。但是，在博物馆学习里面，大家都有经验，博物馆参观时，一个讲解群体里面，什么人都有，年龄、知识背景，特别是社会身份、社会经历等都是不一样的，怎么样能够在这种背景差别很大的一个群体中，使每个人都能够有一个学习体验，确实是一件很头疼的事情！这与有的乡村小学里面，一间教室坐着好几个年级的孩子，然后一个老师在教课的情况有所不同，老师在教的时候，可以按照不同的时段去开展教学工作。但是在博物馆里面就更难，在同一个时段中针对不同的人，开展这种教育或提供支持学习的活动，这个难度是比较大的。

举个例子，比如年龄方面，不同年龄层次的人学习特征是有很大区别的。大家可能也有体会，我们在接待一些家庭观众的时候，成人观众和儿童观众之间这种差别还是很大的。我们在讲解的时候或在接待的时候，怎么样去协调成人和儿童的参观要求，怎么样同时吸引成人和儿童的注意力，使他们都有一种积极的反应，可能大家都体会颇深，这是最头疼的事，难度很大。

不同年龄阶段的人学习能力和学习要求是不一样的，而且他们学习的兴趣点也是不一样的。美国同行曾经做过一个调查，有一个很有趣的例子，比如讲到蛇的时候，讲蛇这种爬行动物，要讲的知识大都是一样的，但面对不同的学习者、不同的观众，你的切入点在哪儿？美国博物馆同仁说，对青年人讲蛇，要从蛇的侵略性去讲，因为青年人正处于自我膨胀、扩张的时候，讲蛇是一种富有侵略性的动物，年轻人兴趣比较大。要是对五十岁左右的中年人——比较成熟的人，讲蛇是一种危险的、富有侵略性的生物时，中年人就不太感兴趣，因为他们都经历过一些事情；对中年人讲蛇的时候，讲蛇是一种濒危的动物，或者是生态当中一个有机的环节，对生态平衡有着积极的作用，对人的一些好的方面，人们必须得保护它，所以对中年人就得从环境保护的角度讲。这也反映出人在不同的生活阶段，或者是生长阶段，用科学术语讲，就是生命周期的不同阶段,他们对事情的看法、态度和一些要求都是不一样的。

以上是分了三个阶段,从人的社会化的角度这个维度去讲的,当然还有一些其他的维度。之所以从人的社会化的维度去讲,是因为人也是一种社会化的生物(或动物或存在),人的生存和能力的发挥是离不开他周围的环境和条件的。在少年之前,人类是一个社会化的过程,不同的阶段各自有着不同的学习目的、任务、内容、策略、工具、方法和评价体系。

儿童阶段,更多的是侧重他们的生理发育,要健康地成长,体能、智能等基本能力要健康地成长。中小学阶段,侧重于社会知识、社会规则方面的一些需求。一个社会要按一定的规则去办事,所以在中小学阶段,更多是通过自己的学习慢慢地养成社会交往、社会生活的能力。成年人阶段,更多的是侧重于如何适应社会的变化、发展,来调整自己的知识和生存的一些技能。

为什么选择人的社会化这个维度呢?因为这也是博物馆一个很重要的社会责任。近现代公共博物馆的一个主要责任,就是要提高、提升民众的知识水平,提升能够凝聚成社会整体的一种认识和能力,也就是社会的凝聚力,所以博物馆要考虑的不光是简单地去传授知识,还要更多地考虑如何去培养人。博物馆的教育活动、教育内容,常常也是要根据这个取向去安排的。我们对观众的认识,希望也是这样的一个看法。

如果把博物馆看作是一个学习的场所,那么人们在博物馆是如何学习的呢?

博物馆学习和学校教育的学习是有很大区别的。一般来说,博物馆教育是一种非正规教育、非学校教学。学校教育和博物馆教育,社会化的目的可能一致,但是下一个层次的、一些低层次的教育目的还是有很大区别的。在学校教育里面,那个时候孩子们基本上还是空白期,是一张白纸,你画上什么就是什么。但是在博物馆,常常就不是一张白纸了,而是已经有了一幅图案,不管是什么样的图案,博物馆教育就是如何让这个图案更美好,看起来更符合个人的一些爱好。

博物馆与课堂上的教育理念有很大的不同。在学校教学里面,比较多的是用一种行为主义理论,就是怎么样帮助孩子们记住这些知识,然后怎

么样应用这些知识去解决问题,所以在学校,常常比较多的是知识的记忆和应用。在博物馆就不太一样了,近年来,很多学者在探讨博物馆的学习理论,然后根据这些理论在博物馆里面组织一些教育活动,或者是一些学习的活动。

关于博物馆学习的理论,我们讲四条,上面讲的"灌输学习(刺激—反应)"这种行为主义理论在学校教学中用得比较多,大家也都比较熟悉,后面还有三种,即"审美发展"、"情境学习"和"建构学习",这些理论在博物馆的教育活动中应用得比较多。不同的理论各有特点,每个理论都不能完全解释博物馆的学习、教育活动,只是注意到人们学习的某一个侧面,或者是某些学习活动共有的特点,但如果把这几个都综合起来,我们对博物馆学习就能够有一个比较全面的、充分的认识。这几个理论都是有用的、可以用的,但也都是有其自身的局限性的。所以,大家在设计教育活动,或者说在从事讲解教育活动的时候,可以根据不同的活动、不同的环境、不同的对象,采取不同的学习方法和理论。比如说,对于中小学生或低年级学生,可以采取学校教育的"刺激—反应"行为主义理论,帮助他们去记忆知识,通过实物、操作等外界的刺激让他们记住一些知识。对于其他的一些成年人、青年人等,就可以用其他的一些方法和理论模式。

审美发展学习,此理论注意到审美能力养成的阶段性,提出学习者学习能力是逐步提升的,从认知学习对象的表象特征,到逐步理解其内涵及与其他物品的关系。

审美发展的理论认为,人们的学习是一个过程,知识是需要积累的,对知识的理解和应用也得有一个过程。从对知识的接触到对知识的理解,再到对知识的认可,最后到知识的应用,这是一个量变到质变的过程。在博物馆教育里面注意人们学习的自然过程,需要在教育的活动当中,设计一些不同阶段递进或步进式的教育活动。博物馆教育工作者通过选择适宜的学习对象、提出适宜的问题、引导基于实物的思考等手段,辅导学习者学习。在一个展览中,在介绍展览主题时,也可以应用这种方法。展览开始的时候,我们对展览的主题先提纲挈领地说一下,展览的目的是什么,主题是什么,接下来就考虑给观众提供一些基础知识,

然后介绍这些知识相互之间的联系，最后让观众通过这些事实的认识再逐渐地提升到一种概念、理论认识，从而到对主题有一个很好的理解。这是基于实物的思考，帮助学习者积累知识，在具体信息和知识积累的基础上，发现它们的联系，从而认识它们的内涵和主题，这就是审美发展的理论。

情境学习理论认为，博物馆学习者受到其个人、社会及环境因素的影响和制约，是在博物馆文化环境中进行的自主选择的学习，通过个人体验理解学习内容的意义。

情境学习理论把观众作为一个学习的主体，我们把他们的学习叫作自主选择的学习，自己带着一个问题到博物馆参观，或者在参观过程当中产生了一些疑问，带着这些问题，希望能在博物馆找到答案，并解决这个问题。现在很多博物馆的观众，都是自主参观，没有博物馆的工作人员去做讲解这样一种规定性的介绍。在自主参观的时候，他们怎么样能够有一个学习收获，情境学习理论能够给我们提供一个很好的解决方案。

观众的学习是受到了他个人及参观环境的一种影响，所以作为博物馆，可以给他们营造一种环境，让他们在这个环境里面，不是博物馆工作人员的引导而是博物馆的环境给他们一些引导或启示，然后帮助他们去产生问题，找到解决问题的证据和理由，最后可以得到自己认为比较合理的一个答案，大致就是这样一种学习的过程。情境学习也需要我们博物馆教育工作者做一些事情，要根据学习者的个人条件和需求，构建激发和支持学习的情境。

我们要考虑在展览的设计、布置（安排）里，怎么样体现学习的过程，怎么样让观众辨识或找到学习的对象、材料；同时，通过这种学习，通过我们有意识地这种安排，能够让观众看了这些东西、参观完以后得到一种什么样的认识。这些都是情境学习给我们提供的一种理论。

建构知识学习理论认为，学习者通过将个人生活经历和博物馆陈列、环境、展品建立联系，以构建知识。学习者获得的意义受其个人目的的制约，有可能偏离博物馆工作者的预期。

建构学习要求学习者积极主动地参与学习过程，学习成效由学习者个人感官确定。这也是帮助我们认识博物馆学习特点的一个理论，刚才谈

到的情境学习，学习情境是博物馆工作者营造的，而观众自己有时也会构建一种情境。博物馆设计的一个学习环境，有些观众却可能觉得不是学习的环境，因为和学校不一样，觉得这是一个休闲的环境，一个游戏的环境。大家可能经常在工作中遇到，孩子们到博物馆参观，他们那种行为很轻松、很放松，甚至有时候有点放肆的感觉，因为他们把博物馆当成一种游乐的场所，是与学校教室不同的地方。在博物馆所规定的和观众自己所营造的情境中，往往会产生一定的区别和差异，也就是说观众在参观完博物馆以后，他们自己所感觉到、认识到的学习结果，有时候和博物馆工作者所希望他们得到的结果会有很大的距离，可能偏离博物馆工作者的期望。这个情景是常常可以看到的。

我们有时通过网络浏览微博上一些观众参观完博物馆以后的感慨、感想，有一些跟我们博物馆工作者希望他们得到的结果还是差不多的。国内博物馆举办的展览，比如一些文物展览、艺术展览，有时意见还差不多，比如大家都说展品好什么的；参观一些历史类、地方史类的展览，观众会感叹我们这个地方还有深厚、悠久的历史和精美的文物，会感到自豪。但是中国观众在参观一些国外博物馆的时候，感觉这个结果偏差就很大，如参观英国的大英博物馆、美国的大都会博物馆，许多中国观众认为这些文物是他们抢过去的，是在炫耀侵略，中国观众义愤填膺，都在问什么时候这些文物能够回到中国。英国和美国的博物馆，他们不希望观众参观博物馆后向他们讨要文物，而是希望观众看到不同文明的一些特点。这个就是建构，建构的理论就是帮助我们解释这种现象的一种理论。

这种和博物馆工作者的预期产生偏离的一种现象应该是合理的，但是结果不是我们希望看到的。怎么办？博物馆工作者在这个时候怎样去把观众产生的偏差缩小一些或者给他们调整过来？这就要求我们博物馆工作者想办法怎样更好地去引导观众，通过各种方法，包括我们的讲解、服务以及其他的教育手段、教育方法，甚至是教育的技巧，去帮助观众。

博物馆学习，尽管有这么多的理论，但是我们可以发现一个特点，即博物馆的教育与学习都和

观众个人有着密切的联系，这些学习理论都是以学习者的学习行为为基础提出的理论。这给我们一个提示，就是我们的教育活动、学习项目的安排，一定要注意我们的学习者是什么人，他们的需求是什么，我们怎么跟他们去交流，然后帮助他们得到一种积极的学习结果。

我们现在看到的这张图片是著名的法国下水道博物馆，中间穿蓝衣服的就是他们的讲解员，年龄可能跟我差不多，一位老先生，退了休的下水道工作者（图一）。这就可能给小朋友一些心理上的暗示，爷爷说的话是对的。老先生看着孩子们也是很亲切，所以他的讲解很生动，对孩子们吸引力很大，孩子们也听得比较认真。这就是针对不同的对象设计的，后面还有一些其他的例子，针对不同的对象设计的一些不同的学习。

博物馆学习，除了知识之外，还包括其他很多的内容。首先是知识的学习，我们从小到大都认为，学习是对一些新鲜知识的掌握，除此之外，学习还包括对自身智能的开发和加强。现在人们比较关注智能，国际教育理论界提出多元智能，认为人有七种智能，这里列举五种，如语言、数学、音乐、动作、内省等方面的开发与加强，这些也都是我们学校教育的一些活动。教育界大约是20世纪八九十年代提出这种理论，到90年代后期，西方很多学校开始接受多元智能的学习这种智力发展的理论，现在西方学校在教学中比较多地注意这种多元智能的提升。在学习中，人有生理条件上的一些差异，此外个体在学习的能力、信念、情感、价值观以及社会生活能力等方面也各有不同。

在学校教育中，学习是对社会交往、社会生活能力的一种提升。这些都是我们在博物馆教育活动中应该关注的。所以，博物馆的教育活动，不仅仅只是对知识的关注，更是对学习者综合素质、综合能力和生活能力的提升。

博物馆学习的结果是人的素质提升，包括新知识的获取和已有知识的丰富、完善，对我们生活世界的新认识和新了解，再有就是个人的一种发展，个人的发展主要是应对挑战的能力。学习不仅是成绩上的提升，更重要的是反应到他对知识的运用，更多的是能够创新和应对挑战的能力等，还有就是学习者个性的塑造，更加积极，尤其是面对问题的时候有一个积极的态度。

图一　法国下水道博物馆

对博物馆学习效果的评价，也是有几个方面的，具体的评价标准，有知识记忆、观察学习能力方面的，还有分析归纳能力、知识迁延能力、应对挑战的能力、批判性思维、创新的能力等。基于知识的记忆、学习的能力、解决问题的能力，对已有知识分析、批判的能力，是我们博物馆学习比较积极的结果，或者比较全面的综合的结果。

博物馆教育活动方式越来越多，我们博物馆教育工作者、讲解员要做的事情和可以做的事情也是很多。在展厅讲解或导览讲解很重要，其他教育活动也是我们的主要业务领域，如陈列、教育活动、教育性服务、教师培训、志愿者培训等。当然，这里主要讲的是教育活动，如果从博物馆教育工作者和我们讲解员来说，除了能够开展这些工作外，还要能设计、规划、管理、培训、联络这些教育活动，同时能对这些活动结果进行评估，然后去完善我们的教育工作，使博物馆的教育工作从单调向丰富发展，螺旋性发展，不断完善。讲解员只是我们的一个标签，我们要做的事情、可以做的事情其实有很多，也是各位今后职业发展的一个方向。

这张图片是法国的卢浮宫画廊（图二），一个专门展示法国艺术家创作的一些反映西方文化的作品的地方。这个大画廊，展厅很大，挂出来的画很大，画的题材也都很大，都是法国历史上的一些重大事件，或用画来反映、影射法国历史上的一些重大事件。这个画廊成为法国学校教学的一个重要场地（所），很多到卢浮宫的人都对在这里开展的这样一些教育活动印象深刻。这些教育活动都是学校的老师在这里做，而不是我们博物馆工作人员在实施，也就是说老师把课堂教学活动带到博物馆来了。看起来是老师在做，实际上，背后有博物馆人大量工作的支持，如老师的培训、资料的提供、教育活动的设计，然后老师在组织活动前，要到博物馆来做一些考察、联络等工作，这些都需要博物馆给他们提供背后的支持，这是我们博物馆教育工作的重要内容之一。我一直在说，一直在放这样的幻灯图片，学习者坐在展厅的地板上进行学习的一种场景，这是中国博物馆要实现现代化的一个重要标志。中国博物馆现在建筑很好，有很多先进的东西，但离现代化还有一步之遥，就是我们的学习者还没有坐在展厅的地板上。这个要求很高，不是说观众来后大伙都坐在地板上就行了，更重要的是教学活动、教学内容等都需要设计。努力吧，各位，我们下一个阶段的奋斗目标，就是让孩子们能坐在展厅的地板上学习，这比较形象。

### 二、博物馆讲解

讲解这个词在英文里面叫 interpretation，我们以前翻译的时候叫阐释。然而，在英文里面讲到讲解、解释、阐释的时候，不是一个简单的概念、一个简单的导览，这里面还有很多其他的内容。但是为了更贴切一点，我就用了讲解这个词，后边的说法更多的是用解说。我觉得中文翻译为"阐释"这个词，意思比导览更复杂一些，包括博物馆的教育活动，对展品的意义解读、基于展品的一些教育活动的工作，叫阐释或者解说活动。

解说这个词在旅游业或者文化遗产业里面比较被接受，也就是 interpretive 这个词，他们翻译成

图二　法国卢浮宫画廊

解说，我觉得理解成博物馆讲解也可以。

关于博物馆讲解或解说，国际上研究的还是比较多的，第一个定义是 1957 年一位美国学者蒂尔登（Freeman Tilden）提出来的，后来也经过若干次的修改，这是西方博物馆界认为最经典的一个定义，现在西方很多关于博物馆讲解、解说或文化遗产阐释的定义基本上都是基于这个定义。这个定义因为是五十多年前的一个说法，可能会有一些不完善的地方，后面的许多定义在对它进行完善或补充。

蒂尔登的定义是：通过对原始物件的使用，来揭示意义和关系的一种教育方法，它是通过第一手体验和直观媒介来揭示，而不是单纯的传达事实信息。在这个定义中，对"原始物件的使用"包括展示、触摸等，"原始物件"指展品、文物标本等最原生态的东西，"意义和关系"指原始物件自身的意义及其与其他物件（包括相关物件或现象）之间的关系，实际就是物件之间的内涵、内容、价值等，这种教育方法包括怎么样来使用、怎么样来揭示这么一些方法或技巧。这里特别要强调的是通过"第一手体验"和"直观媒介"来揭示意义和关系，希望通过亲手的触摸，用你的感官在第一时间直接地去感受这个东西，除了触摸之外你还可以看到、听到、闻到、尝到等。"直观媒介"就是像图片这些而不是文字，通过图片、音像等这些方式来解释。最后"而不是单纯的传达事实信息"，它的意思就是要和原始物件有一个直接的接触，你的各种感官直接和它接触，接触的目的是为了了解它的内容和意义，以及它与其他一些事情的关系。意义实际上就是内容，关系就是一些知识、秩序性的东西。这是蒂尔登一个经典的说法。

英国人布莱克在蒂尔登说法的基础上，又把观众因素强调了一下，从观众的角度、以观众为本的角度理解蒂尔登的说法：解说是一种介绍历史遗迹的方法，它试图让观众与"实物"发生联系，并且鼓励观众参与其中，以帮助观众提高其自身探索的技能并增强其自身的理解能力。这种"历史遗迹"包括考古遗址、遗址公园、历史建筑、历史文物等。布莱克的定义更多的是从观众的角度，怎么样帮助观众在和实物发生直接接触的时候，去探索这件物体的内容。不像蒂尔登的定义，是通过讲解员把这些东西用讲解呈现给观众，布莱克

提出让观众自己去探索,在博物馆工作人员或讲解员的帮助下去探索物件的内容和它们之间的相互关系,然后在这个探索的过程当中去增强他对这个物件、历史遗迹的理解,同时也提升自己的学习能力和知识水平。

还有两种定义,一种是美国国家解说协会(我们叫导游协会)提出的,一种是英国遗产解说协会提出的,这两个协会对解说的定义都比较简洁。美国国家解说协会的定义是:解说是一种交流过程,它建立了观众趣味和资源内在涵义之间的情感和知性联系。美国国家解说协会强调了遗产和观众这两个要素之间的联系,解说是辅助性的手段,目的是帮助观众和他所关注的遗产建立情感和知识上的联系。英国遗产解说协会的定义就更简单了,直截了当的一个目的:帮助人们发现和欣赏这个世界的艺术。在英语里,"艺术"的内涵和含义比我们中文"艺术"一词要广泛得多,包括人工的一些支撑体和体现人的创造力、鉴赏力的一种行为,这些都是包括在这个大艺术含义里面的。

关于博物馆讲解的定义还有很多,这里选取了有代表性的四个,通过这四个定义我们可以了解到博物馆讲解、解说的特点。解说的基本要点,第一个是实物,第二个是解说的信息。解说不是一个中性的、客观的信息的展示与提供,而是要有一个特定的、专门的主题,最后还要把这些信息组织起来。展示信息的功能和目的是要表现这个主题,让观众理解这个主题。这里很重要的就是要让观众与所体验的、所看到的、所感受的实物(历史建筑、历史场景或历史遗址)建立起一个有意义的联系,包括知识、情感、价值等方面的联系。

西方人认为,传统的解说是对知识的描述,所谓描述就是针对一个具体的实物。比如铜鼎、瓷盘、瓷罐或石斧等,叙述实物的事实性信息。现在我们很多博物馆的解说词,如考古博物馆对铜鼎的描述,诸如"立耳"、"饕餮纹"等描述都属于事实性的信息。这种描述的目的是对一个具体实物的认知,知道这个实物是什么。比如鼎,很多观众不知道它叫"鼎",也不知道它的特点,通过描述,观众能够对鼎有一个具体的了解,原来像个锅一样,三条腿,还有两个耳,但是再进一步的东西,在描述里常常就没有了,观众与描述或讲述的这个实物如鼎之间没有太大的联系。就像这个话筒一

样,我们也可以给它一个描述,如方形底座、有一个连线、CU 器之类,如果说完就完了,CU 器是什么也不管,观众就只知道是一个普通的工具——话筒。

在博物馆里,对实物的讲解或解说,简单的描述应该是最基础的东西。帮助观众去认识这些东西,这是第一步,之后解说还有很多其他的任务要去完成。"最好的解说方法是人对人,但如果讲解员太糟糕的话,那么人对人的解说可能是最差的方法。"这句话是西方博物馆界或文化遗产界说的,这可能是他们感触很深的一句话,这也让我想起一句话:"你要喜欢一个人你让他去纽约,你要恨一个人也让他去纽约。"把这句话借来用也可以:"你要喜欢一个人你让他去听博物馆讲解,你要恨一个人也让他去听博物馆讲解。"为什么要在这里强调说这些呢?因为人员的讲解是博物馆一个很重要的教育活动或者知识学习的活动,如果你对自己从事的这项工作,在认识上稍微有些片面,就会影响到我们工作的效果。

博物馆讲解的发展,以前我们认识的还不是特别多,最近也是学习了以后,发现博物馆讲解的确是在发展,呈现出一种阶段性的变化、进展。

博物馆讲解从导览这个角度上讲,当公共博物馆出现以后,导览就出现了。比如最早在 1683 年,英国牛津大学阿什莫林博物馆开放后,就有导览了。观众去了博物馆以后,博物馆的工作人员会陪同观众参观,然后介绍、解疑释惑,最后根据你参观时间的长短收费。大英博物馆那时也有导览,大英博物馆成立以后,一定数量的观众组成一个团队,在一个半小时左右的时间内由人带着参观。当时的导览更多的是引导参观和控制观众,在规定的时间之内看完这个博物馆。当时很多观众意见很大,这么丰富的展览我们还想多看,但博物馆工作人员就赶着我们走,不是带着我们走,而是赶着我们走,意见很大。从教育的角度来导览,大约在 19 世纪后期,这个时期,公共教育的理念、普及教育的理念开始进入博物馆,博物馆也成为一些学校教学的场所,博物馆也开始注意到利用博物馆的标本、藏品去系统地介绍知识。

我看到一些资料,他们认为 1890 年的时候,美国国家公园服务部的奠基人——约翰·穆尔(John Muir)提出了"解说"的概念。国家公园开

始有一些导览,引导观众去游览参观,后来逐渐发展,导游不再是单纯导览,而是一种教育工作者,从而提出解说的概念。

1889 年,艾若斯·米尔斯,这是美国国家公园里面很著名的一个解说员或教育工作者,当时是一个 19 岁的年轻人。14 岁的时候参观游览美国国家公园接触到了国家公园的导览员,深为解说所吸引,从 19 岁的时候开始,终生从事导览工作,或者说是国家公园的解说工作。后人对他的评价是,他是"一个将其见闻与体验传达给体验较少的人们的角色"。

在博物馆方面,美国波士顿艺术博物馆在 1896 年试验性地设立了解说员,也叫讲解员,其实那个时候和我们这个年代的讲解员还不太一样,就是博物馆教师,有的叫博物馆导师。在 1907 年的时候,正式设立了博物馆教师,英文就是 docent,为观众解说,实际上是帮助观众学习。之后,美国的博物馆都开始引进 docent 的角色,开始有专业的导览和专业的博物馆教育工作者,负责对展厅中观众的导览和教育,同时也负责博物馆教育活动的策划。

从现在来看,博物馆的讲解工作经历了几个发展的阶段:第一个是观众导师阶段;第二个是知识传授阶段;第三个是支持观众学习阶段;第四个是交流阶段,即藏品、观众与解说员之间的交流。

"观众导师"阶段基本上是公共博物馆早期和中期阶段,在 19 世纪后期,博物馆的导览工作基本上就是陪同观众参观。

"知识传授"阶段大致上是 19 世纪后期到 20 世纪中期,博物馆导览人员基本上是博物馆展览的一个组成部分。当时,西方的博物馆把博物馆展览看作为一个教育手段,博物馆的展览就是知识的传授和传播。当时的展览主要通过实物和文字传授知识,比较多地强调学术性和科学性,所以导致很多观众对那些专业词汇、专业概念不太明白,需要讲解员去做一些翻译,就是把专业的语言翻译成观众能够理解的语言,讲解员实际上也是一个展览的组成部分,也就是研究者的传声筒或者说是研究人员中的一员。

"支持观众学习"阶段基本上是 20 世纪中后期。这个时期,就像刚才我们看到的美国国家解说协会的定义,博物馆的解说和教育实际上是一

种遗产和观众之间的联系,讲解员在他们的外围,帮助观众与遗产之间建立一种密切的联系。讲解员只是提供支持,创造这种条件。

截至目前,博物馆学界提出来讲解实际上是一种交流活动,这个交流是三方面的,也就是藏品、观众和讲解员之间的交流。以前可能只是藏品和观众之间的交流,现在则要把讲解员纳入交流之中,讲解员不光要帮助观众去理解展览中的一些藏品、一些文化遗产,同时讲解员还要激发观众的理解,和观众之间要有一个交流,用自己对文化遗产的热爱与情感去影响观众。

近年来,尤其是近二十年来,博物馆界还有一个休闲、娱乐的倾向。西方博物馆界注意到了在学习、娱乐之间界定我们的讲解工作,即一半学习一半娱乐。在学习中有一定的痛苦,因为需要付出努力才能实现目标,就像我们现在听讲座,起码还得坐两小时,也是痛苦的。娱乐有欢乐、狂喜等。作为博物馆的解说,尽管一半是学习一半是娱乐,但我们只能选择其中的一部分,不是单纯的学习或者娱乐,如何让观众体会到学习中的快乐和休闲中的学习,这是我们解说的任务和内容。我们对观众的解说还是要达到一个目标,这个目标是基于观众参观的一些需求,就像上面提到的有休闲的、学习的等成分。讲解的这个目标中,学习只是最基础的一个目标,例如对对象的认知、对存在问题的了解等。在学习目标之上还有一个情感的目标,还要达到一个行为的目标,即通过学习来改变观众的行为,使观众产生一些积极的行为。例如在文物方面,情感目标不光是要认识这个物,还要认识文物保护方面,文物与现实发展方面还存在哪些问题,如文物的破坏、文物的买卖、文物的使用等,让观众认识到这些问题的严重性,知道应该采取什么行动,然后自己去保护文物。

现在提出来,博物馆的解说实际上是要达成这三个目标:学习目标、情感目标和行为目标。最重要的是这个行为目标,这是我们解说工作今后要努力的一个方向。通过我们的讲解,首先要让观众认识我们这些展品,再让观众认可展览的主题,最后能采取一些行动,使我们的生活更美好。

关于讲解的六个原则,这是讲解理论的奠基人蒂尔登提出的,是现在西方博物馆界和文化遗产界在解说方面都认可的说法,并且也是最基本

的原则要求。这六个原则,国内有几种翻译,但都不大一样,现在我把它们进行了整合。

第一个原则:任何没有将所展示或描述的内容与游客内在的个性或经历相联系的解说,都将是徒劳无功的。这就是前面所讲的,解说内容上、解说目标上让观众采取积极的行动,你的讲解最后的效果,不是让观众记住多少知识,而是让观众采取一些积极的行为,或者改变一些过去消极的行为。将这个过程与行动连接起来的,就是情感的因素,融合他们的个性与经历,与能够打动他们个人的一些经历、经验联系,讲解描述的内容要与观众的个性与经历联系,如果没有联系,是徒劳无功的,是不可能产生行为的。

第二个原则:通常意义下,信息并不是解说。解说是在信息基础上的内容揭示,两者完全不同,但所有的解说都包含信息。信息与解说两者完全不同,什么是解说,什么是描绘,解说包括一些基本性的事实信息,是在信息基础上的内容提示,而描述只是传递给观众基本的事实信息。

第三个原则:无论所提供的信息是关于科学、历史还是建筑的,解说都是一门结合了多种艺术表现形式的艺术。任何艺术在某种程度上都是可传授的。后面的艺术和前面那个艺术稍微有点差别,这个艺术就是刚才介绍的大艺术,体现了人民的智慧和创造力。所有的艺术在某种程度上是可以传授的,要通过我们艺术性的表达去影响观众。

第四个原则:解说的主要目标不是教导和指示,而是鼓励和激发。让观众自己脑子里头点亮一盏灯,产生一种继续去探究的动力。

第五个原则:解说应当旨在展示整体而非局部,解说的对象应该是一个完整的人而不仅是一个人生阶段。把解说、讲解作为一个完整的活动来讲,解说毕竟是在一个局部的地方,在一个文物当中,因此在一个展览当中,介绍一件文物或一组文物时,解说者得考虑文物是整个展览当中的一个部分,也是整个展览主题的体现或主要内容的一个解释。在展览当中一个整体或局部的介绍,也要考虑对整体或全部所起的作用。强调讲解的内容是一个整体,面对的对象也是一个整体,还有一层意思,就是我们要考虑观众的发展,尽管是不同年龄段的组合,但在参观博物馆这个特殊的时段,讲解的内容是一个整体,面对的对象也是一个整体。

第六个原则:提供给孩子(12岁以下)的解说不应只是把提供给成人的解说稍作简化,而应采用一种完全不同的方式。为了达到最好的效果,有必要设计单独的项目。对儿童的解说应该采取完全不同的方式,不是给成人讲话的翻版,儿童是完全不同的活动对象,现在大家基本上都认识到了,不同的人生阶段有不同的特点。

简化一下,第一个原则就是要和游客的经历有联系;第二个原则就是讲解、解说是对内容的解释,不仅仅是外在的客观的信息,还是内容、内在联系的揭示;第三个原则就是艺术,多种艺术组合的一种体现,要发挥个人的创造性;第四个原则就是激励;第五个原则就是整体;第六个原则就是孩子。

这六个原则对我们的工作有着重要的指导意义。近年来,美国博物馆界对好的讲解工作要素,在蒂尔登六原则的基础上,又具体化了一些,提出了好的博物馆讲解"五要素",突出揭示事实的意义。

第一个要素是,好的讲解应当使人们认识到某种事实,以揭示事物的意义,传达对事物的理解。

第二个要素是,基于原始事物。在适当的配置后,具有内在的传达和告知的力量。博物馆展览不是物品简单的陈设、陈放和展示,展览中有一种内在的传达和告知的力量。就是我们看了展览之后,不用其他人讲解,就能够了解这些展示内在的意义和价值。这不仅是对博物馆讲解人员提出的要求,也是对博物馆整体工作者包括教育工作者提出的要求。博物馆解说人员以后要参与到博物馆展览的设计、布展工作中,一个基本的任务,就是让这些展品要有传达和告知的力量,也就是所谓的让文物说话。

第三个要素是,博物馆得到科学和历史研究知识的支持,这些研究检核博物馆各项事物,巩固各项计划,分析博物馆观众,评价展示方法,以确保更有效的交流。

第四个要素是,运用各种可能用到的感官知觉(视、听、嗅、味、触),感官(含情感暗示)应作为常规语词理解方法的补充,而不是替代者。它们共同构成强有力的学习过程。在展览当中,除了语言文字词汇上的表达之外，也要调动观众的感官知觉，引导观众去听一听、看一看，感受一下。

第五个要素是，非正规教育，是自愿的、独立的，随观众兴趣而定，通常是令人愉快和具有娱乐性的。它可以给观众带来强烈的动力，想进一步学习，或参观其他地方，或寻求满足刚刚被激发的好奇心。这要求好的讲解要和观众休闲的状态有种适应，不能是课堂上的教学。

以上是好的博物馆讲解的五个要素。那么现在我们如何评价一个讲解员？美国同行阿布·舒马耶斯·莱恩哈德说："讲解员是博物馆与观众交流界面的中心。"所谓"交流界面"，计算机的屏幕就是交流界面，我们把要求、指令通过键盘告诉计算机，计算机通过屏幕把这些要求给我们反馈过来。博物馆讲解员就是博物馆与观众交流界面的中心。

大家都有这样的工作经验，实际上和观众接触最多的就是讲解员，虽然博物馆还有很多后台人士，这些人士通常不愿意抛头露面，但是讲解员不是后台的传声筒，也不是他们的翻译员，而是起着积极、主动作用的一个中心。通过讲解员创造性的活动，和观众进行交流，把整个博物馆的研究成果、博物馆存在的意义、博物馆的一些收藏和展览的意义传递给观众。我觉得这个定位非常好，作为讲解员的定位，不是演员，不是教师，不是导览，不是公关、保安等，而是交流界面的中心，把这些集于一身，所以讲解员蛮辛苦的。

作为讲解员，尤其是社会人文类博物馆的讲解员，我们更多的是依托于历史、依托于文物。一些讲解工作让观众在历史当中，或者在和历史的接触当中，能够更深刻、更准确地了解自己，同时把历史作为我们今后发展的一个资源、一种动力，这是美国博物馆界总结出来的。怎么样在历史展览中，能够让观众有一个积极的参观体验，有一个很好的学习效果、方法与手段，或者说我们可以做一些什么事，能让观众对历史更感兴趣。其实更重要的是如何去保护文化遗产，如何去传承这些优秀的文化传统，并能够采取一些积极的行为。

这里介绍了一些方法，能够帮助观众置身于展览中，投入到历史当中。通过展品当中神奇的地方或者有特点、有特色的地方，吸引观众，让观众通过提问，对物品产生兴趣；提问不一定是观众不了解，而是让观众增加一种兴趣。通过提问可以进一步引导观众，提供更多的信息，激发他们对博物馆和文化遗产的热情；通过对展览内容、主题的提问，可以拓展知识，营造一个轻松的氛围；通过亲子互动等活动活跃现场气氛，促进自我发现，鼓励观众互动和参与；通过我们的服务，传达一种高质量的关注，升华参观体验。通过这些方法为观众还原历史，让观众感觉非常好，感觉到自己是平等的，然后是得到重视的、得到关怀的，不仅对博物馆会有一个积极的评价，而且对观众个人也会有一个好的自我评价。博物馆的服务，我们感觉只是一种服务，但对于观众而言，他们体会到的是一种被关注，这就是一种关怀，让观众自我感觉比较好。

在参观过程中，我们要调动观众的多种感官。在讲解、陈列中，我们会运用一些技巧，以调动观众的各种感官。我们博物馆是不是可以创造各种条件，比如在南通博物苑这么一个园子里参观的时候，我们是不是可以考虑运用一些方法，让观众可以听到些什么、闻到些什么，以调动观众的听觉器官、嗅觉器官。但这种器官所能感知的只是一些实的东西，因为人每天听到、看到的东西太多了，所以靠看、听记住的东西太有限了，观众大致能记住10%。用文字表达出来的信息，比方说语言，阅读的文字大约可以记住30%。看到且同时能听到解说的，能记住的大约是50%。而如果让他们亲手触摸、操作一下，则可以记住90%。

这两张图片（图三、四），一张是让孩子们亲身尝试一下过去的服饰，还有一张是美国的，让孩子们亲自用布头拼制一种被子，现在很多博物馆都有这种体验活动。在博物馆里，这些信息是可以叠加的，让观众用多种感官获得积极的效果。这当然不是说每一件展品都得这样看，而是要有选择的。这样我们在制定一个展览的规划时，要考虑这个问题。

为获得良好的讲解效果，需要制定讲解的规划。在一个展览的规划里，要考虑观众的学习过程，要帮助观众考虑学习的重点，展览的主题是什么，不光写一个讲解词就行了，还得有一个规划，讲解规划也是需要设计的。

讲解的规划首先要明确讲解的目标，展览的目的是什么，我们讲解的目的是什么；其次要了解观众是谁,我们为谁而讲。不同的观众,他们对讲解的兴趣点是不一样的。如孩子关注的是恐龙的牙齿,而成年人关注的是恐龙的脚印;孩子多关注新奇的东西,而成年人多关注知识一类的东西。这就影响到我们如何去做一个展览的讲解规划。

展览的讲解规划首先要考虑的是讲解的目标是什么。有一种观点认为,得把讲解目标往后挪,首先要了解观众,我们要讲解的观众是谁;然后是博物馆展览的内容是什么,展览的目的是什么;最后才是讲解的目标是什么。通过对展览的展品、设计、布局以及展览里的教育项目进行研究,并有效利用这些条件,确定我们的讲解可以做些什么,然后思考我们的讲解目标是什么。之后,是我们要运用什么样的方法和技巧去讲解。当然,我们所用的这些方法和技巧都是与人有关系的,与我们讲解员有关系的。最后是实施操作。这个需要一些专业性的东西,就像我们演员似的,比如需要一个表情,你就得拿捏好,不要把小孩给吓跑了。还有你如何站,采取一种什么姿势等。我们讲解员的工作室,可以像演员的化妆间一样,四面装上镜子,大家平时可以训练表情、仪态等。

讲解规划最后一个就是评价与反馈。要找到一些要素,评价的要素是什么?如观众的反应、评价、提出的时间等,这些都是评价的因素,有助于我们去改进和完善讲解工作。

讲解词的内容大体包括四个方面:一个是物质的,即观众可以看到的东西,包括文物的质地、构成、纹饰、功用等;第二个是知识性的,即和这个物件有关系的知识背景,包括历史的、自然科学的、社会的、人文的知识等;第三个是情感方面的,不能简单地说这个东西价值很高、很美好,而要用具体的词语把这些有价值的东西具体说明出来,有几个体现价值的方面,我们说某件东西目前只发现一件,它的价值怎么样去体现,要让观众感同身受,即这件物件与自己有什么关系;第四个是审美方面的欣赏,审美主要是美学方面的,如高雅的、粗犷的等。

对这些内容如何去组织它,不像讲解规划有个先后。美国同行对讲解词的结构是从四个方面来谈的。

一是要激发兴趣。一句话,首先要吸引观众

的兴趣,从而引发对下文的期待,增强展览对观众的吸引力。

二是要引发关联。在介绍信息的时候,把观众看到的、听到的信息与日常生活发生关联,在观众的反馈里面,把他们看到的东西与生活发生联系,以激发他们的兴趣。所以,讲解跟学术研究不太一样,学术研究更侧重于推理、证据,以此来证明观点。但讲解不同,恰恰要反其道而行之,把专家的观点装在肚子里,要把观众的日常生活经验、经历和展览的展品联系起来。

三是要揭示信息。把关键的信息和帮助观众认识展品主题内涵的信息集中地表述出来,用生动的语言把它描述出来。

最后,讲解词在结构上要注重讲述全局,不论讲什么都要围绕统一的主题。在讲解过程当中,应当用多样化的信息和解说方法来表现主题,整合信息,支持博物馆要表达的情绪或氛围。

这是讲解的一些经验,我们可以借鉴一下。讲

图三　儿童体验

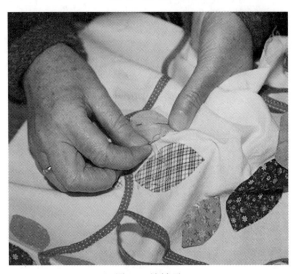

图四　缝被子

解要从观众看到的一些东西讲起，然后讲到看不到的一些东西，从纹饰、形制讲到历史等，当然，这个说法还是可以商榷的。

博物馆讲解的要求，首先是注意它的整体性。博物馆的讲解和博物馆参观全过程的环境是紧密结合的，或者说，博物馆的讲解是受到环境、陈列、服务的影响的，馆长对这个事情应该更关注一点。我们的讲解要有机地与这些客观条件融合在一起，要克服一些不利的因素。博物馆的馆长和业务部门要注意，教育活动与博物馆整体环境存在的一种依存条件。

第二条很重要，就是讲解员对观众要采取欢迎的态度。对观众的态度要发自内心的欢迎，把观众当亲人，这样可以帮助观众消除恐惧感。很多观众到了博物馆，不知道怎么去观看展览，无法把自己当成学习的主人。博物馆应该用各种环境、社交引导、讲解员与观众交流等方式来化解、消除观众与展览、展品以及讲解员之间的隔阂。这其中有些技巧。比如观众与讲解员之间有一个3米的距离，这个距离就相当大了，不是亲人的距离。观众把讲解员围得越紧，说明观众和你的心理距离越近，当然太挤了也不好，最好在1米之内0.8米左右。通过距离消除心理上的一些隔阂，在表情上、眼神上要与观众有所交流。

再就是营造一个参与、互动、交流的环境氛围，不仅是讲解员与观众之间的交流，也要鼓励

图五　讲解图

图六　儿童项目之一

图七　儿童项目之二

图八　情景剧

观众之间的互动和交流,激发观众的好奇心,激发观众对展品的反应。大家看这张图片(图五),讲解员与观众的距离很近,但注意力不在讲解人员身上,而全在展品上,这就很好。这也让人感受到讲解员的这种激情,对展览的一种热爱。

讲解中要求我们面对观众而不是面对展板,但我们对展览的那种感情如何表现,这就要求我们在工作中进行探索。如何让我们对展览的激情去感染观众,希望大家总结经验。

下面这些图片,是一些不同的讲解方式。

这两张图片(图六、七),博物馆工作人员穿上特定历史时期、特定人物的服装在讲解,给观众做一些演示和讲解。显然,很受小朋友们的欢迎。

这张图片(图八)是一个情景剧,博物馆工作人员正在表演。

所以说讲解是一种艺术。观众是否满意的五个要素,是我们在讲解中需要关注的。

在观众参观的时候,作为博物馆讲解人员,除了要考虑自身的讲解工作外,还要考虑整个博物馆的教育工作,通过服务及讲解,让观众有一个积极的参观体验、参观结果。这里与我们相关的东西还是很多的。

如要有适合儿童的服务,儿童一般喜欢与人打交道,要针对孩子设计一些项目;如博物馆员工态度友好、知识丰富,对博物馆展览或者某一方面相关的一些知识,甚至对博物馆的参观设施,都了解得很清楚,观众有问题时就能够及时准确地回答;再如参观路线是否设计合理,使观众易于辨识;提供可看可做的实物信息,用丰富的教育活动,让观众易于得到大量的信息;提高观众参观展览活动的质量,提高博物馆服务的质量,对于提升观众满意度都是大有帮助的。

关于博物馆的讲解,从西方博物馆研究成果看,有许多值得我们关注、借鉴、参考的基础理论。对于博物馆讲解活动,它的组织、规划、实施,乃至一些具体的技术、技巧方面,都有一些很值得我们关注的。今天我把收集的一些信息给大家做一个报告,希望对大家事业的发展、个人的发展方面能够有一些帮助。谢谢!

(本文根据讲座 PPT 文件和录音综合整理,终稿未经作者本人审阅)

整理者:周左锋　金　艳

# "第三只眼"看讲解

## ——讲解员与观众的有效沟通

崔　波(《中国文物报·博物馆周刊》主编　《中国文物报》编审)

大家下午好！很高兴能来到中国博物馆的圣地——南通,与大家(参加第二届"张謇杯·文博南通"讲解大赛的选手)共同交流、探讨"博物馆如何与公众沟通"的问题。做讲座其实谈不上,只是将这些年我从事博物馆公共服务报道及研究的一点感悟,说出来给大家听听,希望能够引起一些思考。这样,我觉得今天讲座的目的可能就达到了。

讲解工作长期以来都被视作博物馆向公众提供教育辅导的最主要的手段和方式。现今对博物馆讲解有很多的溢美之词,例如形象、窗口、桥梁、纽带等,这样的词特别多,我个人也很认同这样的评价。

很多人都说,听优秀的讲解就像品尝菜肴一样,而且是佳肴,让人回味无穷。全国博物馆有一个新媒体的 QQ 群,前几天,我无意中看到北京和大同的两位同志在谈赴外地考察的感受,北京的这个同志讲道:"这次行程,正是这些优秀的讲解员让我们感受到了陕西深厚的文化底蕴,让我们对这片古老的文明土地流连忘返。"后面他还谈到,以后如果去山西或者其他地方都要找讲解员进行讲解,他至今还记得那位讲解员的名字,对她也是大加赞美(图一)。

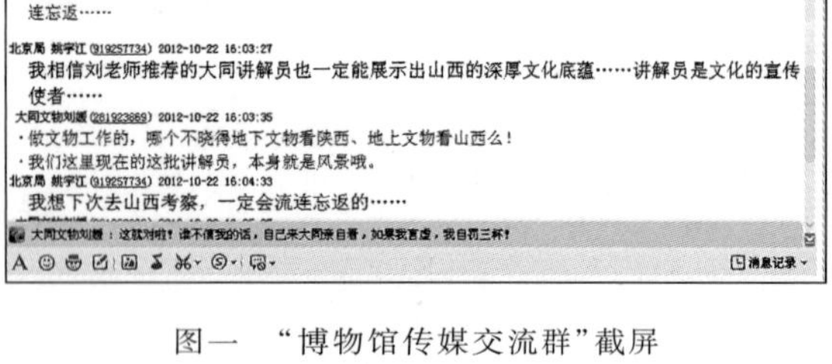

图一　"博物馆传媒交流群"截屏

这里还有一个例子,是在《中国文物报》发表文章的一位网友,她最初是以博客的形式发在网上的。讲到她去新疆旅游,在一个小的文管所里听了一位 40 多岁的男讲解员为她们两个旅人进行的专业讲解,她当时特别感慨,为新疆的美景与人文,也为讲解员的敬业精神和职业自豪感,回来后专门写了一篇纪游文章,表达她对这位讲解员的敬重之情。

### 一、对博物馆和讲解呈现的新需求

就全国博物馆形势而言,这几年呈现出了一些新的趋势。在对博物馆讲解评价越来越高的同时,面对新的趋势,讲解工作也会面临一些新的时代命题,根据这两年的情况我做了一下总结。

第一个新的趋势是博物馆融入公众生活的步伐加快,这是一个国际性的趋势。国家文物局局长励小捷在国际博协亚太地区联盟 2012 年大会上讲到,在很多国家,社教活动、讲解活动都与公众结合得更紧密了。中国博物馆的数量去年是 3400 座,今年是 3589 座。在近五六年的时间里,中国博物馆每年以一百多座的速度在增长。

第二个新的趋势是博物馆的公益性进一步明确。中央以及地方政府对博物馆的扶持力度越来越大。据了解,2011 年中央财政收入有 30 亿元用来贴补全国纳入中央免费开放范围的 1444 座公共博物馆免费开放。2011 年,博物馆的观众接待量达到了 4.7 亿人次,说明民众在博物馆大规模免费开放的社会背景下,不管是出于文化的自觉也好,还是对博物馆的好奇也好,很多人自发地进入到博物馆中,而且社会低收入或者无收入者比如民工、商贩这样的参观人数比例都在逐年增加。

重庆渣滓洞，相信很多人都了解。这是一个比较严肃的地方，但我们发现，游客的心态却有很多种，有的以学习为目的，有的以了解回顾历史为目的，有的以休闲为目的，等等。我们小的时候去这样带有教育性的革命类博物馆是什么心情呢？20世纪70年代末80年代初，去烈士陵园参观，都是自己做小白花，戴在胸前，完全是学习受教育的单一状态。不可能像现在这样到处拍照，虽然那时候相机没有这么普遍，即使是有，在沉闷的情境下，也不允许你到处摄影摄像（图二）。

图二　游客的心态出现了变化

第三个新的趋势是讲解空间明显变化。近几年来，国家文物主管部门或者各省的博物馆已经行动起来，要把文化惠民普及到更广大的群众中，这样，博物馆的工作就从原来的展厅转变为更为开放型的空间。比如很多博物馆开展了到农村、到社区的服务活动，我们不能再用馆墙之内的视野来看博物馆，而是要用更广大的视野来看待博物馆，看待群众走进博物馆这个现象。这也是博物馆质量提升的一个重要方面。在全国绝大多数省级馆改造结束以后，全国博物馆的发展已经从单纯地追求数量增长转变为要求质量提升，而质量提升的一个重要方面就有对社教工作的要求，对讲解工作的深入拓展的要求。

## 二、讲解的意义

讲解是指博物馆特定的工作人员用声音传递展览信息的一种二度创作。它是以观众为传播对象，对相关知识进行整理加工，创造一种情境再传播出去的过程。在这样一个过程中，讲解员起的作用非常重要。因为在博物馆里想要实现真正地入心入脑的文化传播，实时动态性的对话主要靠讲解员来完成。现在很多博物馆都做了语音导览，例如故宫博物院就有很多版本，有鞠萍的儿童版，还有王刚的成人版，语音语调方面都很完善，但是它不能依据观众的反应现场进行调整，也不能对观众的反馈进行再回馈。

有的公司开发了机器人接待员，在一些展会上用过，它会说"你好"，能与观众进行简单的问答（图三）。这种机器人接待员是提前把语言录好了，对你的语言进行识别，然后回答，但是如果它的机器里没有存储答案，它就回答不出来了。所以说，不管语音导览再发达，机器再发达，都取代不了人和人之间的互动。

现在市民参观博物馆后，不少人反映看不太懂。为什么呢？因为中间有一个断层。现在年龄在七八十岁以下的人都会有这样的感觉，对传统文化的感觉可能相对来说比较淡一些。一方面是由于近百年来社会变革造成传统文化传递上的弱化，另一方面是由于"文革"的冲击和外来文化的强势影响，使很多传统文化的知识在社会个体中

图三　机器人接待员

很大程度地缺失了、中断了。而讲解员就是填平这个文化断层的使者。文物是在那摆着了，但是文物自己不能说、不能讲，它传达的信息到不了观众那儿，这样就使讲解员和观众之间存在了一个对话的空间。2010年，陕西省文物局做过一个调研，发现到博物馆参观的人群里聘请讲解员为自己讲解的人越来越多，比例逐年上升。很多观众到博物馆，觉得自己去看展览虽然不花钱，但是看不懂，如果请一个讲解员为自己讲解效果就会很好。我相信，不仅是一般的群众有这样的感觉，像我们文博工作者自身也有这样的感觉。2011年，我跟几位同行在陕西历史博物馆参观"何家村窖藏出土文物展"，那天正好时间比较早，没人给我们讲解。我们没有从展览的开始看起，也不知道这些出土文物的来龙去脉，东西挺好，但是没有太多的感觉，很快就离开了。2012年，我带着孩子去参观该展，当时就请了一位讲解员给我们讲解，他对展览的结构比较了解，先从前面的序厅给我们讲。他谈到文物是从两个大瓮中出土的，瓮里足足装了好几百件文物，用特别巧妙的排列方法才能塞进去，现在人再试着往里放都很难再放进去。古人是在什么情况下、出于什么目的把这些精美的东西放在里面的呢？这些都不得而知。他这么一讲解，作为观众来说，对展品知识等充满了探究的愿望。这次参观给我们留下了极为深刻的印象。回去后，孩子写了一篇作文谈陕西之行，就写了这个何家村的出土文物展。讲解为我们构筑了一个既有故事性又有知识探求空间的情境，观众会获得巨大的精神满足感，"我真没有白去看这个东西，很值得"。

### 三、讲解的个性及个性语言

实际上，具体说到讲解，大家比我知道的多。我可能在讲的过程中，语音、语调、语速快慢还有吐字不一定都规范，而大家在上述这些方面都是受过训练的，因为这些是讲解的基本功。从讲解技能上说，需要规范。像精神饱满、大方庄重、亲切自然的形象是褒扬性的普遍使用的一个评价，我觉着称之为"精神状态"更好。在这些基本功的基础上，会演化出多种不同的讲解风格，有个性风格的讲解更受到观众的欢迎。有大江东去这样一种大气魄的讲解，也有小桥流水似的江南风格

的讲解，可以是慷慨激昂的，也可以是娓娓道来的。讲解员在刚入门的时候都要经过几个月的培训，再经过几年的锤炼，每个人都会形成自己的讲解个性。

2012年，网上比较热捧的义务讲解员朋朋，新华社做过他的报道，问他为什么热爱讲解，他说："我喜欢看到观众在听着我讲解、看着我动作时的那种目光。"朋朋在微博上写有他的日程安排，周末两天里有一天半在世纪坛和国家博物馆为观众服务，有时候听他讲解都需要提前预约。那么他特别在哪里呢？重点在于，他在讲解中始终是以平等的姿态跟游客交流。在做小朋友专场的时候，他干脆就和孩子们坐在展台附近讲，还会提前准备一些现场的角色扮演，比如扮演皇帝啊什么的。

台北故宫的讲解模式，跟内地的就不太一样了。他们的讲解不是在你对面进行面对面的交流，而可能是在你身后讲，让你重视他的声音和他所讲的内容，但是忽略他的形象，讲解员是跟着观众的思路走的。

下面我举一些例子，谈谈讲解语言的运用。我们做讲解，都会发一份标准讲解词。讲解词拿到以后，有的讲解员是这样做的，把标准词重新拆散组合，将其中三分之一的形容词去掉，按自己的思路重新进行编排。"每次拿到讲解词都要问自己，如果我是观众，希望知道什么？然后再围绕这些问题查资料、找答案。"例如，有一位讲解员在讲解玉壶春瓶时用的一句诗，是标准讲解词里面没有的，她加了进去，通过诗情画意的讲解，让观众打开想象的空间，由眼入心地赞叹展品的美。

再看下面这则例子。

> ……她被押到刑讯室的那个晚上，整个渣滓洞都安静下来了，严刑拷打的声音可以传得很远。本来监狱就不是很大，刑讯室前面一排平房是女牢，女牢再过去就是两层楼的男牢，从男牢二楼监房的窗子甚至可以望见刑讯室里的情形。这里关押的地下党员大都认识江姐，他们的心都为这个身高只有一米五四的文弱女人揪着，她脑子里党组织的机密太多了。皮鞭抽、老虎凳压、竹签子钉，酷刑一样样用过，敌人就是撬不开她的嘴。

江竹筠，就在难友们目力、耳力能及的地方，做出了坚贞不屈的榜样！江姐被拖回牢房，第二天从昏迷中苏醒过来，接受同志们表达的敬意时，只是轻轻地说了句"竹签子是竹子做的，可共产党员的意志是钢铁"。

这段话摘自 2012 年 7 月 1 日《文汇报》登载的《最牛女讲解员》的文章。我们发现，在这位讲解员的讲解词中，像"严刑拷打的声音可以传得很远，本来监狱就不是很大"这样的词句，加入了很多，例如"从男牢二楼监房的窗子甚至可以望见刑讯室里的情形"，"身高只有一米五四的文弱女人"，以及最后抒情"就在难友们目力、耳力能及的地方，做出了坚贞不屈的榜样"。

下面一段是我修改后的，再读读看。

……那个晚上，她被押到刑讯室。当时整个渣滓洞都很安静，很远还能听到严刑拷打她的声音。监狱不是很大，刑讯室前面一排平房是女牢，女牢后面是两层楼的男牢，从男牢二楼监房的窗子就可以看见刑讯室。这里关押的地下党员大都认识江姐，他们的心都揪着，她脑子里党组织的机密太多了。江竹筠一米五四，比较文弱，但她坚贞不屈，皮鞭抽、老虎凳压、竹签子钉，酷刑一样样用过，敌人就是撬不开她的嘴。江姐被拖回牢房，第二天从昏迷中苏醒过来，同志们都赶来慰问和表达敬意时，只是轻轻地说了句"竹签子是竹子做的，可共产党员的意志是钢铁"。

读后就发现两段画线句子的差别了，比如与前一段相应句子对照的"很远还能听到严刑拷打她的声音"、"从男牢二楼监房的窗子就可以看见刑讯室"，又如后一段将"一米五四"和"文弱"两个词分开使用，前一段抒情的那句话也被去掉了，等等。修改后的语言感染力差了很多。

具体来说，"声音可以传得很远"和"很远还能听到严刑拷打她的声音"讲的是一个意思，但是将"声音"放到前面，通过语调的拉长、沉缓，可以给人留下很深的印象和绵长的想象空间。再举一个例子，看到"甚至可以望见刑讯室里的情形"这句话的时候，我们不禁想，这位讲解员

为什么用这样的词句排列形式？她肯定是站在男牢里体会过、感觉过，才能用出这样的词，"就可以看见"和"甚至可以望见"传达的情绪是不太一样的，后者句子和词节长，与上下文共同构成了低沉、舒缓和压抑的语境，为下面"坚贞不屈"的议论做了语言更是情感上的铺垫，有水到渠成之感。

因此说，讲解员的声音（包括语调、节奏）就是弹拨琴弦的手，靠声音来弹奏观众的心灵之琴，使听众的心里产生各种波澜。讲解得好，韵律和谐，可以跟观众的心理形成共鸣、共振，带动观众心理往积极情绪转化。但有的时候由于沟通中的问题，也会产生不太好的波澜。因为在参观这种体验式消费中，个性情感体验在参观中被越来越多地关注。很多观众是抱着放松的心态去参观博物馆的，到博物馆以后对参观过程中自己的体验比较关注，这与集体学习的精神状态不太一样。我曾经看过一个资料，河南三门峡博物馆的一个讲解员，谈到比较喜欢给老年人讲解，因为老年人心态比青年人更为放松一些，更好交流一些，对人也更宽容一些。中青年观众可能由于工作压力比较大，遇到一些小的事情，或者有时候博物馆服务稍微不到位的话，就比较容易着急，更容易产生言语上的摩擦。

现在农民工越来越多，尤其是地市级博物馆，有很多农民工进博物馆参观。我之前去宁波博物馆以及广东的一些地市级博物馆，农民工和当地的普通市民、村民去参观的特别多。这些农民工，衣着比较朴素，心理比较忐忑，因为很多人从来没有来过博物馆，只是听说过。由于城乡区别、知识结构还有地位造成的差异，使讲解员与他们的思维方式产生差异，容易出现冲突。如何处理摩擦，这就是讲解员的应变能力。

**四、讲解的应变能力**

讲解应该遵守的一个原则就是理解和尊重。我曾经收到这样一封信：

该传递正确的知识还是该迎合观众情绪

我是一名基层博物馆的一线讲解员。在日常的工作过程中，往往会遇到很多专业之外的烦恼：讲解是该传递正确的知识，还是该

去迎合观众的情绪，平平稳稳地迎来送往？当发生专业上的一些争执时，讲解员该何去何从？坚持从业严谨是我们应当保持的学术态度，但是在被投诉会受到停职等严肃处理的情况下，我们还有坚持的动力么？讲解工作在学术与"零投诉"的面子上究竟如何取舍，是一个真正热爱民族传统文化的文博工作者应该正视的问题。

在日常的工作过程中，一部分观众进入博物馆，基本原因是慕名而来，但是进入馆区以后，没有意识到是来接受知识，而是以在娱乐场所进行娱乐消费的心态，大声喧哗，胡言乱语，甚至对讲解员很不礼貌。在有偿讲解中，观众完成付费就履行完了自己的义务。面对这样的情况，讲解员只能谨小慎微，笑脸以对，因为是否被投诉在实际工作中是衡量讲解优劣的重要标准之一。

举几个工作过程中的真实例子。当观众在听完讲解后惊叹于一件展品构思的巧妙时说："古人原来也不笨。"讲解工作已经告一段落的讲解员，这时该不该额外提醒观众"古今的工艺差别仅仅是由于知识积累量的差别，而与智商无关"这一常识性而非专业性的道理？可以保持沉默，因为这件器物的介绍已经完成了，但这是不是漠视了弘扬传统文化、进行社会教育这一职责？

如果介绍完一件陶鬲之后一个观众仍然指着它说："这和我们老家夜壶一个样。"在面对民族劳动成果受不到应有的尊重时，讲解员该不该提醒观众注意自己的言行？可以保持沉默，因为你的话语可能会使观众觉得被冒犯，投诉你的服务态度，但保持沉默是不是忘记了维护传统文化尊严，忘记了自己的社会责任？

当然，我们可以只作为一个叙述者，只讲述知识而不评论，让观众自己去感受。但是当你所珍视的东西——记载着民族智慧的这些展品，被无知与傲慢所诋毁时，作为博物馆的讲解员该何去何从？

我特意找了两张图片，一张是陶鬲（图四），一张是夜壶（图五）。如果把夜壶倒过来，与这个陶鬲还真是有点像，至少不能说完全一点都不像。这个讲解员小伙子，为什么生气呢？——怎么能把传统文化里的一个古老的炊具来跟夜壶相提并论呢？这是不尊重文化的一种表现。通过上文可以感觉到，他当时可能是把不满在话语里表达出来了，游客就投诉了。这个游客可能文化层次不是很高，也许知识分子也会认为"这个东西从外形上看跟我们老家的夜壶一样"，但是却不一定会说出来，而有心直口快性格特点的一般观众就会说出来，但这不一定代表他傲慢或者是蔑视这种传统文化，只是这时候不适合这么说而已。这两件器物在外形上某些地方确实是像的，正因为讲解员可能没留意它俩有像的地方，或是听了观众的话后心里赌了气，他的思路就被引到了跟观众对立的情绪上了。如果讲解员这方面知识比较深厚的话，就可以做对比讲解，或者是站在观众的角度来比较一下这两者是不是有一点相同点的话，他就不会一下子走到跟观众对立的情绪状态，也不一定会引发后面的矛盾和投诉。

像刚才这个夜壶的例子，也可以理解成学术范围内的一种冲突，讲解员在这时候不能笑话观众，对不太准确或者有所偏颇的说法应抱着理解的态度。不仅如此，从另一个角度说，我认为这个小伙子不该沮丧，因为观众认真听了他的讲解——观众的想象与思维在讲解员的导引下被激活了，投入在由讲解员的话语和文物构成的审美情境里，所以才产生了联想，在联想以后才说出了那样的话，尽管是不妥当的话。这时如果直接训导观众会伤了他的自尊心，莫不如通过耐心解释与引导，将观众的联想思路启发到正确路径上来。

关于这个例子，《中国文物报》曾经搞过一个大讨论，有一个讲解员根据自己的经验出了一个化解矛盾的主意。他谈到有的游客表现欲比较强，如看到博物馆里西周时候的编钟就为大家讲解，但实际上讲得不太准确。这个讲解员是这样处理的，他微笑着听游客讲完，然后在馆里找了其他方面的展品进行讲解去纠正偏差，而没有直接去纠正，也就是用专业知识引发共鸣，而不是强迫观众。之前那个讲解陶鬲的讲解员就是希望观众能接受他的观点，但是观众不仅没有接受，在情感上还十分反感，造成了双方都不愿看到的结果。

还有一个例子。现在社会各个阶层的人都走

图四　陶鬲

图五　陶夜壶

进了博物馆,有时是付费讲解。有人见了讲解员说的第一句话就是"你要好好给我讲解,否则……"之类的话,很刺耳,会让人产生抵触情绪。对于有经验的讲解员来说,如果懂得观众心理,把观众的话理解成"希望能够得到一些重视",抵触就会化解。我们认为,多数观众听讲解时一般不会说这样的话,但是有时难免说"要赶时间啦,是不是能快一点呀"这样的话,有的讲解员是比较在意的,不喜欢的。对游客来说是希望能够把时间充分利用好,因此讲解员和观众要相互理解。对于"你要好好讲,否则怎么怎么样"这样比较有冒犯性的话,讲解员首先应抱着理解游客的态度理解成"他希望得到足够的重视",接下来的讲解中,在语言里表达出对游客的重视,如选一两个细节,可能是游客没有注意到的,又是值得一讲的地方,为观众讲解,游客会觉得讲解员很耐心,自己比较忽略的地方也讲到了,感觉受到了重视,后面相处就比较顺畅了,游客对这位讲解员的工作也会较快地认可。

沟通中不管讲解员与观众发生什么样的情况,一方面,如果我们站在博物馆的角度或者站在公众的角度就会发现,它其实也是一种社会监督机制。对窗口行业来说,只要是面向公众的不管是服务业还是其他跟公众打交道的行业都有的一种监督机制,在监督我们工作做得好不好。另一方面,可以理解为讲解员代博物馆受过。如有的观众遇到参观排队人特别多,上厕所需要排队,或

者纪念品很贵买得又不舒心等,于是就将不满发泄到讲解员身上,这也比较常见,讲解员就受了一些委屈,出现这样的情况可以通过反映观众的意见,从而改进博物馆的工作。

**五、重新审视公众和博物馆的关系**

博物馆是文化遗产与老百姓接触的一个特别重要的途径,越来越被国家层面及各个省市自治区所重视,很多省份都打出了"文化强省"的口号。博物馆只有服务于社会、服务于民众才能体现出自己的价值。同时,随着政治、经济、社会的发展,人们改变了对传统博物馆教育功能的认识。对当代很多公众来说,博物馆可以是传播知识的殿堂,也可以是充满了奇妙的场所,因为他们去之前,不知道那是什么,甚至每次去都有新的发现,认为很奇妙,公众从心理、知识上不断对博物馆有一些新的期待。所以社教工作就特别重要,要从高度的文化自觉认识讲解工作的重要性。这个岗位与观众打交道最多,在博物馆中自有其特殊的服务地位和重要价值。

我在前面举的新疆的文管所那位讲解员的例子中,网友是怎么描述讲解工作带给她的心灵震撼的呢?她是这样说的:"有些人,他们在你面前晃悠一辈子,但是他们不会在你的梦里出现一次;有些人,他们是你生命中的一个匆匆过客,却会长久地驻留在你心里。多少年以后,我才能重回南

疆,回库车文管所,再听听你的讲解,听你闲闲说起几百年几千年前的那些事,你一定不记得那个夏日黄昏时,耽误你下班的两个女游客,而且你一定不会相信,她们一直记得你。"很令人感动。当然她写得特别好,但是她这种心理状态,如果作为讲解员没有跟她,没有跟这些游客交流的话,你是不能真切感受到的。

这是正面的例子,刚才我们也讲到了一些矛盾的东西。讲解员与观众双方始终是处于一个矛盾的共同体中,有对立的部分,但更多的是统一的部分。对立也只是由于站的位置不同所产生的面对面的一种对立,处理好了,能够产生一种合力,毕竟双方都是为了文化知识,一个是为了传播文化知识,一个是为了得到更多的文化知识。

我跟讲解员工作接触不少,在这里我要为他们说一句话。现在博物馆对讲解工作的要求很高,讲解员招收要求也越来越高了,最低也要本科以上,硕士也不少,还有博士。据我所知,有的馆不止一个博士是做讲解工作的。很多讲解员不满足于每天只是去讲解,也有想做学术研究或其他实现自身价值的要求,所以希望能通过各种渠道呼吁主管部门为他们的学习、工作的发展提供更多的条件,使他们进入职场后有更好的职业发展空间。

在博物馆里,是谁使这个知识的殿堂不再沉闷,是谁使古老与现代拉起了臂膀,没错,是无数奋战在一线的讲解员。向工作在博物馆一线的讲解员致敬!

(本文根据录音整理,已经作者本人审阅)

整理者:郭菁菁

# 公共文化服务理念下的自我突破

## ——第二届"张謇杯·文博南通"讲解职业技能大赛始末

金 艳

继 2009 年第一届"张謇杯·文博南通"讲解大赛之后,第二届"张謇杯·文博南通"讲解职业技能大赛于 2012 年 11 月 1 日至 5 日成功举办。本次大赛以提升南通"环濠河博物馆群"博物馆的公共文化服务能力为目标,在大赛名称、参赛对象、比赛内容等多方面进行了积极的创新,以赛促学,以赛促练,以大赛提升博物馆的社会影响力,受到博物馆社教专家和参与此次活动的博物馆讲解工作人员的广泛好评。

讲解是博物馆社会教育功能的重要手段之一,讲解员是博物馆与广大观众交流界面的中心。当代博物馆的社会服务理念被越来越多的从业人员所接受,广大观众对博物馆的服务内容和服务质量也提出了更高的要求。处于博物馆工作一线的广大讲解员,直接承担着博物馆教育的职能,同时要有效地组织引导观众参与活动,承担着了解观众、协调业务、研究写作等业务。注意到讲解员的工作特性,已有许多馆赋予讲解员不同的身份,如科普员、辅导员、社会服务员、社教员等。我们认识到,"讲解"不是讲解岗位的全部,作为称职的讲解员,必须具备多样的专业知识,掌握多项基本技能。基于此,我们将此次大赛命名为"讲解职业技能大赛",旨在加强对讲解岗位的重视,提高从业人员的公共文化服务能力,提升博物馆参观的服务质量。

南通环濠河博物馆群的崛起,体现了新世纪一个城市快速发展的梦想。进入 21 世纪,作为"中国近代第一城"的南通,如何焕发蓬勃生机,展现新的城市面貌,这成为广大南通文博工作者面临的重要课题。本世纪初,随着南通博物苑园区的回归、博物苑的恢复,南通再次全力申报历史文化名城,在打造博物馆城的呼声中,一批有识之士提出了在南通建博物馆城或博物馆群的主张。2002 年,博物苑老书记穆烜撰文,提出《关于环濠河博物馆群建设的建议》。2005 年,适逢南通博物苑百年苑庆,来自全球的博物馆学专家云集通城,共同为"南通博物苑一百年暨中国博物馆事业百年"举行隆重的庆典,百年苑庆的辉煌与荣耀进一步激发了南通人兴建环濠河博物馆群的热情。此后,濠河周边各种类型和主题的博物馆如雨后春笋般出现。目前,南通主城区平均约 5 万人就拥有一座博物馆,这一指标在全国领先。但是,我们也注意到,由于大多数博物馆的兴建缘于城市(或行业)发展与建设的需要,博物馆从业人员年纪轻,专业素质有待提高,这不仅需要行业培训,且亟待行业规范的约束或支助。基于此,本次大赛组委会将参与重点人群锁定为环濠河博物馆群从业人员,其目标是提高环濠河博物馆群的公共文化服务能力。为此,参赛人员不受年龄限制,重在众人参与,重在学习提高。为了鼓励社会公众关注博物馆发展,积极参与博物馆事务,我们积极鼓励未成年人参加此次比赛活动。南通历来崇文重教,基础教育实力雄厚,学校与社会均重视孩子的素质教育。博物苑一年一度的小小讲解员培训活动,受到市民热捧。小小讲解员每周六、周日到博物苑志愿为观众讲解,一个孩子带动一个家庭、一个班级来博物苑参观游览,带动了博物馆的人气。少儿志愿者参与大赛,极大提高了社会公众的关注度,本次少儿选手参赛,也带动了家庭、学校的积极参与。本次大赛,年龄最小的 9 岁,最大的 81 岁,同台竞技,少儿的认真与稚气,长者的执着与深情,谱写了一段段动人的佳话。

确定了主题和参赛选手范围后，我们针对观众关心的赛事问题，进行了书面答疑，如为什么不组织成人业余讲解人员参赛，参赛有何意义，同时也解答了如"讲解词撰写"等选手关心的问题，并准备了两份具有代表性的讲解词和影像资料供选手观摩借鉴。各项准备就绪后，我们把大赛设计为三个阶段。

第一阶段：选手培训。参与大赛的全体选手都参加培训，两天共安排了五个专题讲座。第一天为博物馆社会教育专业知识讲座。北京大学宋向光教授以《博物馆学习与讲解》开始了培训第一课。他收集了大量国内外资料，对博物馆解说和讲解员素质、条件进行了精到诠释，使选手们深深感受到了作为讲解员的自豪。《中国文物报·博物馆周刊》崔波主编准备了《"第三只眼"看讲解》的教案。她收集了近年来主流媒体有关讲解员事例的报道，以大量的案例通过集体讨论的方式，传达了社会对讲解员的需求、理解、认识乃至包容。案例中针对观众听完讲解员"陶鬲"的讲解后不屑地说"像夜壶"的问题，选手们踊跃发言："观众不懂才来看，平和对待好了"；"我们要告诉他不要亵渎文化遗产"；"与观众要较真而不较劲，我们始终要告诉他正确的答案"。一天的讲课结束后，设置了"选手'拷问'老师"的提问时段，河南博物院社教部刘玉珍主任与宋教授、崔主编一道参加了答疑。选手们纷纷就学习和工作中碰到的问题、难题、尴尬等向老师们提问。如皋博物馆的讲解员说，当她在介绍一位烈士的事迹时，一位听众毫无顾忌地谈到这位烈士的个人隐私，令她备觉尴尬。选手们纷纷就这一事例说起自己同样的经历以及解决办法，老师们总结说："对这种情况，你就得一脸正气地压住他那个邪。不能不说话，要告诉他：'你说的是真事，但这个事情的确太悲惨了，我们不想提起。'"第二天的培训以讲解礼仪、语言基础、讲解技巧等内容为主，在当天"'拷问'老师"的环节中，选手们的提问更加具体，指向更明确。事后，大家均对提问、讨论环节大加赞赏，感到从具体事例的分析中，不仅学到了得体的处理办法，更体会到博物馆讲解员的机智和聪慧。

第二阶段：初赛。初赛阶段每位选手要进行五分钟的讲解，要求自制讲解图版或PPT，大多数选手都选择了自制PPT，美丽的图片，精彩的制作，既锻炼了能力，也使大赛生色不少。华侨博物馆81岁的陈智元先生，以五代华裔的身份，含着热泪动情讲述了旧中国华侨的悲惨境遇，告诫人们珍惜祖国富强后的美好生活，令在场的所有听众感动不已，报以热烈的掌声。初赛结束后，著名讲解员齐吉祥老师不顾一天的紧张劳累，为60多位选手一一做了精彩的点评，他深情地说：我参加了这么多次讲解比赛，像南通这样，会场秩序如此好，选手从始至终坐在会场听别人讲解的赛场还真不多，这体现了南通博物苑作为中国最早博物馆的榜样的作用。

第三阶段：决赛。决赛分三个部分：讲解、问答与才艺展示。讲解部分，每位选手进行五分钟的解说。问答设知识问答和能力测试，知识问答题目选自《关于开展国家公共文化服务体系示范区（项目）创建工作的通知》、《博物馆管理办法》、《一级博物馆评估标准》和《文物保护法》，目的是"以赛促学"，达到普及行业常识的作用。能力测试题目主要是根据博物馆讲解服务时常遇到的突发状况和应急要求，以考核选手的服务能力和应变能力。能力测试题分为情景应变、社教活动和即兴讲解三个部分。选手的答题成为此次大赛突出的亮点，引发与会者极大的兴趣，也极大地活跃了赛场气氛。一位男性选手抽到"观众酒后与你近距离接触时，做出一些不文明行为，你如何处理"的问题，主持人即兴充当醉酒的游客，选手想尽办法，好言规劝，难以奏效，最后不得不自己将"醉酒"的主持人扶到台下，请旁人来接替他讲解，引得全场一片笑声。一位选手抽到"在讲解过程中，突然身体不适，你该如何处理"的问题，选手快速应对："首先，我要尽量避免这种情况发生。若发生了，我先向观众道歉，说明情况，请我的同伴来接替我完成接待任务。等观众参观完毕后，我会电话回访，向他们致歉，欢迎他们下次再来，我一定免费为他们作讲解。"周到、热情的回答赢得阵阵掌声。有趣的是，许多选手在回答不出解决问题的办法时，都不约而同地想到"我打电话给领导"，让人们在笑声中思考博物馆的管理问题。才艺展示通常是比赛的花絮，本次才艺展示，注意了尽量与行业相关，体现博物馆讲解员的审美素质。同时，主持人对选手的一些感人事迹进行介绍，让人们更加理解博物馆讲解员在热情服务背后的付出。如家住开发区的小选手陆欣梓同学，比赛期间父母因工作原因不能陪伴她，比赛选题、参赛的吃住行全是自己独立完成，看到别人的父母无微不至地关怀孩子，心生失落感。主持人介绍了她的情况，并特意地转达父母对她的支持和关爱，令选手顿生激情。

大赛圆满落下了帷幕，为公众服务的理念，使赛程从始至终充满了人性化，在收获知识的同时收获了信心。大赛中丰富多样的培训和技能测试环节，活跃了大赛气氛，能力测试则为同类比赛中开风气之先的一个尝试。综合选手们各个环节的表现，大赛评选出两位成人一等奖获得者，一位少儿优胜者，授予陈智元老先生大赛"特别荣誉奖"，以褒奖其执着地坚守在讲解岗位的精神。荣获专业一等奖的海安博物馆吴爱华在获奖感言中说："通过这次比赛，我觉得自己还是讲解行业的一个小学生，需要学习的东西很多。同时，我也收获了许多的快乐，更坚定了我在这个岗位上传递快乐的信心！"

# 讲解大赛对提升讲解队伍
# 素质的经验与启示

徐　宁

作为中国博物馆事业的发祥地，南通对于博物馆的建设、发展显得格外的重视和关注。尤其是 2005 年南通博物苑百年苑庆以来，南通市委、市政府因势利导，全市文物保护工作、博物馆建设进入了一个崭新的发展阶段，相继建立了中国珠算博物馆、中国审计博物馆、中国体育博物馆、南通城市博物馆、濠河博物馆、中华眼科博物馆等一批专业层次较高、设施和展览先进的现代博物馆，另有正在筹建中的中华慈善博物馆、中国环境博物馆，以及一些地域特色显著的民俗、民营类博物馆，如中国实物股票收藏馆、风筝博物馆等也应运而生。据初步统计，南通市区 29 座博物馆、纪念馆目前共设基本陈列 34 个，年举办各类专题临时展览 42 个，年接待观众 114.59 万人次，其中青少年观众 35.73 万人次。博物馆以特色鲜明的陈列设计、生动感人的高科技体验、体贴周到的全方位服务，给观众留下了深刻印象。

博物馆（纪念馆）、文物旅游景点的蓬勃发展，也带来了讲解队伍的扩充、参观人数的增加、公共服务面的扩大等问题，但由于各文博场馆和文物旅游景点隶属于不同的行业和部门，在日常业务工作的开展中相互间缺乏及时、有效的沟通、交流和学习，导致南通市讲解、导游队伍良莠不齐。这一现象也引起了有关部门的重视。在 2009 年和 2012 年，南通市先后举办了两届"张謇杯·文博南通"讲解大赛，以期通过大赛展示全市博物馆、纪念馆、艺术馆和旅游景区（点）讲解员的风采和形象，提升讲解员的服务水平和业务素质，更好地为中外游客提供优质服务。笔者有幸先后参加了这两次大赛的筹备工作，从既是大赛工作人

员又是一名博物馆工作人员的角度看，笔者认为南通市举办的两次讲解大赛迸发出不少亮点。

一是积极参与，热情高涨。作为南通全市范围内文博行业不可多得的岗位练兵机会，两届大赛从赛事筹备到赛前培训、比赛内容再到奖项设置都得到了相关主管部门和文博单位的重视。两届大赛均成立了大赛组委会，明确了主办方以及承办单位，同时集中骨干力量，成立会务组、接待组、赛事组、秘书组等负责大赛的后勤、报名、宣传、接待、摄像等系列筹备事宜，并准备了详细的材料如《会务手册》和《工作手册》发放给所有报名参赛选手。同时在赛前通过媒体广泛发动，两届大赛分别吸引了南通 9 个县市区近 40 家单位 108 名和 96 名人员参赛。选手中有文博单位讲解员、旅游景点导游员、在我市就读的学生、教师及侨眷侨属等。其中年龄最大的达到 80 岁，最小的仅 9 岁。

二是精心出题，精选评委。在比赛知识问答环节中，首届大赛题目侧重文博综合知识以及南通人文、地理知识，目的为借赛事提高选手对家乡的基本认知度。第二届大赛问题全部选自《关于开展国家公共文化服务体系示范区（项目）创建工作的通知》、《博物馆管理办法》、《一级博物馆评估标准》和《文物保护法》，以达到借赛事促学习、普及行业常识的目的。为考查选手情景应变的能力，第二届大赛还新增了能力测试题，分公共服务情景应变、社教活动的组织和即兴讲解三个部分。题目大多取材于选手实际工作中遇到的突发情况或是日常工作中活动的组织开展。为保证大赛评分的客观、公正，大赛组织方专门邀请国

家、省级博物馆的资深专家、学者充当评委。其中来自国家博物馆的齐吉祥和江苏省广播电视台的胡德兰两位老师两度应邀来通授课。期间，两位老师不顾舟车劳顿、年岁已高，全程参与比赛，或是在一旁认真观摩，或是在台下担当评委。两位老师的敬业态度感动了不少选手，他们觉得，评委全程参与比赛，对选手而言是件好事。唯其如此，评委才能够对选手有一个完整的认知度，在初赛时观看了选手的表现，了解了选手的水平，在决赛中对该选手的打分就能够更加客观、真实。

三是现场学习，专家释疑。为了提高活动的质量，两次大赛均举办了赛前培训。赛事组委会邀请了来自国家博物馆、中国人民革命军事博物馆、北京大学、中国文物报社、河南博物院、南京市博物馆、江苏省广播电视台的资深专家、学者就讲解礼仪、讲解方法、讲解技巧以及如何编写讲解词、提高讲解员综合素质、大赛讲解与展厅讲解的区别与共性等方面进行了深入诠释。授课结束后，在自由讨论环节，选手们纷纷就自身在工作中遇到的问题、对讲解岗位的认识、参加比赛的注意事项等问题进行提问，选手们发言踊跃，专家有问必答。大会气氛十分热烈，或对一件事例发表自己不同的观点进行讨论，或陈述自己工作中碰到的难题、糗事、疑惑等案例进行求教，产生出许多思想的火花，爆发出一阵阵掌声。热烈的气氛，使此次大赛活动显得饶有意义。

四是发现人才，提升水平。两届大赛的成功举办，首先充分展示了南通"文博之乡"的内在文化底蕴和外在形象，从不同角度展示了多年来南通文博事业取得的辉煌成就，进一步激发了广大文博工作者、广大市民热爱家乡、建设文博的满腔热情，推动了文博单位体制和机制的创新。其次，涌现出一批优秀的讲解员和参赛选手。为在比赛中取得优异成绩，各单位对参赛选手进行培训、选拔。除了南通博物苑等文博场馆的专业讲解员外，南通纺院文博馆、南通科技馆、狼山管理处、华侨博物馆、海安博物馆、如东逸夫特教学校、启东市东南中学等单位的专职或义务讲解员，尤其是刚刚迈进校门的大学生的不俗表现让现场观众和评委赞叹不已。

不少参加过两次大赛的选手认为，大赛虽然已经落下帷幕，但是通过比赛，也反映出南通市讲解队伍存在的一些问题和不足。全市讲解员队伍的综合素质还有待进一步的提升，场馆内部以及场馆之间的交流还应当常态化，具体表现如下。

一是外语讲解要加强。南通是国家首批沿海开放城市之一。近期，南通市委、市政府已经明确提出"十二五"期间南通"加快现代化、再创新辉煌"的战略定位，南通将用足用好长三角一体化发展和江苏沿海开发两大国家战略深入实施的机遇，全力打造长三角北翼经济中心和江海交汇的现代化国际港口城市。这意味着来通投资、参观的外国游客将逐渐增多。外语讲解能够搭建国内外语化交流的平台，展示地方乃至国家的传统文化和价值理念。然而在两次讲解大赛中，第一届大赛虽有选手使用外语讲解，但明显可以看出是为了参赛死记硬背，实际外语基础很薄弱；第二届大赛原本设定的外语讲解，因报名的选手不过寥寥数人而不得不取消。因此在日常工作中，有必要通过定期培训、实践锻炼、大赛评比、深造学习等途径提高讲解队伍的外语水平，建立起与南通现代化国际港口城市相符的文博场馆和旅游景区。

二是培训交流要加强。大赛的举办为南通地区各文博场馆和旅游景区的学习、交流、借鉴提供了一次机会。除南通博物苑外，其余单位的讲解员鲜有机会外出参加国家级的讲解培训班或大赛，缺乏学习、锻炼的机会。不少博物馆竟将大赛的赛前培训当作难得的机会，发动全馆讲解员前来听讲。还有单位的领队更是提出，参赛不参赛不重要，我们就是冲着赛前培训班来的，就算是收费，我们也要来。仅靠大赛和赛前培训来提高全市的讲解水平无疑是杯水车薪，是不现实的。很多选手提议，各文博场馆间可以通过讲解员互换等形式实现传帮带；全市除南通博物苑开展的小小讲解员培训外，还可以面对成年人开展讲解培训，对象不仅仅局限在成年讲解员，也可面向市民群众。

三是队伍管理要加强。一般人都认为，博物馆是一个城市的文化窗口，讲解员则是这个窗口的形象。所以在选拔讲解员时，大多重视年龄、身高、外貌等，反而忽略了在讲解中有着重要地位的内在素质、知识结构等方面。同时，不少博物馆由于受到编制的制约，讲解员队伍一般采用编外聘用的形式。高素质的要求、较低待遇的现实以及前途不明的未来，使得讲解员队伍相当不稳定。这就要求用人单位给予足够的重视和支持。《中国文物报·博物馆周刊》的主编崔波在赛前培训中提到，现在讲解员招收要求越来越高了，最低也要本科以上，硕士也不少，还有博士。很多讲解员不满足于每天只是去讲解，也有想做学术研究实现自身价值的要求。因此，希望用人单位、主管部门能够从人事、财政等方面为讲解员的学习、工作提供更多的条件，使他们进入职场后有更好的职业发展空间，进而为博物馆讲解水平的提升创造条件。

四是社教工作要加强。通过大赛，尤其是第二届大赛中能力测试部分，面对日常工作中时常碰到的问题或是社教活动的策划，不少选手在答题时不是束手无策就是答非所问。还有选手在制作参赛用 PPT 时不得不求助他人。讲解员处于博物馆宣传教育工作的第一线，承担着博物馆宣传教育的重任，是博物馆联系观众的纽带与桥梁。因此，讲解员仅仅在博物馆阵地内做好展厅讲解是不够的。阵地讲解和宣讲演出是博物馆两种重要的社教形式，两者不可偏废。博物馆社教工作坚持阵地讲解和宣讲演出相结合的"两条腿"走路的发展方向，要求一名合格的讲解员不仅仅要能讲、会讲，不仅仅懂发音、会发音，还需要根据工作的目标和任务来积累知识，形成有效的知识结构，掌握更多的社教手段和技能、最新的科技信息，以便策划、组织、开展形式多样的活动吸引观众，使社教工作做到知识性、趣味性、参与性与观赏性的有机统一，提高博物馆的公共文化服务水平。

五是学习研究要加强。讲解是集专业性、知识性、艺术性于一体，将知识和语言高度综合的艺术。长期以来，南通市文博场馆讲解工作的理论研究和工作交流相对较为薄弱，一方面不少文博场馆对讲解工作重视不够。一些单位因为没有讲解员，不得不在赛前请外单位人员代表本单位参赛。另一方面，讲解队伍对讲解内容和技巧研究不够。例如，两届讲解大赛参赛选手的讲解内容大多集中在文物藏品、自然标本、历史建筑、历史人物、单位景点等物质文化遗产方面。个别选手以南通蓝印花布和板鹞风筝等为主题做了讲解，但缺乏同步的表演，从而使讲解没有那么生动、那么直观且富有感染力。南通几家收藏、展示、传承非物质文化遗产的文博场馆，如沈寿艺术馆、蓝印花布博物馆、风筝博物馆等均没有派出选手参赛，这不能不说是一种遗憾。这说明，目前绝大多数博物馆讲解工作者对非物质文化遗产讲解的关注和研究还缺乏足够的认识，还有待文博工作者尤其是一线的讲解员将讲解技巧、讲解风格和非物质文化遗产的表现形式有效结合起来，通过口头讲解和手头表演再现非物质文化遗产的工艺流程，进一步促进非物质文化遗产的保护和传承。

# 论新形势下的博物馆管理机构模式

陈银龙

新形势下创新博物馆管理机构模式,是时代发展的新要求、人民群众的新期待,符合文化建设的内在要求和发展趋势。为此,笔者结合在博物馆工作的实践和思考,提出以下一些想法,以求方家指正。

## 一、博物馆现行管理机构的利与弊

我国现有的博物馆大部分属于国有,其列属关系附设在从中央到地方的行政管理体系之下,文化行政部门对国有博物馆实行统一的管理。在此基础上,国有博物馆的内部机构设置也几乎完全相同,即照搬前苏联博物馆的"三部制",设立陈列、保管、宣教三个主要的业务部门。陈列部负责各种陈列展览的策划、陈列的内容、形式设计和布展、撤展等工作。保管部承担所有入馆藏品的编目、建档、排架、日常保护、提取等工作。宣教部则负责陈列展览的讲解、对外宣传教育、组织观众、回馈信息等工作。这种在馆长领导下平行设置的部门,其优点:一是责任清晰,简单明了;二是分工明确,互不干扰;三是技术易学,便于掌握。

"三部制"的弊端:

一是管理手段比较简单。三个部门由于没有垂直的业务关系,相互之间的工作情况难以及时沟通,甚至还会相互推诿,影响业务工作的整体开展。比如保管部不了解陈列内容和观众需求,文物研究难有针对性;陈列部缺乏对馆藏文物的了解,难以多层次、多角度地诠释文物的丰富内涵;宣教部则因介入展览工作较晚,对展览内容和展品了解不够,但又是他们直接面对观众,所有陈列信息均由他们去解释和传达,所以容易延误或降低展览主题思想的传播。

二是业务部门不能形成有机的整体。各部门在片面强调自己的工作任务和职责范围时,导致各部门的工作目标与博物馆的整体目标发生冲突,甚至出现部门利益凌驾于全局利益的情况。馆领导得经常协调各部门之间的关系,弄得不好会增加上下级之间、部门之间的矛盾,浪费许多人力资源。

三是割裂了藏品保管与使用的统一性。"三部制"是将藏品保管与陈列研究分置,在某种程度上造成博物馆收藏、研究、展陈等功能的脱钩,各自多考虑自己的利益和作用,如保管部考虑藏品的保护问题较多,而陈列部则更考虑藏品的利用和展览所需,藏品的"保与用"矛盾,在这种机制下是很难彻底解决的。

## 二、新形势对博物馆管理机构的新要求

《中共中央关于深化文化体制改革推动社会主义文化大发展大繁荣若干重大问题的决定》提出了"大力发展公益性文化事业,保障人民基本文化权益"的重大任务。面对这样的新形势,博物馆必须自加压力,在让群众广泛享有免费或优惠的基本公共文化服务上,采取新举措,跟上新形势,符合新要求。

一是展览要做得精致,内容富有特色,符合"三贴近"原则。博物馆主要靠基本陈列和临时展览吸引观众,进行爱国主义和传统文化、科普知识等教育。近几年来根据中央的要求,已经有越来越多的博物馆实行了免费开放,到博物馆参观休闲的观众大幅增多。这为博物馆开展教育活动创造了条件,提供了机会,也对博物馆的办展水平提出了更高的要求。博物馆只有精心策划,做出

精致、主题鲜明、富有特色、雅俗共赏的展览展出，才能吸引观众、留住观众、教育观众。但仍停留在苏式"三部制"机构设置的博物馆，由于如上所说的原因，要想把展览做得精致，符合贴近实际、贴近生活、贴近群众的原则，却是有一定困难的。因此，博物馆应围绕办出精品展览这一主旨来设置内部机构，使内部机构的设置有利于人才的培养和成长，有利于人才施展才华，有利于人才团结协作，以推动博物馆事业更好的发展。

二是服务要考虑周全，手段更为规范，打造"满意"工程。根据党的十七届六中全会精神，博物馆等公共文化服务设施要完善向社会免费开放服务。在这样的新要求下，对于免费开放后观众增多的新形势，博物馆在完善服务方面至少要做到以下几点：①培训员工，提高员工的思想修养和业务素质，以适应新形势下的新要求。②增添服务设施，如展厅内要有医务室、宣传架、留言本、物品寄存橱，并配置婴儿车、坐椅、轮椅、雨伞等；展厅外要有游客服务中心、停车场等，让观众在博物馆里感到方便、觉得舒服。③开展公共文化活动，如举办公益讲座、组织科普活动、培训小小讲解员、进行观众需求调研等，满足观众多方面的需求，打造服务观众的"满意"工程。但"三部制"机构设置的博物馆，要完成以上工作，更为规范、更为周全地做好服务工作却是有困难的。因为这些工作已经超出了"三部制"机构的职责范围，硬要把这些工作分摊到"三部制"部门，就会出现互相推诿、工作做不到位的情况。新的形势迫切需要新的机构设置来适应新的要求，完成新的任务。

三是设施要确保完好，安全更有保障，筑牢"立体"防线。博物馆免费开放后，观众人数明显增多，加之当前我国正处于经济转轨、社会转型的重要时期，部分犯罪分子必然会将作案目标投向文物大量集中的各类博物馆。这给博物馆的日常管理工作带来了很大的困难。博物馆一方面要根据新的要求，认真接待各类观众，提供一流的服务，确保每一个观众安全地进出博物馆；另一方面又要加强设施的维护工作，确保设施不出任何故障，更要重视安全防范工作，人防、物防、犬防、技防四防并举，筑牢安全的"立体"防线。可是在大多数的博物馆中，这些工作是分散在几个部门实施的。如接待观众的工作是由宣教部负责的，设

施维护和物防工作是由办公室负责的，人防、犬防和技防工作是由保卫部负责的。据了解，这样的内部机构在履行这些职责时，往往会出现不协调、不配合、不到位的情况，影响这些工作的正常开展。这样的情况也需要通过调整内部机构来改变。

### 三、博物馆管理机构的新设想

根据中央"进一步深化改革开放，加快构建有利于文化繁荣发展的体制机制"的精神，落实这项任务，离不开广大人士的研究和探索。本着这一精神，笔者提出以下博物馆内部机构设置的设想。设想的依据是借鉴欧美博物馆实行的主管制，并使之尽可能符合中国国情的现实要求。

1. 设立董事会

董事会作为博物馆的权力机构决定博物馆建设和发展的大政方针。董事会成员由熟悉党的路线方针政策、热心文化事业的领导干部，资助资金的公司代表，博物馆方面的专家学者和观众代表等组成。馆长由董事会聘用，在董事会领导下独立自主地开展工作，副馆长由馆长聘用，对馆长负责，书记一般由馆长兼任。书记、副书记、工会主席和团支部书记等党群干部分别由党员大会、职工大会和团员大会选举产生并报上级党组织、工会组织和团组织批准。部门主任由馆长聘用。工会主席兼任监事会主席。

2. 内部机构实行大部制

（1）业务发展部。其职责是：藏品保管、藏品研究、藏品征集，展览策划、展览陈列，观众接待、观众宣传，对外交流，产业开发等。这样的设置，将原来"三部制"的职能归在一个部门内，就将保管、研究、陈列和宣传工作统一起来，给开展工作带来很大的便利。另外把产业开发的职能放在该部门内，便于产业工作和业务工作的结合，两者的结合可以拓展业务工作的空间，推动产业工作的开展。该部门主任由一名副馆长兼任，配不配副主任，各馆可根据各自的实际情况确定。

（2）安全保障部。其职责是：安全保卫、财务管理、设备维护、物品购置及保管等。该部门在博物馆中具有举足轻重的作用，它的工作好坏，在很大程度上决定了博物馆业务工作的好坏，因此应由馆长兼任该部门主任，并再为其配备一名得力

的助手,协助抓安全保卫工作。另外,该部门还管理着财务,对其他部门就有着制约作用,这样的机构设置就可以从机制上保证其他部门在考虑工作时会更谨慎、更周到。该部门也会在馆长领导下积极支持其他部门正常开展工作。

(3)党群工作部。其职责是:职工的思想教育工作、文秘工作、人事工作、职工的生活保障工作、离退休人员工作等。这个部门的工作实际上是单位的党建和行政工作,把这两块的工作放到一个部门内,好处多多,既能解决"两张皮"的问题,又能合理调度人力处理事情,还能为员工咨询情况提供方便。党群工作部的主任可由单位党组织的副书记兼任,单位如不设副书记的,可由工会主席或党员副馆长兼任。党群组织各自按章程开展工作,发挥作用,该文不再赘述。

以上机构设置的优点是:实行馆长负责制,领导职数减少,工作容易集中统一,提高效率;部门职能相对集中,便于开展工作,保证工作到位;部门之间有牵制,但更好配合与协调。

实行大部制,相关人员原有职务消除后,可通过明确相应职级来解决工资待遇问题;在人员定岗上,要以才适岗,把人员安排到最适合他干的岗位上,发挥其最大效能;单位领导要重视人才的培训工作,逐步把员工培养成复合型人才,一专多能,适应多岗位工作的需要。

3. 规范博物馆馆长的约束机制

以上所说的管理机构模式,赋予了馆长相对集中的权力,这对其做好工作是必要的,但也容易出现滥用权力的情况,因此必须要有约束馆长行为的机制。

(1)选优配强博物馆馆长人选。馆长人选对于博物馆的事业有着决定性的作用。由董事会聘用馆长,在人选的确定上会相对公正一些。馆长必须具备以下基本条件:懂政策,熟悉党的路线方针政策,能以邓小平理论和"三个代表"重要思想为指导,认真贯彻落实科学发展观,坚持社会主义先进文化的前进方向;会管理,熟悉管理知识,具有丰富的管理经验和调动员工工作积极性的能力;宽胸怀,为人宽宏大量,胸襟坦荡,以人为本,善待员工;干实事,不空谈,不搞花架子,工作务实,作风踏实,兢兢业业,追求实效;严于律己,能严格要求自己,以身作则,廉洁奉公。

(2)制定单位的议事规则和工作程序,严格按规定开展工作,事务透明、公开,形成人人知道做什么和怎么做的局面。

(3)馆长要自觉接受多层面的监督。其中包括接受董事会、主管部门、班子成员、监事会、员工和观众的监督。此项工作可分别通过质询、问询、述职考核、民主测评、个别谈话和征求意见等形式进行。

4. 博物馆的工作仍要接受上级主管部门的指导

博物馆实行新的机制后仍要接受上级主管部门的指导,认真贯彻上级制定的方针政策,积极参加上级安排的统一活动,努力完成上级布置的重大任务,热情接待上级组织的调研和检查。这对推动博物馆工作的正常开展会起到很大的作用,也是由中国的国情所决定的。

# 小康社会后江苏博物馆发展与管理的几点思考

邢致远

**一、"十一五"期间江苏博物馆事业发展概况**

"十一五"以来,在各级政府和相关主管部门的关心、指导下,江苏博物馆事业发展突飞猛进。博物馆社会影响不断扩大,社会地位进一步提升,博物馆在传统文化的继承和发扬、现代文明的传播、社会主义精神文明建设、爱国主义教育和公众文化的服务中,发挥了积极有效的作用。在国家文物局公布的《2010 年度全国博物馆名录》中,江苏省有各级各类博物馆、纪念馆 188 座,不仅数量较多,类别特色也比较突出,覆盖全省的省、市、县级博物馆体系已经基本形成。

1. 场馆建设步伐加快,基础工作取得实效

按照江苏省文物事业发展"十一五"规划,2010 年前,江苏 13 个省辖市均需建成一座具有一定规模、反映当地历史文化的综合性博物馆,鼓励每个县兴建一座地方特色博物馆。在此期间,无锡、常州、盐城、淮安等地,重新建设了现代化的博物馆;南京地质博物馆、淮海战役纪念馆、茅山新四军纪念馆等单位完成了改扩建工程。南通、苏州、扬州、淮安等地还着力打造"博物馆城"、加快"博物馆群"建设。目前,江苏有国家一级博物馆 5 座,二级博物馆 12 座,三级博物馆 15 座。此外,遗址博物馆、数字博物馆、生态博物馆、社区博物馆、非物质文化遗产博物馆的建设向着合理、有序、规范的方向发展。"十二五"期间,省文物局把"县县有博物馆"作为文物事业发展的约束性指标,建成全面覆盖省财政直管县的博物馆体系已成为具有必要性和可行性的目标。

2. 免费开放深入开展,公共服务能力有效提升

为做好博物馆免费开放保障经费的管理,省委宣传部、省财政厅、省文化厅和省文物局制定出台了《江苏省公共博物馆、纪念馆和爱国主义教育基地免费开放专项资金管理办法》、《江苏省公共文化设施免费开放绩效考核暂行办法》,保障了免费开放工作的有序开展。截至 2011 年,全省列入国家免费开放重点单位的博物馆、纪念馆 101座,列入省级免费开放重点单位的博物馆、纪念馆 10 座,已向社会公布的文化、文物系统免费开放的博物馆、纪念馆 102 座,年均接待观众超过 3000 万人次。博物馆免费开放引起了广泛的社会反响,产生了积极的社会效应,博物馆社会认知度明显加大,社会贡献率有所提高,观众数量大幅度增加,基本上达到了实行免费开放的预期目标。

3. 陈列展览形式丰富,优势资源逐步共享

全省各博物馆、纪念馆根据自身的特点,把打造精品陈列作为工作目标,推出反映地方历史和特色的基本陈列,引进形式多样、内容丰富的临时展览。2008 ~ 2010 年,全省免费开放的博物馆、纪念馆共举办临时展览 964 个。其中,苏州地区博物馆、纪念馆推出 344 个展览,位居全省第一。"扬州中国雕版印刷博物馆陈列"、"人类的浩劫——侵华日军南京大屠杀史实展"等陈列展览分别在第七届、第八届全国博物馆十大陈列展览精品评选中获得奖项。省文物局于 2007 年开始举办"江苏省优秀陈列展览"评选活动,同年开始策划并启动"江苏省馆藏精品巡回展览"项目,巡回展览年均接待观众超过 20 万人。这些举措进一步调动了博物馆工作的积极性,发掘潜在优势,加强馆际交流,提倡资源共享,促进其不断推出内涵丰富、形式新颖的陈列展览。

4. 服务理念显著提高，综合水平不断提升

在常熟博物馆、仪征博物馆、宝应博物馆完成国家文物局"全国县级博物馆服务、展示试点工作"后，省文物局于2009年启动全省"县级博物馆展览展示和服务水平提升工程"，每年确定10座县级博物馆、纪念馆作为服务提升单位。在充分挖掘各地地域文化特色和馆藏文物特点的基础上，通过提升工程的实施，打造一批精品工程和服务项目，使县级博物馆能更好地为基层群众服务。在基本陈列改进、提升工作的带动下，博物馆征集、保护、研究、社会服务等基础工作得到重视，从业人员的素质培养和岗位锻炼得到加强，博物馆综合水平不断提升。

5. 人才培养得到重视，队伍建设初见规模

各级文物行政管理部门十分重视博物馆人才队伍的建设，组织开展一系列专业培训，取得了良好的成效。"十一五"期间，省文物局分别举办了博物馆馆长、文博信息网络管理员、藏品保管员、讲解员、数据库建设人员、考古领队培训班，组织博物馆管理人员赴香港参加专题培训和学习交流。各博物馆积极引进高级专业人才，组织各类业务培训，鼓励中青年人员参与职称评定和在职学历教育。有的博物馆借鉴现代企业管理经验，以效率为前提，以工作量为基础，因事设岗，由岗定人。按照知识结构、专业结构、年龄结构，合理配置人员，实行部门主任竞争上岗制。通过这些具有针对性的人力资源管理机制，逐步培养了一支业务精、能力强的博物馆专业人才队伍，形成人才梯队，为博物馆事业的可持续发展提供了保证。

**二、博物馆发展和管理中亟须关注的问题**

随着江苏文化强省建设步伐的加快，各级政府把博物馆建设作为挖掘区域文化资源、打造地方文化品牌、构建公共文化服务体系的重要举措，作为落实科学发展观、促进经济社会可持续发展的得力之举。但由于受诸多方面因素和条件的限制，博物馆建设和管理中还存在一些问题亟待关注。

1. 博物馆建筑设计建设论证程序有待规范

按照《博物馆管理办法》的要求，博物馆的建筑设计应当符合国家和行业颁布的有关标准和规范，国有博物馆建设工程的设计方案应报文物行政部门组织论证。但在实际工作中，文物部门难以参与立项、设计、施工的全过程论证和具体实施的管理。博物馆建设作为政绩工程、形象工程、"交钥匙工程"，忽视了软件建设和收藏、展示、研究等特殊的功能需求，影响博物馆交付后的正常运行。建筑风格与功能实用、体量规模与可持续发展、政府决策与专家论证、新馆选址与旧馆改造的关系需要进一步的探讨和研究。

2. 博物馆陈列展览研究工作亟须加强

个别博物馆的陈列设计出现片面追求声光电技术、多媒体设备和场景制作的趋势，而对展览本身、对展品的内涵及展品之间的关联研究不足，展览整体风格不协调，展示主题不鲜明，设计制作粗糙。新材料、新技术的过度使用，场景的过度制作，导致工程造价偏高，设备后期保养、维护费加大，成为博物馆不小的负担。一些县级博物馆为了节省运行费用，多媒体设备自安装完成之后就从未使用过，失去了原本的意义。陈列展览设计、施工资质队伍管理混乱，博物馆业务人员对陈列展览的研究有待加强。

3. 行业博物馆社会化进程缓慢

行业博物馆主要由政府的相关职能部门以及科研院校、国有企业、行业协会等负责建设和管理。通常，主管部门对这类博物馆的陈列展览、社会服务、学术研究等方面没有明确要求，导致部分博物馆没有找到社会化的切入点，社会化进程缓慢。以高校博物馆为例，虽然教育部与国家文物局联合印发了《关于加强高校博物馆建设与发展的通知》，肯定了高校博物馆的地位、作用，并提出了指导性的意见，但是高校博物馆"养在深闺人未识"的局面在短期内难以改观。同样作为利用公共资源建设的博物馆，行业部门主管的博物馆社会贡献率不足，已经成为限制其规模发展的瓶颈。

4. 民办博物馆发展水平参差不齐

《博物馆管理办法》和《民办非企业单位登记暂行办法》对博物馆的准入条件只有原则性的指导意见，诸如博物馆场所面积、藏品数量、专业人员等方面没有量化指标，审核博物馆设立的标准难以统一。民办博物馆如何依法开展文物征集、藏品保护等业务并发挥其社会效益，是目前亟待解决的问题。特别是对民办博物馆的文物藏品管

理是工作中存在的难点,一方面民办博物馆的管理者缺少藏品管理的法律意识和业务水平,另一方面文物市场管理的法律法规还有不尽完善的地方,这些都为民办博物馆的管理、特别是藏品管理增加了工作难度。

**三、小康社会后江苏博物馆管理的思考与建议**

1. 探索博物馆行业管理和发展保障的有效机制

文物行政管理部门是博物馆的行业主管部门,承担着对各级各类博物馆宏观管理和业务指导的职责。长期以来,文化、文物系统管理的历史类博物馆占据了博物馆总量的绝大部分,且多为文化文物部门的下属单位,文物部门对博物馆的管理主要体现在对人、财、物的行政管理方面。综合 2009 年度和 2010 年度博物馆年检情况,行业博物馆和民办博物馆的发展已呈逐年上升趋势。作为行业主管部门,应加强对行业博物馆和民办博物馆的管理和业务指导,将其纳入到博物馆宏观管理体系中,加快社会化进程,提高服务水平,使其逐步满足社会公众的需要。应在调研的基础上,制定管理和扶持政策,明确政府的管理职责和审批程序,明晰其准入条件,完善审核登记注册工作规范,严格实行藏品管理制度,规范藏品退出馆藏系列的条件和批准程序。鼓励行业博物馆、民办博物馆对社会公众免费开放,提高社会贡献率,促进其步入持续、健康的良性发展轨道。

2. 探索文化事业和文化产业协调发展的有效机制

党的十七届六中全会指出,要大力发展公益性文化事业,保障人民基本文化权益,加快发展文化产业,推动文化产业成为国民经济支柱性产业。江苏省委、省政府对文化产业发展高度重视,提出到 2012 年江苏省文化产业增加值占全省 GDP 的 5% 以上,成为国民经济支柱产业的目标。为支持文化产业发展,江苏省政府设立了文化产业引导资金,从每年安排 1 亿元提高到 2 亿元。江苏省委、省政府提出设立初始规模约 20 亿元的省级文化产业发展基金,通过贷款贴息、补助、投资参股、有偿使用等形式支持文化产业发展。这些都为文化产业发展提供了更大的政策平台和经济支持。国家文物局在文物博物馆事业发展"十二五"规划中,也提出要联合社会资源,培育博物馆文化产品研发的基地和示范项目,创造具有区域特色、在国内外有影响力的创意品牌,增强博物馆文化产品在文化产业和消费体系中的竞争力。博物馆是不以营利为目的的社会公益性文化机构,在坚持这一基本宗旨的基础上,探索博物馆文化产业的开发机制。以产业发展促进事业发展,将成为提高博物馆整体发展水平、增加博物馆活力的重要途径之一。

3. 探索博物馆资源合理利用和优势共享的有效机制

由于各地文化面貌的不同,各博物馆的资源也不尽相同。在江苏博物馆馆藏精品巡回展的基础上,可以建立博物馆协作网,促使博物馆之间建立交流、协作机制,积极开展馆际合作、跨领域合作以及跨区域合作。在对江苏省文博信息网站进行改版的同时,推进江苏数字博物馆的建设。借助数字化技术将实体博物馆信息进行重新组合,建立集收藏、研究、展示、教育、娱乐为一体的虚拟博物馆,发挥其表现直观、互动性强、辐射范围广、运行成本低的优势。对于一些流动人口少、基础条件相对薄弱的地区,由于长期受到场馆设施、安防条件、开放时间以及运行经费、人员等多方面的制约,发展停滞不前,建议在建设实体博物馆的同时,进行数字博物馆建设的尝试。除了可以弥补传统实体博物馆的不足外,数字化对于建设低碳型博物馆、共享馆藏资源、交流科研信息、推动科学普及、开展远程网络教学、缓解教育事业发展的地区不平衡等方面也将起到重要作用,从而实现真正意义上的资源共享。

4. 探索广义博物馆理论研究与实践探索的有效机制

随着文化遗产事业的不断发展,博物馆必将从馆舍天地走向大千世界。作为"广义博物馆"的一部分,生态(社区)博物馆是一种通过村落、街区建筑格局、整体风貌、生产生活等传统文化和生态环境的综合保护和展示,整体再现人类文明的发展轨迹的新型博物馆。对于这一新型博物馆建设,西方国家进行了积极的探索。在我国,生态(社区)博物馆建设只经历了 10 年时间,对于这一概念的理解也不尽相同,贵州、广西、云南、内蒙古等地已建成的生态博物馆多结合当地的少数民族特色文化,并以政府投入为主。相比而言,江苏作为中国经济和文化最发达的省份之一,居民具有更强的对自身文化的自觉和文化认同感、文化自豪感。可以依托历史文化村(镇)、街区,加强各部门联动,推广和完善"政府支持,专家指导,居民主导"的模式,率先建立科学有效的民族民间文化遗产保护机制,并鼓励社会力量支援,加大投入,多方共同推进具有特色的生态(社区)博物馆发展。

党的十七届六中全会对深化文化体制改革、推动文化发展繁荣作出了明确部署。构建公共文化服务体系、建设传统文化传承体系、打造特色文化产业体系、完善事业发展保障体系,是小康社会后对博物馆建设和发展的新要求。如何实现江苏博物馆事业的全面、协调、可持续发展?通过政府主导和公共财政的支撑,运用行政手段整合公共资源,积极发展博物馆这一公益性文化事业,将博物馆有效地融入社会公共文化服务体系中,力求把博物馆建成现代化公共文化服务场所,向公众提供优质的文化产品和文化服务,以保障人民的文化权益,不失为一条可试之路。

# 使走进博物馆成为百姓的一种生活方式

## ——南通博物苑观众调查研究综述

张美英

南通博物苑始建于 1905 年,是融博物馆与园林艺术于一体的中国第一座公共博物馆。近年来,南通博物苑在不断满足人民群众日益增长的精神文化需求、保障公民基本文化权益方面做了很大努力,取得了良好的社会效益,2007 年获评国家 4A 级旅游景区,2008 年跻身首批国家一级博物馆行列,2011 年以南通博物苑为龙头单位的南通环濠河博物馆群跻身国家公共文化服务体系示范项目。为更好地了解服务对象、亲近观众,南通博物苑于 2011 年组织开展了观众调查研究活动。通过对苑内及一定范围苑外观众调查问卷表的统计分析研究,我们在获得详细数据的同时,也获得了一些特别的启示。

**一、关于观众群:既要重视核心观众群体,又要着力培育潜在观众**

博物馆作为重要的公共文化传播机构,是构建社会主义核心价值体系的主流机构之一。观众的多少、观众人群的组成是评价博物馆宣传效果的重要指标之一。

经过调查统计,从年龄角度看,来南通博物苑参观的主要是 20～30 岁的人群,占总人数的56.8%;其次是 30～40 岁的人群,占总人数的23.4%。从学历角度看,参观南通博物苑的主体是大专生、本科生,占总人数的 73%;其次是中学生,占总人数的 20%。

传统博物馆学认为,博物馆是知识的殿堂,观众到博物馆参观,一般是为学习知识、学术研究、艺术鉴赏而来。没有一定知识背景或文化积淀的观众,多数不会去博物馆参观。因而,在很长一段时间内,走进博物馆的主要人群是具有高学历的

学者,以及具有一定文化水平的家长及其孩子。这与本次调查结果基本吻合。

从管理学角度分析,对于观众市场的定位,我们必须有一个明确和清晰的分类,即什么样的观众是我们的核心观众,什么样的观众是我们的重点观众,什么样的观众是我们要培育的观众。通过以上调查以及对传统博物馆学的认知,我们可以确定,中青年知识分子、大学生、中学生是我们的核心与重点观众人群,而大量其他知识背景、年龄层次的观众人群应是我们的潜在观众群体,这也是需要我们着力"培育"的观众市场。

近年来,随着经济的迅猛发展,人们的生活水平不断提高,对精神文化的要求已日益成为百姓生活的日常需要。博物馆也要努力做到与时俱进。例如,在理论上不断对博物馆定义的概念有所突破创新,在实践中不断吸收最新理念。具体表现在举办展览时注重亲民内容的选题;在形式上注重主题突出、新颖,并重视声、光、电等现代科技以及互动体验项目在展览中的应用;在接待方面,注重提供讲解、导览服务,注重参观学习环境的营造、休闲区域设施的完善、文化产品的配套服务,等等。这些举措确也吸引了一批休闲娱乐、旅游观光的普通观众群体。博物馆还需要进一步开拓思路,加强对这些非主流观众群体的培育。相信这部分观众也将成为博物馆新的主要观众群体,他们还将成为推动博物馆拓展社会功能的重要力量。

**二、关于讲解:既要重视博物馆文化的传播,又要努力做到"缘物应景、寓教于乐"**

博物馆的文化陈列一般属于高雅艺术,是阳

春白雪。普通观众在这样的展厅内可能望而却步，或走马观花，不能留下太多记忆。所以博物馆要做好文化陈列的普及、传播工作，起到文化育民的作用。让更多普通观众理解并热爱展览内容，之前最需要的是让他们认知，因为"知之者才能好之，好之者才能乐之"。要让普通观众认知，讲解是重要的纽带与桥梁。讲解可以有意识地引导观众参观，使遥远的历史复活，使观众获得有益的教育或启示。这部分观众因为有了认知而产生喜爱、热爱的情感，会逐渐成为博物馆主要观众群体的组成部分。因为观众队伍的扩大，还意味着博物馆对民众进行优秀文化教育、高尚情操陶冶能力的进一步增强。

诚如南通博物苑江海文化陈列的调查情况：60.2%的观众感到有收获；44.9%的观众认为通过参观学到了历史知识；少量观众因看到文物而感到特别愉快；只有约4%的观众表示没有看懂。从这个结果看，南通博物苑的文化宣传效果让人振奋，但这只是在以上所述主流观众群中的调查情况。

虽然对博物馆讲解已有比较成熟的研究，但在实际工作中还要针对不同知识背景、年龄层次、参观目的以及不同地区的观众进行讲解，这是一个需要不断研究的课题。这次调查时，笔者曾随一些外地旅游团听取地接导游讲解，发现这些导游在博物苑展厅讲解时不能讲出陈列的基本内容，也不能讲出展品所要表达的信息，更不能突出讲述江海文化的特色，但他们的导游式解说在外地观众中也产生了积极效果。

例如，2011年4月的一天，笔者听到导游讲文峰塔时说："昨天大家在狼山看到的是支云塔。南通有三塔，二座平地起，一座冲云霄。这就是平地起的一座，文峰塔。"接着，指着明代医学家陈实功使用过的药钵说："昨天在南大街看到陈实功的雕塑，这是他用过的药钵，他是我们南通的名医，曾经医治好苏州知府大人的母亲，知府给了他很多钱，他用这钱在南通修了一座长桥，长桥成为我们南通的四怪'长桥不长、狼山没狼、小海没海、观音山没山'之一。"看到南通范氏诗文世家的简要介绍，她提道："昨天大家在狼山法乳堂看到十八位高僧，高僧的形象是这个家族的传人——当今著名画家范曾画的。"在刺绣部分还提到了南通的刺绣在去年被作为国礼赠与美国总统。看到水绘园照片时讲，这里是明末才子冒辟疆、董小宛栖息的地方，当即引起观众的兴奋。

导游讲解的特点是通过一件文物引出关于南通的相关传说、历史故事、城市特点，以点带面，对于一般观众尤其是外地游客了解参观游览地的历史典故、风情轶事，也许不失为一种有效传播方式。这给博物馆讲解带来重要启示，讲解员不仅要深入理解展厅内容，做好博物馆文化的传播员，为政府接待及主流观众群参观提供高质量讲解服务，还要努力成为地方历史文化的宣传员，善于根据不同结构层次的观众群体适时调整讲解内容、方法、角度，学会"缘物应景"、"随人应变"，并且努力做到"寓教于乐"。

### 三、关于观众消费：既要注重提供传统消费品，更要注重提供特色文化产品

在这次调查中，我们特别设置了一个问题——在南通博物苑参观是否有消费行为，统计结果显示，有无消费行为的比例约为1∶5。

为观众提供文化消费服务是博物馆本着"以人为本"理念、贯彻落实"三贴近"方针的体现。博物馆拥有大量文物资源，蕴涵大量科学文化信息，观众参观后如何有效"消化吸收"博物馆知识盛宴的精髓，一个途径是可以通过展厅内免费发放的宣传资料，另一个重要途径就是通过含有博物馆元素的文化产品。文物所承载的文化特征、文化内涵可以通过文化产品这种载体进行"转载"。观众通过购买行为，把这种文物知识信息带回家，又在把玩中强化这种知识，并进行有效传播，无形中扩大了博物馆的宣传影响力。"让观众把博物馆带回家"正在被博物馆当作开发文化产品的理念。随着南通博物苑在文化产品开发方面的进展，观众文化消费占比一定会大幅提升。

此外，这次观众调查研究还获得许多其他很有价值的信息，如在被问到希望博物馆举办什么活动才会感兴趣时，55%以上有或没有参观过博物馆的被调查者对民间收藏品的鉴定、评比、展出、拍卖活动感兴趣。这一方面说明生活条件不断改善的市民正在逐渐形成盛世收藏意识，另一方面也在一定程度上反映了媒体通过《鉴宝》等相

（下转第58页）

# 关于县级博物馆爱国主义教育基地作用的探讨

邱淑莉

博物馆是社会大众特别是青少年感知历史、理解现在、探索未来的重要文化殿堂，是进行爱国主义教育的重要场所。县级博物馆如何有效地发挥爱国主义教育基地的作用，使博物馆成为青少年接受爱国主义教育的文化圣地，本文对此试作一探讨。

**一、县级博物馆发挥爱国主义教育基地作用的状况**

1. 对爱国主义教育基地作用认识不充分

博物馆是广大人民群众接受爱国主义教育的重要场所，尤其是广大青少年接受爱国主义教育的重要场所。对青少年进行爱国主义教育是博物馆的重要服务内容之一，然而由于县级博物馆对爱国主义教育基地作用认识不充分，因此博物馆没有进行爱国主义教育的动力，进而没有很好地挖掘资源，尤其是没有很好地针对青少年和未成年人的特点去挖掘历史资源，提供适合青少年和未成年人特点的教育服务，这些都制约着博物馆发展的后劲，致使县级博物馆缺乏爱国主义教育的吸引力和影响力。

2. 对博物馆爱国主义教育资源充实、完善不全面

吸引青少年自愿来到博物馆参观并接受爱国主义教育不是一件轻而易举的事情，必须有能够吸引青少年进入博物馆的吸引力、震撼力和影响力。县级博物馆开展青少年爱国主义教育的内容和形式已经不能只停留在展板展示和基本文物陈列等传统的方式上，需要不断推陈出新。然而，由于历史和现实的原因，大多数县级博物馆的展览形式、视角和主题缺乏更新、完善和充实。现代经济社会迅速发展，现代科技日新月异，爱国主义教育的内容却未能与时俱进地推陈出新，无法吸引青少年来参观并接受爱国主义教育。

3. 对博物馆爱国主义教育对象认识不深入

县级博物馆爱国主义教育基地的教育对象主要是青少年，尤其是中小学生，他们的创新意识较强，易于接受新鲜事物，喜欢新颖而富有创意的东西，喜欢切身感受一切新鲜的东西，更喜欢互动参与方式。因此，博物馆发挥爱国主义教育作用需要充分认识教育对象的特点，针对教育对象的心理、生理和智力特点，提供切实有效的教育服务。然而，一部分县级博物馆没有很好地深入研究爱国主义教育对象的特点，导致爱国主义教育功能没有更好的发挥。

4. 博物馆相关专业的人才相对紧缺

人才是第一资源，人才是推动经济社会发展的核心竞争力。对于基层博物馆来说，人才尤其是博物馆专业的优秀人才是相当缺乏的。因为县域经济比较不发达，各方面的待遇相对较低，再加上博物馆专业的毕业生相对较少，因此县级博物馆很难引进到博物馆专业的专门人才。这严重制约着博物馆的可持续发展，最终导致爱国主义教育服务主力缺失，难以形成发挥爱国主义教育基地作用的有效合力。

**二、完善博物馆爱国主义教育作用的对策**

1. 提高对爱国主义教育基地作用的认识

意识是行动的先导，观念决定行动的力度。经济社会的发展是日新月异的，思想观念也要与时俱进。博物馆作为提供文化服务的窗口，应该及时转变观念，更新理念。要切实提高对爱国主

义教育基地作用的认识，博物馆的爱国主义教育基地作用是十分重要的。爱国主义教育是中华民族的优良传统，是增强民族凝聚力和向心力的重要内容，是扩大社会影响和社会效益的重要途径。博物馆的实物是发挥爱国主义教育作用的重要载体，博物馆的客观环境是进行爱国主义教育的最佳场所，博物馆的展览内容是进行爱国主义教育的最好形式。总之，要与时俱进，不断提高对爱国主义教育基地作用的认识。

2. 全面充实爱国主义教育内容和形式

大胆改革和创新，丰富爱国主义教育活动的主题，挖掘内涵，提升吸引力。合理安排爱国主义教育活动内容，既要见物、见景，更要见思想、见精神，做到思想性、艺术性和观赏性的有机统一，不断拓展、完善教育功能。在形式选择上，既要注重形式，又要注重内容的不断充实完善。这样才能吸引更多的青少年来到博物馆接受爱国主义教育，从而激发博物馆不断提升服务质量和能力。博物馆的硬件设施是提供爱国主义教育服务的基本条件，必须利用一切可以利用的资源改善硬件设施，改善场馆条件，提供干净、舒适、优雅的客观环境。在提供基本陈列的同时，尽一切力量利用声、光、电和动漫技术创新展览展示技术，提高博物馆对青少年尤其是未成年人的吸引力。

3. 深入全面研究爱国主义教育对象的特点

认清教育对象，深入分析教育对象的生理、心理、人格等相关内容，有的放矢地进行爱国主义教育活动。对于广大青少年，尤其对于中小学生，可以采用可问、可试、可触摸、可参与的互动方式，还可以把教育活动和中小学生的课堂教育密切结合起来，无论是推出专题展览、特色展览，还是出版科普读物、举办主题讲座，都应从主题立意、题材选择、展示手段、科技含量着手，把生动有趣的内容与新颖别致的形式融为一体。另外，可组织高素质的讲解员队伍，使用青少年的语言习惯，掌握青少年的思维习惯和知识储备，用活泼和亲和力，使丰富的内容更加形象化、具体化，易于被青少年接受。

4. 积极引进博物馆专业人才

人才是第一资源，是博物馆进行一切活动的力量源泉。人才能力的强弱直接决定爱国主义教育作用发挥的好坏。首先，引进紧缺专业人才，尤其是具有讲解和教育背景的人才。其次，要倾心打造、培养，使引进人才快速成长。最后，解决好人才的后顾之忧。引进人才后，迅速解决好引进人才的住房、配偶随迁和子女上学等一系列问题，确保引进人员早日进入工作角色，快速适应工作。同时，也要注重提升原有人才的能力和水平，充分发挥原有人才的实力和潜力，让引进人才和原有人才形成强大的合力，共同致力于爱国主义教育的伟大实践。

爱国主义是中华民族的优良传统，充分发挥博物馆爱国主义教育基地作用，大力弘扬和培育民族精神，这是历史的责任，是时代的呼唤，是人民的期盼和党的重托，更是提升民族凝聚力和创造力的必然要求。因此，我们必须有序推进县级博物馆的爱国主义教育工作，不断提升博物馆爱国主义教育功能，增强博物馆的吸引力、影响力，让更多的青少年走进博物馆接受爱国主义教育。

# CBIR 技术在博物馆数字藏品图像中的应用浅析

黄　金

　　随着博物馆信息化的发展,大量的藏品被数字化,这有利于藏品的保存、保护和利用,但同时也使得数字藏品的有效管理及高效使用成为当务之急。其中,数字藏品的高效检索已成为困扰博物馆的难点问题之一。博物馆数字藏品管理系统中现有的基于文本的图像检索技术存在很大的局限性,急需引入新的检索技术。

## 一、传统基于文本的图像检索技术的缺点

　　传统基于文本的图像检索技术采用的方法是,将藏品图像用文字加以描述,然后以数据库的形式存储,对藏品的查询是基于这些文字描述进行匹配的,一般称这些文字描述为关键字。例如使用图像的文件名称、创建时间、关键字或自由文本来描述藏品,然后把这些文字特征当作索引,与藏品图像一起存放在数据库中,该方法的实质是把藏品检索转换为对该藏品对应的关键字的检索。基于文本的图像检索方式虽然简单、易于理解,但存在以下缺点。

　　1. 人工描述,不够全面

　　俗话说"百闻不如一见",图像比文本包含更丰富的信息,其丰富的细节和许多引申意义是难以用文字全部表达出来的,区区几个关键字不足以对这些信息进行比较全面和合理的描述。比如,藏品图像所包含的视觉特征如颜色、纹理、形状、空间关系等,往往就无法使用文本进行客观描述。

　　2. 人工理解,主观性大

　　主观性理解和表达造成注释信息不准确,直接影响藏品图像检索结果的可靠性。图像不同于文本,文本本身就可说明其内容,而图像则要靠人们各自的理解来说明其含义,面对同一幅图像,不同的人可能有完全不一样的解读。因此,当用户输入的关键字与数据库中的关键字不一致,或者这些关键字根本不存在时,将导致查询失败。

　　3. 人工注释,工作量大

　　由于目前的计算机技术无法自动对藏品图像进行标注,所以必须以人工的方式为每张图做出标注。而博物馆藏品图像数量浩大,又包含大量专业性注释,并且博物馆藏品来源日益广泛,数量不断增加,因此,这种方法显得费时费力,所需的工作量大,处理速度缓慢。

## 二、CBIR 技术及其在博物馆数字藏品图像中的作用

　　1. CBIR 技术的概念

　　基于内容的图像检索(Content – Based Image Retrieval,以下简称 CBIR)技术是一项从图像数据库中找出与检索内容相似的图像的检索技术,其特点是以图找图,具体过程为:计算机自动提取图像中的底层特征作为索引,如颜色、纹理、形状和空间关系等,并存储在特征库中,检索时,将用户所提交的查询命令转化为相应的图像特征,然后按照某种检索方式逐个与特征库中的图像特征作相似匹配,最后得到一组最接近查询命令所描述的图像,再通过相关反馈技术对查询结果逐步求精。它是在基于属性的图像检索基础上深入和发展来的,更符合人类的思维模式和思维习惯,更适合大规模图像数据的检索。与传统基于文本的图像检索方式相比,CBIR 技术融合了图像理解、模式识别等技术,具有客观、节省人力、可建立复杂

描述等优点。

## 2. CBIR 技术的作用

CBIR 技术是一项快速发展的颇具潜力的前瞻性技术，在博物馆领域具有很广的应用前景。在博物馆数字藏品管理系统中，信息的存储组织和检索通常是需要解决的中心问题。随着大容量存储技术的成熟和成本的下降，数字藏品的存储已不再是主要矛盾，而如何从海量的藏品数据库中快速查找出需要的信息成了急需解决的主要问题。博物馆数字藏品图像具有大量专业注释信息，在其中引入 CBIR 技术，可以直接根据图像内容提取视觉特征，克服原有的基于文本的检索方式的不足，从而帮助用户在无法专业描述检索需求的情况下高效地获取所需要的图像信息，更方便博物馆开展各项业务工作。比如，输入一张清代的瓷器图像，系统要能查出在颜色、器形、纹理、空间关系等方面符合"清代"标准的瓷器，即使该藏品文本描述中并未包含"清代"、"瓷器"等字样。

此外，藏品不仅具有一般实物所包含的形状、质地、重量、尺寸、用途等基本信息，还包含了一般实物所不具备的历史渊源、文化内涵、艺术意境等特殊的语义信息。在当前的数字藏品管理系统中，尽管一件藏品的信息指标已经达到几十项甚至百余项，已能准确反映藏品本身所包含的基本信息，但还不能全面反映藏品所涵盖的特殊语义信息，而 CBIR 技术让我们看到了解决这一问题的希望。

需要注意的是，对于博物馆来说，采用 CBIR 技术的目的不是去理解或识别藏品图像，它所关注的是能否基于内容快速地查询藏品信息，在用户可以接受的响应时间内从藏品数据库中查询到符合要求的藏品图像。

## 三、CBIR 关键技术分析

CBIR 技术的核心是图像的特征提取，即用什么样的特征有效且完整地表达图像内容信息。所用的图像特征分两个层次：一类为底层特征或物理特征，如颜色、纹理、形状、空间关系等，具有相对直观的特点；另一类为高层特征或语义特征，即图像内容的语义描述以及各类物理特征之间的逻辑关系，具有相对主观抽象的特点。当前 CBIR 技术研究主要停留在第一类，即主要以图像底层特征的相似性匹配检索为主。

## 1. 颜色特征的提取

颜色特征是在图像检索中应用最为广泛的视觉特征，主要原因在于颜色往往和图像中所包含的物体十分相关。此外，与其他的视觉特征相比，颜色特征对图像本身的尺寸、方向、视角的依赖性较小。对于博物馆数字藏品来说，颜色不是刻画一个藏品的关键特征，然而相对于藏品几何特征而言，颜色具有一定的稳定性，其对藏品大小、形状都不敏感，在很多情况下，颜色是图像最简便而有效的特征。

## 2. 纹理特征的提取

纹理特征是一种不依赖于颜色的、反映图像中同质现象的视觉特征，可以从微观上区分图像中不同的物体。它是所有物体共有的固定属性，例如博物馆藏品中的瓷器、玉器、书画等都有各自的纹理特征，并且同一材质的不同时代的藏品其纹理特征也不尽相同。纹理特征包含了藏品表面结构组织排列的重要信息以及它们与图像中其他区域的联系，但由于纹理特征能提供的语义信息很少，它们与人在视觉上的感知存在较大差异，因此常与其他特征相结合进行图像检索，以达到更好的检索效果。

## 3. 形状特征的提取

形状是藏品的一个显著特征，也是人类视觉系统进行物体识别时的关键信息之一。藏品的形状信息不随图像颜色的变化而变化，是藏品稳定的特征。从图像中提取目标的边缘，获取目标的轮廓是基于形状的图像检索的一个重要技术。对于一幅藏品图像，首先进行图像分割，从一幅图像中检测出各个物体，并将它们和背景分离，然后对物体进行轮廓特征抽取，得到物体的轮廓特征向量，最后通过特征抽取产生一组特征，将其组合在一起，就形成了物体的特征向量。

## 4. 空间关系特征

上述的颜色、纹理和形状等多种特征反映的都是图像的物理特征，而无法体现图像各特征间的相互关系。事实上，图像中对象所在的位置和对象之间的空间关系同样也是非常重要的特征。基于空间关系的图像检索，是以图像中各个对象空间位置关系作为检索特征。一幅藏品图像,可以它所包含的对象或这些对象的相对位置关系作为索引,然后用户通过相关的用户界面,提供用于描述可视化内容的对象特征,系统依据这些特征和相应的匹配原则,检索出类似的图像。

### 5. 多特征综合检索

从以上颜色、纹理、形状和空间关系特征的特点可以看出,仅基于一种特征的方法只能表达图像的部分属性,为了克服单特征检索存在的局限,有必要综合图像的多种特征进行综合检索,即多特征检索技术。这样既可以优势互补,又可以提高检索的灵活性。例如在颜色、纹理、形状、空间关系等几种查询特征中,选择两种或者两种以上来进行综合查询,在进行查询时,如何设置各个特征向量的权重是关键问题,权重的设置应根据实际需要而定。

### 四、CBIR 技术在博物馆数字藏品图像中的具体应用

#### 1. 博物馆数字藏品图像的特点及分析

藏品是博物馆开展各项工作的基础,是博物馆进行保管、陈列、科研、社教的必要条件。在研究针对数字藏品图像的检索系统前,需要对这一类图像的特点进行细致的分析。

博物馆数字藏品行业特点明显,具有噪点少、范围广、门类多、形式多样、数量巨大、专业注释信息量大等特点。博物馆数字藏品大多色彩丰富,但一幅图像通常只有一个形状明显的主题对象,且不同类别的藏品之间形状有较大的差距,所以对数字藏品特征的抽取,应将重点放在形状特征上。此外,由于纹理特征具有旋转不变性,并具有较强的抗噪声能力,所以检索时结合纹理特征会有更好的效果。

#### 2. CBIR 技术要处理的主要数据

一是藏品原始图像。其本身是一个二维矩阵数据,考虑到藏品图像数据库的尺寸,可以采取JPEG 压缩算法,在提取特征后将原始点阵图像压缩成 JPG 格式进行存储。

二是藏品图像特征描述。可以是存储藏品图像实体的颜色、纹理、形状和空间关系等,在图像输入数据库时,由计算机自动提取图像特征,并完成储存,以备后期基于内容的检索使用。

三是藏品图像辅助信息。用于对藏品图像做出说明,包括图像名、拍摄日期、存储位置、图像类别、尺寸、分辨率等图像相关信息的说明。

#### 3. CBIR 技术的几种应用领域

CBIR 技术应用领域很广,能辅助博物馆各项职能工作,使之更加高效地工作。

一是藏品研究。博物馆研究人员需要对某种藏品做全面的了解和研究,通常需要查找图像库中某种藏品的所有图像,包括不同角度的、不同年代的、不同姿态的,等等。如查找玉器的所有图像,或者寻找具有某种形状特征的所有藏品。

二是藏品保管。从拍摄的图像中分辨藏品的类别,判断藏品的保存状况;前后对比使用,将同一藏品的历史图像和当前图像进行对照,观察变化情况。

三是藏品展示。为藏品的数字展示提供基础数据,可由检索到的藏品信息自动生成相关的博物馆多媒体辅助展示程序、网站藏品展示系统等。

此外,CBIR 技术在藏品修复、藏品鉴定、考古工作中也能发挥积极的作用。

#### 4. 博物馆数字藏品图像 CBIR 系统结构设计

需要注意的是,设计博物馆数字藏品图像CBIR 系统,其目的不是去理解或识别藏品图像,它要解决的是能否基于内容快速地查询出符合要求的藏品信息。

基于这一目的,CBIR 系统具体工作流程为:首先把各种类型的藏品图像转换成统一大小和格式的图像,再将图像存入数据库,同时提取其颜色、形状、纹理和空间关系等特征,并存入与图像数据库相连的特征库;检索时对于给定的示例图,先提取其特征向量,然后将该特征向量与特征库中的特征向量进行相似度计算,根据计算结果到图像库中提取出最相似的图像。系统总体结构框架如图一所示。

分析图一可以看出,CBIR 系统一般包括下面几个模块:用户界面模块、图像输入模块、特征提取模块以及结果显示模块。各模块独立完成一定的功能,用户界面模块提供系统与用户的可视化接口;图像输入模块在向系统输入图像的同时要对图像进行预处理,并对图像进行特征提取以建

立特征库;特征提取模块完成对特征的提取;结果显示模块把示例图像的特征与图像特征库中的特征进行相似匹配,并按相似度从大到小显示藏品图像。

（1）图像预处理

数字藏品图像在采集过程中,由于采集人员的非专业化、采集环境的非理想化,使得图像不可避免地受到噪声的污染,图像的画质可能会出现不尽如人意的退化现象。例如灰度偏移、几何变形等,因此需要对藏品图像进行必要的预处理,包括格式转换、尺寸统一、图像增强与去噪等。

（2）特征提取

这是藏品图像检索系统的关键技术之一,特征提取的好坏直接关系到整个系统的性能,对特征提取技术的基本要求是准确和快速。特征的提取可以是针对整幅图像,也可以是图像某个区域或具体的内容对象。特征可以是藏品图像的颜色、纹理、形状和空间关系等,在图像输入数据库时,由计算机自动提取图像特征,并完成储存,以备后期检索使用。

（3）数据库系统

由藏品图像库、特征库和知识库组成。藏品图像库为数字化的藏品信息;特征库为藏品图像的内容特征和客观特征;知识库包含专业和通用知识,以利于查询优化和快速匹配。

（4）查询和浏览界面

用户可以用整幅图像、特定对象以及各种特征的组合等形式进行藏品图像的查询。查询时需要通过浏览界面来确定查询要求,而且查询结果也需要浏览。

（5）图像匹配

图像匹配就是对提取出的藏品图像颜色、纹理、形状、空间关系等特征进行匹配。用户检索数字藏品图像时,首先向系统提供示例图像或草图,然后系统将示例图像或草图转换成其特征向量的内在表示形式,接着系统计算用户所给图像或草图与图像库中图像特征向量的相似度,最后系统借助索引机制实现检索。

（6）相关反馈技术

CBIR技术虽然使海量图像的查找更加便捷,但其查找的准确率却相对较低,对图像语义级的检索还差强人意。为了解决这个问题,可以通过人

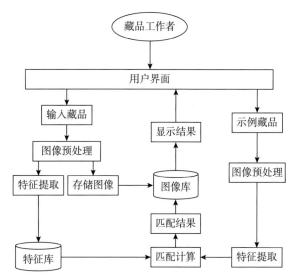

图一　数字藏品图像 CBIR 系统结构框架图

机交互的方式来捕捉和建立特征和高层语义之间的关联,这就是所谓的相关反馈技术。

相关反馈是一种查询逐步求精的技术,主要特点是将用户引入查询过程,允许用户对检索结果进行评价,并提交满意程度,然后将用户提交的信息反馈给计算机,计算机调整查询要求,进一步优化查询结果,直到用户满意为止。相关反馈的目标就是从用户与查询系统的实际交互过程中进行学习,发现并捕捉用户的实际查询意图,以此修正系统的查询策略,得到与用户实际需求尽可能吻合的查询结果。

（7）性能评价

在 CBIR 系统中,需要对各个算法的检索结果进行评判,以比较其优劣,从而改进检索算法,达到检索效果更优化。目前主要使用的评价指标是查准率和查全率,查准率是相关正确检索结果在所有检索结果中所占的百分比,而查全率是相关正确检索结果在所有相关结果中所占的百分比。查准率反映系统拒绝无关图像的能力,查全率则反映系统检索相关图像的能力。查准率和查全率越高,则说明该系统性能越优,所以要综合使用这两个指标来衡量某种检索算法。

**五、结语**

CBIR 技术是一门综合性的交叉学科,随着人们对图像理解、模式识别、数据挖掘以及人工智能不断的深入研究,众多新方法、新技术将被应

用于 CBIR 技术。从人的认知角度看，每一幅藏品图像都蕴含着丰富的内容，人们对其的理解也各有不同，因此，如何在人的主观描述与图像的底层特征之间建立映射、如何抽取其语义模型，使计算机对图像的理解和判断趋于人类的思维水平，使其尽可能与人对图像内容的理解一致，是今后研究的关键所在，也是其难点所在。作为博物馆人，我们还需要一个长期的过程去学习与研究，并最终开发出适合博物馆数字藏品图像的 CBIR 系统。

**参考资料：**

陈旭华《Internet 图像信息检索全接触》，《信息窗》2002 年第 1 期。

文燕平《基于内容的图像检索系统研究》，《现代图书情报技术》2001 年第 1 期。

罗永兴等《基于内容的图像检索系统研究》，《计算机与数字工程》2004 年第 6 期。

张涛、张星明《基于内容的图像检索技术》，《广州大学学报（自然科学版）》2004 年第 5 期。

熊回香《基于内容的图像检索技术的发展方向》，《现代图书情报技术》2004 年第 12 期。

（上接第 51 页）
关节目在文物知识普及方面产生了良好效果。这对我们的启示在于：博物馆举办活动既要重视巡展、临时展览等传统宣教方式，又要重视文物鉴赏专题宣传。

博物馆学认为："观众的正当要求与愿望是代表社会舆论促进博物馆工作不断改进和提高的动力。"通过观众的调查研究，我们觉得，博物馆要真正发挥文化宣教功能，引导现代观众自觉、有效、充分利用博物馆，以丰富自己的精神生活，必须重视加强服务功能；重视对观众文化需求及百姓对博物馆开展活动的愿望等进行专题研究；要充分利用自身在藏品、人才方面的资源优势，借鉴其他文化单位、媒体的做法，针对不同层次的民众，创新博物馆宣教方式，推出陈列、展览等传统宣传形式以外的其他特色宣传产品。比如，可主动与媒体联合，将展览内容分成不同专题，制成专题片，以扩大宣传面，使展览内容先进入千家万户，最终吸引大家走进博物馆，让走进博物馆成为百姓的一种生活方式。

# 方寸之间尽显馆群风采

## ——南通环濠河博物馆群"掌上博物馆"建设的思考

如 茶

南通环濠河博物馆群（以下简称"馆群"），是指环绕濠河周边的具有博物馆性质的文化场所、历史建筑等，包括国有的、非国有的、条线部门的、行业组织的、企事业单位和公民个人举办的各级各类博物馆、纪念馆、艺术馆、科技馆等动态的、发展变化着的群体。馆群现有以南通博物苑为龙头的各类博物馆共计二十多座。2011 年 5 月，馆群被国家文化部和财政部列入首批国家公共文化服务体系示范项目，成为全国 47 个项目中唯一的文博项目。为进一步扩大馆群整体影响力，提升其公共文化服务的能力，2012 年 3 月，馆群开始规划建设"掌上博物馆"。目前包括中国国家博物馆、浙江省博物馆、苏州博物馆在内的很多馆都已完成了"掌上博物馆"的建设并投入使用，但这些均是针对单个博物馆。所以，该项目也是国内首个博物馆群"掌上博物馆"，有必要对其做进一步探讨研究。

### 一、"掌上博物馆"建设的背景

#### 1. 社会变革需要新传媒

随着人们生活水平的不断提高，公众的文化需求也日益增长，社会对博物馆的要求也越来越高。2012 年国际博物馆日主题为"处于世界变革中的博物馆：新挑战、新启示"，倡导博物馆要关心社会变革，不断提高公众服务水平，促进博物馆事业健康持续发展。

《国家"十二五"时期文化改革发展规划纲要》也明确指出，要完善技术先进、传输快捷、覆盖广泛的文化传播体系；要提高公共文化服务的数字化、网络化水平；要重视新媒体建设、运用和管理，制作适合手机等新兴媒体传播的精品佳作，提高传播能力等。

#### 2. 网络发展呼唤新模式

中国互联网络信息中心（CNNIC）发布报告称，截至 2012 年 6 月，中国手机网民规模首次超越台式电脑用户，达到 3.88 亿。报告还显示，对于广阔的农村地区以及庞大的流动人口来说，使用手机等移动终端接入互联网是更为廉价和简便的方式。

此外，由 iPhone、iPad 领衔的各种智能手机、平板电脑普及速度加快，越来越多的人选择使用这些移动终端获取各种信息。官方数据显示，截至 2012 年 6 月，苹果 App Store 在线商店的 App 总数已经超过 65 万个，下载总数达到 300 亿次；谷歌 Google Play Store 的 App 总数达 60 万个，下载总数突破 200 亿次。

#### 3. 公共服务期待新平台

虽然"南通环濠河博物馆群"作为一个整体概念早就被提出来，但受性质、资金、规模等限制，各馆发展不平衡且缺乏有效的交流，服务公众的质量也参差不齐，基本上可以说是单枪匹马、各自为战的局面。此外，各馆在空间分布上虽然都环绕着濠河，但总体布局呈散点式，不能起到相辅相成的作用，作为一个整体，给公众的印象并不突出。"掌上博物馆"把馆群勾画成一幅完整的图景，使馆群无论形式还是内容均趋于一体化，消除了馆群之间无形的"围墙"，使得各馆以平等的姿态站在同一个舞台上，给公众一个名副其实的整体概念，有利于馆群更好地提供公共文化服务。

### 二、"掌上博物馆"概述

"掌上博物馆"是一种 App（Application 的简称），现多指第三方智能移动终端应用程序。馆群"掌上博物馆"可运行于 iPhone、iPad、Android 和

Android Pad 等多款智能移动平台上,现已正式进驻苹果 App Store 及谷歌 Google Play Store,用户可自行免费下载使用。馆群"掌上博物馆"是一种采用数字信息化手段实现藏品展示、互动交流、手机导览等功能的掌上移动平台,其借助移动互联网技术,把馆群数字信息通过移动平台快捷、广泛地传播给公众。馆群"掌上博物馆"项目建设共分两期,第一期现已完工,主要集中在栏目排版和页面布局上,目前栏目结构如下:本馆简介、参观服务、展馆掠影、藏品一览、展馆特色、新闻快讯、活动播报、联系我们等。第二期正在规划中,主要集中在功能模块上,包括手机导览、虚拟实景、微论坛、在线商店等。

与实体馆相比,"掌上博物馆"具有明显的特点:随身、随时、随地。随身:"掌上博物馆"运行于手机等各种智能移动终端,通过指尖触摸即可畅游馆群,让公众摆脱了个人电脑的束缚,不用的时候还可以将"博物馆"放进口袋里,尽享随身移动便利。随时随地:随着 WiFi、3G 的普及,公众可以自由自在地使用移动网络访问"掌上博物馆",只要你愿意,等公共汽车、喝下午茶时,家里、公司、学校均可。

### 三、"掌上博物馆"建设的意义

1. 促进资源整合,提升馆群公共文化服务能力

"掌上博物馆"搭建了馆群与社会公众互动的平台,将地理位置上分散的各馆资源进行有效整合,让公众实现一站式的参观体验,准确定位到自己想要的信息,既实现了共建共享,又体现了便民惠民,提升了馆群公共文化服务能力。

目前馆群共有二十余家成员单位,性质、类型、特色等都不太一样,有全民的、国有的、民营的,有博物馆、纪念馆、艺术馆、科技馆等,有综合类、技术类、民俗类等,共有各种基本陈列 34 个,藏品 8 万余件,每年临时展览数十个。"掌上博物馆"撇开各馆不同性质、不同类型、不同特色,求同存异,是馆群的一次大联姻,在形式、内容上使馆群成为一个有机结合且相得益彰的整体。八仙过海,各显神通,可以说,馆群"掌上博物馆"是既综合统一又各具特色的"掌中网上联展",它对全方位展现馆群文化、提升馆群公共文化服务能力发挥了重要作用。

2. 推进均等服务,转变馆群公共文化服务方式

公共文化服务均等化,简而言之就是人人都能享受到公共服务,享受的机会是平等的。随着社会的不断发展,公众对文化享受需求与日俱增,没有时间和机会到博物馆的公众如何享受文化?博物馆如何持续服务?如何有效服务?永不落幕的博物馆——"掌上博物馆"推进了服务均等化,让公众随时随地利用碎片时间,推动公共文化服务面向基层、面向社区、面向农村,实现重心下移、资源下移,让广大群众特别是农民群众基本文化权益得到有效保障,进一步推动了馆群公共文化服务向广覆盖、高效能转变。

"掌上博物馆"进一步拓宽了馆群传播信息的渠道,在实体馆之外开辟了一条新的传播途径。现在很多临时展览展出时间只有几天,且观众以行业嘉宾、业内人士为主,基层民众以及青少年由于工作、学习等原因,不能及时参观。随着智能手机普及速度加快,接入互联网经济又简便,再加上现代人生活又极其依赖移动通讯,因此"掌上博物馆"可迅速地在这一类人群中传播开来。此外,"掌上博物馆"未来还可以进一步应用在家庭智能电视上,让更多的人群享受馆群文化大餐。

3. 扩大受益层面,提高社会公众对馆群黏着度

"黏着度"是指"参观过一次还想再次参观"的意思,可反映出公众的依赖度和忠诚度。以往重展览轻宣传、重灌输轻互动的做法,让博物馆流失不少"粉丝"。利用馆群"掌上博物馆",可以让公众更向往博物馆、热爱博物馆,主动成为博物馆的常客。

首先,馆群"掌上博物馆"采用联合宣传的方式,把各馆的信息资源打包共同宣传,放大集聚效应,从而实现 1 + 1 大于 2 的宣传效果。不仅如此,还可以通过"掌上博物馆"信息推送方式,将展览与活动信息及时告知潜在观众,为博物馆增加新"粉丝",提高公众与馆群之间的黏着度。

其次,馆群"掌上博物馆"增加了与公众的互动性。比如,在展览期间、展览结束后,"微论坛"会将观众的评论反馈给馆群,为馆群制作展览、举办活动等提供信息,使博物馆再次举办展览活动时更具针对性。通过和公众的互动,一方面让馆群意识到公众到底需要什么,拉近了与公众的距离,提高了与公众的黏着度;另一方面,公众参观

完馆群会有一种分享和表达的需要，通过"微论坛"、"微博分享"以及更多的互动功能，让更多的人了解和分享，扩大了馆群的影响力，为馆群增加了大量忠实的"粉丝"。

4. 实现精准营销，促进馆群产业开发加快发展

利用"掌上博物馆"发展馆群产业，有两个优势：一是广告到达率高。手机等移动终端不同于电脑、电视机和报刊，它是用户一人独占的媒介，每个使用"掌上博物馆"的移动终端都会收到广告信息。二是反馈速度快，互动性强。馆群"掌上博物馆"的用户看到感兴趣的广告，可以直接通过手机进行网上浏览、电话咨询、短信预定或者网上购买等行为。具体营销方式如下。

首先，吸引用户直接到博物馆消费。从宣传效应上来看，只要下载了馆群"掌上博物馆"，通过主动信息推送服务，每一次活动提醒都可以准确地提醒到用户，这样就可以促使这些人群来到馆群参观并消费。这比以往的拉横幅、张贴广告要更加精准，可谓投资小回报大。

其次，将 App 广告摊位出租给商家。App 广告，是指将广告信息投放到 App 应用程序上的广告方式。当 App 下载量和浏览量达到一定程度时，可以将客户端上的小广告摊位出租给商家，App 下载量与浏览量越高时，出租的费用也就越高。商家再将用户可能感兴趣的广告推送到移动终端屏幕面前，从而实现对用户的精准化营销。

最后，开辟"在线商店"栏目。在馆群"掌上博物馆"中开辟"在线商店"栏目，在线直销馆群文化产品，如风筝、蓝印花布、文物复制品等，用户通过手机等移动终端即可实现在线购物，既方便又有趣！

### 四、"掌上博物馆"运作中应注意的事项

馆群"掌上博物馆"是新事物，我们也是边建设边摸索，现总结一些粗浅的经验，抛砖引玉，希望能为其他博物馆群提供些许启发。

1. 转换观念，着眼全局性

由于馆群中各馆性质、经费来源、上级主管单位等不尽相同，这就要求各馆要克服这些体制机制上的制约，克服各自为营的狭隘观念，在馆群理事会协调下统一规划运作。各馆要以大局为重，存共建共享的观念，配合提供各类信息资源，配合内容更新等。

2. 统一标准，注重规范性

在馆群"掌上博物馆"资料搜集之初，我们就制定了一套标准，对各馆数字资源的采集、描述、加工等进行规范，从而保证了"掌上博物馆"格式、形式上的统一，给用户一个清新一致、杂而不乱的操作界面。

3. 及时更新，掌握时效性

要想扩大馆群"掌上博物馆"的影响力，吸引"粉丝"，提升公共文化服务能力，光靠新鲜的体验形式是不行的，更要注重内容的及时更新。我们规定各馆报送信息一定要及时，最好当天的信息当天报，尤其是展期较短的临时展览以及重要活动信息等。

4. 拓展功能，保持后续性

馆群"掌上博物馆"目前已完成的工作只是把各馆的资源进行整合编排，要想充分发挥优势，进一步提高影响力，提升公共文化服务能力，还要在功能上拓展延伸。后续工作将主要集中在功能模块上，包括手机导览、虚拟实景、微论坛、在线商店等。要想真正发挥"掌上博物馆"的功能，让观众受益，任重而道远。

**参考资料：**

张蕊《城市博物馆群发展研究》，河南大学 2011 年硕士学位论文。

张欣《贴近公众　精彩体验》，http://www.ccrnews.com.cn/archives/view-39915-1.html。

# 谈互动在博物馆的运用

夏鹏飞

当今博物馆陈列如同一座熔炉,在陈列目标的指引和约束下,将各种元素、活动融合在一起,在创意的炉火中,使参与其间的多元成分融会升华,生成新的成果。

互动不仅是观众参与陈列的肢体活动,更是思维的交流,是陈列对观众兴趣、知识积淀的激发,激励观众对陈列做深入的探究,激励观众对展品提问,对陈列内容质疑,对与陈列相关的问题进行思考,并在陈列中寻求问题的答案。互动的结果不是句号,而应是问号或惊叹号。

## 一、多元化互动展示

展览设计理念的形成源于对展览内容的理解,是对展览内容、观众心理、展馆环境等因素合理的、综合的把握。用多元化的互动展示来充分发挥博物馆的生态教育潜能,提供给观众可看、可触摸、可玩耍的互动项目,让观众体验新奇而深刻的参观效果。对于观众而言,这既是直接的感受,也是多媒体展陈最直观的效果。只有对展览的内容具有深刻的文化理解,对多媒体技术具有熟练的驾驭能力,充分领会展陈设计人员的艺术创意,综合分析影响展览的各类外部因素,才能使多媒体展陈和整体展览相得益彰地融合在一起,促进观众的参与、理解和思考。观众在互动和玩耍中获得知识和教益,这能激发他们探索大自然的欲望,吸引他们去思考、去探索、去创造。

### 1. 三维成像

三维成像可以让观众身临其境地观看藏品的细部特征。把每一件器物做成立体图像,观众可以用手操作让它旋转,从任意一个角度观看。三维成像技术可以让各种文物以清晰的图像展示在

公众的面前,供他们学习、研究和鉴赏,拓展观众的想象空间。同时,还可以利用动画的形式来展示文物的产生、发展过程。比如:可以将陶器的产生与人类生活相结合,用虚拟技术做成动画,来表述先民的生活场景。通过展示陶器的演变过程,让观众了解先民的辛勤劳作,懂得生活促进了发明,发明改善了生活。如此也可以改变枯燥的观赏环境,吸引不同年龄层次的观众涉足博物馆。

### 2. 多媒体触摸屏导览系统

通过导览触摸屏,观众可以主动地选择想要接受的信息,并根据自身的知识结构和对博物馆的了解程度进行跳跃性的、不同层面的信息获取。而且,触摸屏的高度应根据成人、儿童、残疾人不同的高度来设计,以体现人性化的服务。导览触摸屏能清楚、明确地显示参观者当前的位置,并让参观者了解各展厅的展示内容、资料、信息,可以起到很好的导引作用。

### 3. 展厅互动项目

主要是结合展览,制作延伸的背景知识介绍和互动游戏、知识问答等内容,包括文字、图片、视频、音频、动画等各类表现形式。如恐龙知识问答、恐龙拼图等互动项目,让观众亲自操作,自由选择内容。这种方式不仅让观众产生了亲切感,而且让观众在欣赏展览展品的同时,增强了观众的参与性,对知识的获取也更直接。这些项目尤其受到少年儿童的喜爱。纽约自然历史博物馆是世界上最大的博物馆之一,深受中国孩子喜欢的电影《博物馆奇妙夜》就是在这里拍摄的。该馆设计了"自然与科学"互动项目,让3岁以上的孩子,在家长陪同下玩耍。在"发现厅"里面陈列着人类学、自然标本和动植物的培育箱,孩子们穿上

小夹克,拿上放大镜去"发掘恐龙"、认识标本,活动结束后给他们颁发毕业证。而在华盛顿弗利尔和赛克勒艺术博物馆,则在制作室里摆满了各种各样的手工作品,有纸做的荷花、船、中国庭院、万圣节面具,等等。在举办中国青州展时,他们教孩子学做菩萨的首饰;在中国庭院的活动中,他们让孩子学写诗。由此可见,博物馆中的互动项目对于儿童启蒙教育意义深远。

### 4. 空中翻书

空中翻书是指通过投影的方式让观众可以看到相关的介绍。这种互动技术是在展台上放置一本翻开的虚拟图书,当参观者在展台前方伸手做出翻书的动作时,这本虚拟图书就会翻页,让观众浏览图书的内容,在展示栩栩如生的动态翻页效果时,使观众获得更多的知识点。

### 5. 数字导览讲解

为观众提供自动指路和多语种自动讲解服务,观众可以自由选择参观路线,并根据自己的需要选择不同的语种聆听讲解内容。随着多媒体技术的不断发展,目前最先进的博物馆导览系统不仅能提供语音导览,还能配备文字、影像及动画等多媒体支持,观众可以通过触摸屏幕来"转动"展品,从而可以从任意角度欣赏展品,实现了观众在自主中的互动过程。

在设计每一个多媒体展陈项目时,我们都需要具体分析展览的特点,明确多媒体技术的运用点,真正做到画龙点睛,力求技术应用与内容表现达到无缝融合,使观众能在不知不觉中进入多媒体技术所表达的展览环境中。

多元化互动展示,就是在陈列展示中有意识地配合主展项设置一些特殊展品,或根据科学原理制作相关展项,提供给观众可看、可触摸、可玩耍的互动项目,使观众主动寻觅知识。通过对主题的分析、理解和体会,根据不同的主题和不同的观众,有针对性地营造不同的展示环境,运用不同的角度,多方位地寻求能激发观众个性化体验的方法,使他们通过藏品和各种展示道具燃起想象的火花。

### 二、博物馆建筑和园区中的互动展示

在博物馆的建筑设计中,以体现节能与环保的绿色主义作为设计原则,综合运用当代建筑学、生态学以及其他技术科学的成果,把建筑建造成一个小的生态系统,为观众提供一个生机益然、自然气息浓厚、方便舒适且节省能源、没有污染的参观环境。运用绿化、通风、自然采光等方法,顺应地形、阳光、自然取材等原则,既可达到节约能源的目的,又能展现地方特色,使博物馆建筑更能接近人性化、自然化、天人合一的理想。

在博物馆的园区建设中,应营造生态教育的氛围。天津自然博物馆就建有近 8000 平方米的庭院花园,在庭院中不仅有灭绝动物纪念园,还有大量产自于天津蓟县的硅化木化石,并用这些化石组成了石桌、石凳。这种设计形式让观众在休闲的同时,通过亲手触摸化石,来感知自然无穷之魅力,以促使人们更好地保护现今居住的地球。目前,天津自然博物馆新馆正在筹建中,新馆主题定位为"家园",环境设计主题着意于人与自然的结合,突出自然景观对人的感染力。通过远古生命步道、生态岛植物多样性、珍惜濒危动物、远古生物雕塑、远古硅化木小品、现代抽象雕塑符号等多种互动形式的运用,来构成意义深远的自然隐喻,既与周边的城市文化景观相融合,又体现了"家园"的文化主题。自然元素的适度运用,给博物馆广场空间营造出一定人性化空间的围合感,让观众在不知不觉中完成了视觉和心理上的空间过渡,感受到富于变化的建筑造型和景观特色,步移景异,情景交融,创造出一种更加自然、更加丰富、更加鲜明的博物馆城市意象空间。

### 三、互动式讲解

讲解是以韵律、有节奏感的动态艺术方式,作为陈列与观众之间的中介,促成和谐完美的展出活动,生动的讲解可以使人心悦诚服。若流于形式,即使再丰富的陈列内容,也会使观众落入空洞玄虚、枯燥无味之中,使科普传播黯然失色。知识和语言技巧是讲解艺术的基本要素,知识是基础,语言则是手段,只有将二者有机地结合起来,才能展示出讲解的无穷魅力,给人以知识的启迪和美的享受。

1. 互动讲解是在自然类博物馆形式多样的展示方式的基础上进行的。这种互动教育就是在陈列展示中有意识地配合主展项设置一些特殊展品,或根据科学原理制作相关展项,提供给观众可看、可触摸、可玩耍的互动项目,使观众主动寻觅知识。随着这种互动讲解方式的出现,对讲解工

作也提出了一种新的模式,怎样把"讲"与"动"有机地结合起来,使观众在亲手操作中获得知识。这就需要讲解员不要急于"讲",而是先让观众"动"起来。在天津自然博物馆展厅中就设计有很多供观众参与的互动项目,如恐龙拼图、与古象比脚印、动物问答等,很多观众尤其是青少年观众都想亲自试一试。等观众"动"起来之后,讲解员再引导观众回答一些关于自然、生物方面的问题,这样既减少了观众参观过程中的疲劳感,又能让观众在互动和游艺中获得知识和教益。

2. 由讲解员对观众开展不同内容、不同主题的科普报告会,这种互动的新颖讲解模式深受观众欢迎。这种模式打破了科普报告会中"你讲我听"的被动局面,而让每一位听众都行动起来,如现场宣誓、有奖问答、放飞蝴蝶等互动项目。这时的主讲者已不仅仅是一名讲解员,更多的是一名科普传播者。这些互动项目,既能调动参与者的兴趣,认识科学原理,强化科学理念,又能激发他们探索大自然的欲望,吸引他们去思考、去探索、去创造。

3. 木偶剧、童话剧是孩子们所喜爱的节目,作为自然类博物馆,可把一些动物方面的小知识用拟人、比喻的手法编排起来,为观众表演。这种寓教于乐的形式,也是一种很好的互动讲解方式。题材的编写应以政府关注、百姓关心的社会话题为主,辅以相关的科学实验,配以相应的剧情,通过艺术表演的形式弘扬科学精神,宣传先进理念,促进社会和谐发展。科普剧将科学与艺术自然地融为一体,拉近了科学与观众的距离,拉近了展览与观众的距离。以深受孩子们喜爱的卡通人偶形式,将生态环境教育深入到每个孩子的心中。如天津自然博物馆创作并由讲解员表演的《鸟儿的心声》,就用通俗易懂的语言和演出方式,向孩子们展示了动物与人类应和谐相处的生态教育理念。

同时,讲解员还可带领学生前往自然保护区开展实地生态保护和生态道德教育活动。如组织夏令营,到保护区进行动、植物标本采集,并现场讲解怎样识别植物,蝴蝶标本怎样制作等;在爱鸟周期间,组成爱鸟护鸟小分队,亲手制作鸟巢并进行安挂。让他们在参与活动中产生热爱大自然的情感,增强生态道德意识,规范生态环境保护行为。结合爱鸟周、植树节、地球日、环境日、减灾日及文化遗产日、志愿者日、科普日等有利时机,通过讲解员不同侧面的互动讲解教育模式,对公众进行广泛的环境和生态道德宣传。例如,组织观众参与某些自然科学研究实验和动植物标本采集、制作和收藏等活动,通过互动讲解使参与者掌握某些标本的形态、分类、遗传、进化特征,获得形象和系统知识,增强理性认识。此外,还可以让讲解员带着展览,前往视力障碍学校和语言障碍学校进行宣讲,让这些特殊观众群体亲手触摸千姿百态的实物标本,感受大自然的奥妙。同时将展览送到社区、偏远山区、工矿学校展出,让观众近距离地享受自然类博物馆的公共文化产品服务。

4. 在讲解中从保持生态平衡的重要性、必要性、紧迫性中,有意识地向观众灌输生态道德的理念,达到生态道德教育的目的。1935 年,英国生态学家 A. G. Tansley 首次提出生态系统理论,如今"生态"一词在我国已广泛使用,而部分中小学生对生态及生态道德概念的内涵却知之甚少。利用博物馆的人才资源优势,组织广大青少年前往自然保护区,开展实地生态保护和生态道德教育活动。让他们在参与活动中产生热爱大自然的情感,增强生态道德意识,规范生态环境保护行为。在进行考古挖掘活动中,应向学生阐释恐龙灭绝的最新研究进展,同时也应从中引发学生对生态环境的思考。让学生在享受自然科学知识大餐的同时,自然而然地提升自然观、生态观和生态道德素养。同时也可请现场观众讲述对生态平衡重要性的见解,倡导绿色消费的生活方式。鼓励青少年从点点滴滴做起,减少乃至杜绝生态破坏、环境污染和资源浪费行为,让更多的青少年成为生态教育的宣传员。

博物馆作为为社会公众服务的场所,既要发挥固有的优势,又要跟上时代步伐。所以博物馆应运用互动模式,通过立体的、全方位的展示手段和方法,从不同的层面与角度展示主题。互动模式从创造和接受的层面更加体现了博物馆"以人为本"的理念。

**参考资料:**

龙霄飞《多媒体展示对博物馆形象宣传与展览的深化及提高》,《中国博物馆》2007 年第 3 期。

马希桂等《博物馆社会教育》,燕山出版社,2006 年。

# 浅谈博物馆讲解员态势语言的运用技巧

张胜男

博物馆讲解员的态势语言是指讲解员在带领观众参观过程中的表情、目光、姿态、方位、服饰、动作等无声语言。态势语言虽然不是讲解的主体,但能够极大地强化讲解的效果,充分体现讲解工作的人情味与艺术性。

讲解员态势语言直接诉诸观众的视觉器官,在与观众的沟通交流中具有相当重要的意义。美国传播学家艾伯特·梅拉比安曾列出信息表达的公式,即信息的全部表达是依靠7%语调+38%声音+55%表情。也就是说,在信息传播过程中,信息沟通只有38%是凭借有声语言进行的,而大量的信息则是通过表情等态势语言表达出来的。观众获得的信息大部分来自视觉,因而美国心理学家艾德华·霍尔曾十分肯定地说:"无声语言所显示的意义要比有声语言多得多。"如果讲解员不注重态势语言的运用,认为只要掌握内容丰富的讲解词,就能当一个优秀的讲解员,那么往往会得不到观众的认同。

态势语言主要包括肢体、方位、服饰、表情四个内容。与口头语言相比,态势语言表现形式丰富、传播载体多样,几乎全身都可以成为信息的传播载体。态势语言内容含蓄、表达委婉,讲解员应熟练掌握这些信息传递的方式,使得观众参观时能够真正理解展览、掌握重点、增加兴趣、开阔眼界。因此,讲解中态势语言的应用看起来微不足道,但如果运用得当,会给讲解工作带来意想不到的效果,对讲解工作大有裨益。

## 一、肢体语言的运用

肢体语言是指讲解员在讲解过程中利用手势、头部等肢体动作将信息传达给观众。由于不同文化背景的观众其态势语言的含义不同,因此讲解员使用肢体语言要事先了解观众客源地的文化,以免造成误解。肢体动作运用包括手势、头部动作、身躯姿态等运用。

1. 手势的运用

手势动作在整个态势语言中运用频率最高,它不仅能够表情,还可以说话、示意。古罗马政治家、雄辩家西塞罗曾说:"一切心理活动都伴随着指手划脚等动作,手势恰如人体的一种语言。"手势语言可以明显增强讲解时的表达效果,比如在讲解中表达坚定时,以一手握拳往下划动;要求观众安静的时候,两手可以往下轻压。另外,手势语言还能辅助口头语言以明确其语义,比如讲解员说"我们博物馆的镇馆之宝就在那边",如果不用手势语言进行辅助,语义就比较含糊,别人不知道"那边"是指哪边。在个别情况下,手势语言还可以单独使用,如对一文物的讲解告一段落时,讲解员右手前伸示意观众跟随其来到下一个物品展台。在某些情况下,讲解员运用手势语言要注意避讳,比如在清点观众人数的时候,讲解员绝不能用手指指着观众来清点,因为这是不礼貌的行为,一般采用默数法,也就是用目光来点数,同时手垂下或放在身后。

2. 头部动作的运用

这种态势语言的运用,表示允许观众的行为或者感谢观众的合作。如果不方便直接用语言来表达,可以向观众点头。比如在讲解过程中,有观众轻声提出想去洗手间,讲解员为了不中断讲解,不影响其他观众的情绪,可以轻轻点头表示同意。另外,讲解员在倾听观众对某些服务的意见时,适当地利用点头,鼓励观众讲完所有内容,不仅可以表现对观众的尊重和理解,还能及时发现问题和解决矛盾。

### 3. 体态的运用

在讲解过程中,讲解员的举手投足、昂首挺胸等都能影响观众脑海中对讲解员的印象。古语说"站如松,坐如钟",说明了讲解员体态语言应以自然、端正为标准,让观众觉得顺眼放心。比如在讲解时,讲解员应该两腿微微分开保持平衡,身躯微微向前倾,保持整个体态自然稳重。忌讳在讲解中双手叉腰、身体歪斜或手插口袋等不礼貌的举止。

### 二、方位语言的运用

方位语言是指讲解员通过调整自己与对象之间的距离、位置来传达信息的语言。方位语言反映了讲解员与观众双方交往意愿的人际关系。

### 1. 距离

社会心理学家的实验表明,人体距离在 0～45 厘米表明是亲人之间的关系;人体距离在 122～610 厘米双方是同事、熟人;人体距离在 610 厘米以上是公众关系。根据社会心理学的研究,讲解员与观众之间最佳的距离是 200～350 厘米,因为观众对亲密距离十分敏感,如果讲解员随便进入亲密距离会招来强烈反感,尤其是在接待重要来宾和领导时。讲解员应退步走或侧身面对来宾行走,在室外讲解时,讲解员一般走在客人的右侧中间靠前位置,把主道留给客人,身体微侧,切记避免背对观众。接待外国观众时,更不要随便拍、拉客人身体。当然,如果为了讲解的需要,讲解员也可以进入观众的亲密距离,但要有所保留,以免让观众产生误解。

### 2. 位置

社会心理学家的研究表明,两个人相处时会根据彼此的活动与相互关系自觉不自觉地保持在一定方位上。在讲解过程中,讲解员与观众之间通常采用合作位置和交流位置。合作位置是指讲解员与观众处在同一水平线上,双方面朝同一方向。比如在讲解间隙,讲解员引导观众前往下一个展厅过程中,与观众并肩前行且边走边聊,则表示讲解员与观众目标一致,关系良好,愿意合作。交流位置是指讲解员侧对观众,双方的正面视线虽然不一致但互相交叉。在大多数讲解场合,讲解员要利用交流位置与观众相处。观众既可以清楚听到讲解员所说的全部内容,又会愿意将自己的疑问随时向讲解员提出。

### 三、服饰语言的运用

服饰语言是指讲解员通过服装和饰品传递信息的态势语,主要包括服装语和饰品语。服装语由多种构成因素如款式、颜色等组成。饰品语即佩戴的各种装饰品,比如项链、手镯、手链、胸花、发卡等。服饰有着极强的信息传递功能,关系到观众对讲解员第一印象的好坏,因此讲解员要特别注意自己的服饰。

### 1. 服装

文博系统的讲解员一般都有专门的工作服,基本遵照"TPO"的国际着装原则,即符合时间(Time)、地点(Place)和活动目的(Object)的要求,也就是要做到整洁、得体和实用,不穿奇装异服、不皱皱巴巴、不邋里邋遢,让观众感到活跃、青春而富有魅力。一些民俗博物馆的讲解员还可以穿着一些有民族特色的服装,如旗袍、少数民族服装等,让观众眼前一亮,使博物馆的形象更加丰满,也大大提高观众的游兴。

### 2. 饰品

饰品能美化讲解员的仪表、增强讲解员的形象,但要注意的是,讲解员在佩戴饰品时不能哗众取宠、珠光宝气。要恰当地选择饰品,配合自己的身份,尤其是对海外旅游者和老年人,更要注意。

### 四、表情语言的运用

表情语言就是讲解员通过面部流露出来的能反映内心变化的动作、状态和生理变化等,比如微笑、眼神等表情,以此来影响观众的情绪。著名作家罗曼·罗兰指出,面部表情是多少世纪培养成功的语言,是比嘴里讲的更复杂到千万倍的语言。讲解员运用比较多的是微笑和眼神,以此来加强与观众的沟通和交流。

### 1. 微笑

中国有句老话叫"人无笑脸莫开店"。微笑服务是服务行业的一条基本服务准则,也是衡量讲解员服务质量的一项重要指标,因为讲解员的微笑,能缓解观众的紧张,能拉近与观众的距离,能增添观众获取知识的兴趣。讲解员展示微笑的表情关键是自然，流露的笑意要有真挚的感情，切忌假笑或嗤之以鼻的冷笑。当然，在有些情况下不应该微笑，比如某些带有特别色彩的博物馆，如在军事博物馆，讲解员讲解艰苦卓绝的革命历史时，应该是严肃庄重的表情。

### 2. 目光

目光是讲解员通过视线的方向变化和眼睛周围肌肉的收缩来表达思想感情的一种态势语。在面部器官中，"眼睛是心灵的窗户"，是最能传情达意的。讲解员在交际中运用眼神的方法很多，比如前视、虚视、环视、点视、正视、仰视、俯视等。讲解员要学会用眼睛说话，一是在讲解时要把观众都纳入视线范围，与所有的观众保持眼睛接触，增强相互间的感情联系，不让任何观众有被冷落的感觉；二是要把自己真实的感情流露在眼睛里，用亲切、和蔼的目光与观众交流，这样能够缩短与观众的心理距离，让观众感觉到尊重，从而配合讲解，有利于讲解活动的开展。眼神的运用要根据讲解的需要，将多种方法结合起来。有些刚参加工作的讲解员，由于羞涩、胆怯等原因，不好意思直视观众，低着头，一副作检讨的样子；还有的讲解员在讲解时，两眼盯着屋顶或文物，与其说是讲解，还不如说是背书，而且给人一种傲慢无礼的印象，容易让观众产生反感。运用眼神要注意：点视要适当，不要长时间地凝视某个观众；环视要把握好节奏和周期，避免眼睛乱转。讲解员的目光应与讲解内容相配合，要善于带动观众的目光，让观众的目光停留在所讲解的内容上。无论什么情况下，讲解员都不能有鄙视、冷漠、不屑一顾的眼神，不能有反感、讥笑的目光，尤其不能斜视观众，否则会导致观众的反感，从而影响整场讲解的效果。

总之，讲解员如果能充分运用好态势语言，配合好专业的口头语言，做到准确适度、整体协调、简明自然，就能进一步加强与观众的沟通交流，增强讲解效果，从而提高博物馆讲解工作的整体水平。

**参考资料：**

张文俊《旅游工作者的礼貌修养》，中国商业出版社，1987年。

韩荔华《实用导游语言技巧》，旅游教育出版社，2004年。

邢继贤《谈博物馆讲解员职业新礼与禁忌——亮出你的优雅》，《成才之路》2011年第26期。

陈艳《浅谈讲解工作的再创造》，《中国文物报》2006年2月17日。

陈小枫《对博物馆讲解员工作的一些浅见》，《广东文博》1991年第1期。

马青云等《讲解艺术论》，西北大学出版社，1994年。

吴玲《博物馆讲解员讲解艺术初探》，《博物馆研究》2007年第4期。

杨洁《浅谈博物馆讲解员应注意的礼仪礼节》，《文物世界》2009年第4期。

仲秀林《浅谈博物馆纪念馆讲解的美育与情感》，《博物馆研究》2008年第3期。

# 关于博物馆讲解员培养工作的实践及思考

## ——以南通城市博物馆为例

汤 建

城市博物馆自开馆以来,累计接待约 80 万观众,其中团队参观约 3000 次,重要接待与一般接待均做到无一差错。南通城市博物馆始终以建设环濠河博物馆群的精品为目标,以文明热情的服务、精湛过硬的讲解受到社会各界的好评,目前已获得"南通市青年文明号"、"南通市巾帼文明岗"、"南通市文明单位"、"南通市级机关党员示范岗"、"南通市未成年人思想道德示范活动基地"、"江苏省爱国主义教育基地"、"国家 3A 级旅游景区"等众多荣誉称号。本文以南通城市博物馆为例,就讲解员培养相关工作的实践及如何进一步提升与同行一起分享交流。

### 一、关于城市博物馆讲解员培养工作的实践

#### 1. 科学合理选拔,打造专业团队

（1）多措并举选拔讲解人才

建馆之初,南通城市博物馆主要通过面向学校与社会招聘相结合的方式,通过一些本地知名演艺公司进行相关人才的举荐,进行有针对性的招聘选拔。通过以上方式,形成了一个平均年龄在 22～27 岁以女性讲解员为主、男性讲解员为辅的 7 人讲解接待团队,团队成员中有的有广播主持人经验,有的有模特表演经验,有的有礼仪接待经验,有的有民办教师教学经验,应该说当时的讲解接待队伍在时间紧、任务重的情况下组建比较成功。

（2）建立专、兼职的讲解团队

经过开馆期间的试运行,城市博物馆设置专职讲解接待岗位三人,同时在办公室人员中选择一些形象好、能力强的作为兼职讲解员储备,成员为两人,作为讲解团队的有效补充。

#### 2. 加强基本考核,提升服务细节

（1）实行基本考核制度

首先,对出勤、着装、上岗、规范文明用语等基本情况进行考核,并实行专人负责制。其次,完善接待工作程序,严格执行接待工作流程,接待工作一律按接待任务单位准确无误操作。同时,开展优质服务竞赛,将岗位人员情况、讲解服务承诺等相关内容公布上墙,并且设置了馆长信箱、服务意见簿等。

（2）提升细节服务水平

近两年以来,城市博物馆切实围绕"提高接待水平、完善服务细节"这一工作目标,立足服务,从细节入手,制定完善了一系列服务措施,细化到每一个参观点和环节都有服务预案。鼓励讲解员在实践中不断优化自身素养,一步一个脚印地提高讲解接待能力,从而树立了讲解员良好的社会形象,全面有效地提高了讲解队伍的整体素质。

#### 3. 加强全面学习,提高自身素质

（1）实行外出学习计划

充分利用各项资源,继至苏州规划馆学习培训后,2011 年城市博物馆又积极联系省内的南京规划馆,并于当年 4 月份陆续安排了两批讲解接待的一线人员赴南京进行为期一周的实地学习培训。每次学习与培训回来之后,城市博物馆均召开专题座谈会议,总结学习心得体会,为下一步提升讲解接待水平打下了良好的基础。

（2）积极参加专题培训

2011 年 5 月,城市博物馆安排一名资深讲解员赴浙江杭州规划馆参加针对提升讲解接待水平的"美丽课堂"专题学习培训。同年 10 月,又安排一名新招聘的讲解员参加在天津规划展示馆召开的第二届第一次全国规划展示年会。通过以上的

专题培训,让讲解员在加强与同行交流的同时,不断提升自身讲解接待水平。2012年7月,城市博物馆又派年轻的讲解员赴北京规划馆参加由中国城市规划协会专业展示委员会组织的第一期全国规划展示行业讲解员培训班,取得了良好的效果。

（3）采用"请进来"方式进行培训

邀请了南通市旅游职业高级中学高级教师、市美术家协会理事徐培建老师来馆做专题礼仪培训,邀请南通文化界的专家赵明远先生来做南通文化专题培训,邀请南通大学的英语老师来指导英语口语的学习,并全面组织讨论各类培训的心得体会。

（4）重视日常的业务知识积累

每周五下午在规定时间内,组织讲解接待人员进行业务学习与交流,组织学习每周星期一至星期五的《南通日报》与《江海晚报》的最新城市资讯,同时学习其他文博报纸与期刊的最新内容,形成常态化的学习积累模式。

4. 积极参加比赛,展示年轻风采

（1）参加相关持证考试

鼓励讲解员参加江苏省导游员资格考试、全国普通话等级考试以及朗诵、文秘等相关资格考试,对通过考试的员工可以采取全额报销学习费用的激励制度。2012年,城市博物馆所有专兼职讲解员均通过普通话二级甲等考试,部分讲解员正在参加导游资格考试。

（2）参加市讲解职业技能大赛

2012年11月,南通市举办第二届讲解职业技能大赛,来自全市各文博场馆和旅游景点的63名专业选手以及市部分小学的33名少儿志愿者参加了此次比赛。通过11月3日和4日的初赛、决赛、才艺展示等项目的角逐,我馆参赛的两名选手分别获得了专业组的三等奖与优秀奖。城市博物馆同时荣获比赛组织奖。通过这次集体组织参赛,检阅并展示了我馆讲解员的语言运用能力和综合素质,也增强了同行之间的相互交流与学习,更让讲解员发现了自身的长处和不足,明确了今后工作的努力方向。

**二、城市博物馆提升讲解工作的几点思考**

1. 讲解团队应保持合理的年龄结构

在实际运行中,讲解员一般以女性为主,通常

在年龄过了26周岁以后,会进入一个结婚生育的高峰,所以为了避免工作中的被动性,应主动考虑人员年龄结构的合理性。笔者认为,人员构成应以23周岁以下、26周岁以下、30周岁以下、35周岁以下四个年龄层次为宜。

2. 在讲解员的考评中推进星级评定制

具体可以细分为四级、三级、二级、一级、特级五个讲解员等级,分别依据五个等级设置相应的岗位津贴并按月进行发放,可以每年或者每两年进行讲解等级的考核。

3. 重视讲解接待的服务质量评价

由部门领导参与讲解接待的全程保障工作,并且向团队的相关人员发放质量评价表格,进行相关的收集与整理,实行全面的跟踪与服务考核制度。

4. 发现并培养优秀男性讲解员

目前,各博物馆的讲解员几乎清一色为女性,应努力挖掘男性讲解员的合适人才,进行全面培养。男性讲解员的胜任,将是博物馆又一道与众不同的风景。国家5A级旅游景区南通濠河风景区的首席讲解员为一名男性便是一个成功的范例,他接待过很多领导与重要嘉宾,得到业界同仁的高度赞誉。

5. 外派讲解员参加市里重要活动

作为一名优秀的博物馆讲解员,应该有能力参与其所在城市的重要活动及展览的讲解接待。以与南通城市博物馆一河之隔的南通博物苑为例,讲解队伍先后参与了江苏省第十六届运动会、第九届亚洲艺术节、南通市港口经济洽谈会等重大活动的前期筹备工作和现场讲解接待工作,通过参与活动,既展示了团队的集体风采,又提升了博物馆的社会知名度。

6. 避免优秀人员流失,建立转型与晋升机制

2012年,城市博物馆的一名优秀讲解员考取了江苏省公务员,已经去省司法系统工作。因此,博物馆应充分考虑讲解员的个人职业发展,选择讲解经验丰富的人员作为讲解员组长,同时安排人员从事文秘工作,并作为办公室（行政部）储备干部重点培养,为今后的成功转型与发展奠定良好的基础。

# 浅谈学习博物馆讲解的步骤与方法

周　燕

在今天的博物馆中,讲解是一项非常重要的工作,它能起到联系观众与展品的桥梁作用,并且直接影响到博物馆在公众心目中的形象。但是,目前我们国家还没有一所讲解员的专科学校,也没有一所学校设置有讲解专业的课程,更没有系统的学习讲解的教材,现在都是"各馆为政",靠传、帮、带的方式传承方法、摸索工作。根据自身这些年的讲解工作,我觉得学习讲解还是有规可循的。对于一个有志于从事讲解工作的人员来说,只要掌握了学习讲解的步骤和方法,就可以有效避免在学习讲解的道路上走弯路。本文结合自身体会,把学习讲解分为四个阶段,即入门阶段、见习阶段、实施阶段和成熟阶段,并分别论述不同阶段的特征、关键事项及突破方法,希望这些切身的体会能起到抛砖引玉的作用,对博物馆讲解工作的理解与学习能有所裨益。

## 一、入门阶段(学习初期)

刚接触讲解时,大多数人比较茫然,只是一味地效仿别人,自觉或不自觉地处于一种自然无序的状态,只想尽快地把讲解词背熟、记下,从自己的口中顺利地说完就算完成任务。这时对正确的讲解方法、标准还不明确,这种状态和过程是很正常的客观现实。但值得注意的是,启蒙教育十分重要。开个好头,除了背熟讲解词、记准内容外,还一定要明确以下几点。

### 1. 忠实讲解词

一般情况下,基础讲解词会经过多方的审核后,在确保讲解内容无误的情况下才能发给讲解员。对于一个刚刚涉足讲解工作的人来说,在拿到讲解词后一定要原原本本地按照讲解词的内容背诵,不能根据自己的理解有任何的修改,因为这时的你对展览的内容特别是展览的思想和重点等还不能正确把握。在忠实讲解词的情况下,分析讲解词、理解讲解词,突出主题、掌握重点。

### 2. 普通话标准是讲清楚的第二步

中国博物馆的创始人张謇是一个率先倡导语言文明的人,他曾说教育的传播"端恃语言文学",并希望国家能尽早地统一语言。在现代社会中,普通话的应用已经渗透到社会生活的方方面面,作为博物馆的讲解员尤其要注重普通话的发音标准,讲究说话的字正腔圆。现在的博物馆大多会安排讲解员练习基本功,这个基本功包括发声方法练习、呼吸方法练习、口腔操练习等,通过这些练习可以使讲解员能正确利用自己的气息来发声,同时还能有效地保护嗓子。在讲解中,普通话标准是前提,其次还要安排好讲解当中的抑扬顿挫,需要有节奏感和语言的美感,并且要求声音洪亮、调式适中。

### 3. 讲解是一门综合艺术

讲解除了有声语言外,还需要配合有健美的形体、得体的着装、适合的妆容、适度的动作、优雅的礼仪,在指示讲解对象时要做到准确利落,并且手到眼到,不能有表演的痕迹,讲究自然大方。

### 4. 取人之长补己之短

在讲解初学阶段,闭门造车是不行的,应多开展讲解观摩活动,让讲解员之间互相点评,指出讲解中不适宜的动作、神态等,相互监督;学习别人的优点,相互促进。

### 5. 精神饱满,声情并茂

遵循以情感审美为纽带,以历史文化为底蕴,以有声语言为特征,以传播优秀文化知识为目的的原则。

在讲解的入门阶段，讲解员一定要明确以上这几点，端正学习态度，踏踏实实打好基本功，为以后的讲解打下坚实的基础。

**二、见习阶段（熟悉过程）**

这是一个再次创作的过程。这时要进入展厅，把讲解词的内容与陈列的版面（照片、文字、展品、图表）有机地结合起来，设计好讲解路线，安排好自己和观众的位置，熟悉、理解陈列思想、意图，学习陈列大纲。比如每一部分主要反映什么问题，必须提纲挈领地讲述，总体要达到纲举目张的效果，防止"只见树木不见森林"的讲解。如果讲解员只讲展品，不讲陈列题目，就会显得支离破碎。如果把每一部分的陈列主题把握了，在讲解内容上就可以伸缩自如了，可以扩展，也可以简练。在这里还要完成以下几个转换。

1. 把讲解词中的古汉语转换为现代词语

在博物馆讲解中，特别是讲历史或者文物时，有时会引用古人的语录，那就会涉及文言文，如果讲解员照搬文言文，不做任何解释，游客可能就云里雾里不能理解，有时还会让游客产生一种讲解员在卖弄文字的怀疑，并对讲解员产生不信任感。这是一种非常糟糕的现象，同时也不利于讲解工作的正常开展。如果讲解员能对所引用的文言文做解释，这样不仅能提高讲解员的讲解效果，同时游客也能明白讲解员为什么要引用这段文言文，还能拉近讲解员与游客之间的距离，使得讲解顺利进行。

2. 把专业术语转换为通俗易懂的语言

在自然类或科普类的陈列展览中经常会有一些专业术语，这对不属于这个领域的普通游客来讲就会显得比较深奥，因此需要对这些专业术语进行转换。以笔者所在的博物馆为例，在讲解员讲到南通海安青墩遗址出土的动物骨骼亚化石时，游客都对什么是"亚化石"感到疑惑，这时讲解员就应该对游客解释说："亚化石是保存似化石的生物遗体，但是它的石化程度相对较低，还没有完全形成化石。"通过这样的解释，能加深游客对所看展览的印象。

3. 把别人的东西转换为自己的知识

从刚拿到讲解词的生硬背诵到能熟练背诵，并逐渐把讲解词的内容变为自己知识结构中的一部分，这是学习讲解过程中一个必经的阶段。而且在见习阶段中，观众也会反馈一些符合陈列展览的信息给讲解员，讲解员在甄别筛选后可以添加到讲解词中，丰富讲解内容。

4. 把汉语转换为英语、日语等外语或民族语言

在中国博物馆的创建之初，张謇先生认为在普及和传播知识的博物馆，讲解员"必得通东西洋语言文字"才有利于工作。这种理念在民智待开的当时尤其显得珍贵。今天随着我国对外开放的不断扩大，国际地位的不断提高，在博物馆的接待中经常会遇到外国友人，这就需要博物馆讲解员在准备中文讲解词的同时还要准备外文讲解词，并且所有的讲解员都要会一些简单的日常英语以备外宾的咨询。笔者所在的南通博物苑经常会遇到来自日本和以英语为母语的外宾，因此本馆讲解员还专门准备有英文和日文讲解词。

5. 讲解员心理（理念）的转换

在见习阶段，讲解员就要树立起"观众至上"的服务理念，能积极维护观众的合法权益，同时讲解员还必须要具有敬业奉献精神、强烈的事业心和高度的责任感，要有热爱观众的情感品质，能主动、热情、耐心、细致地服务观众。

**三、实施阶段（积累过程）**

实施阶段是学以致用时期，这里要调节好以下两个关系。

首先，要调节好讲解员与观众的关系。讲解员的一言一行都会对观众产生一定的影响，讲解员应遵循以下几点：第一，"观众至上"原则。"观众至上"是博物馆讲解服务的根本宗旨，也是讲解员处理问题的出发点。讲解员应始终将观众放首位，时时处处为观众着想，为观众提供热情、真诚的讲解服务，使每一位观众来到博物馆都能感到温暖、亲切，感到自己身处和谐的氛围之中。第二，"兼顾全局"原则。这就要求讲解员在讲解过程中要不偏不倚，对每一位观众都要一视同仁。即使遇到一些比较能沟通的观众，也不能让他们垄断了你的时间，从而冷落了其他的观众，这种厚此薄彼的做法不利于讲解工作的顺利进行。第三，"合理而可能"原则。"合理而可能"的原则既

是讲解服务的原则,也是讲解员处理与观众关系的一个准则。观众往往把博物馆参观理想化,往往会产生求全心理,提出种种要求、意见和建议,少数观众还会一味挑剔。处理好观众的要求、意见和建议意义重大,有时会影响整个讲解的成败。当观众提出意见、要求时,讲解员应当认真倾听、仔细分析,看其是否合理,能否实现。对观众的指责和挑剔也要认真对待,分析其中是否有合理的成分,凡是合理又有可能实现的,讲解员都应该努力去做。对不合理或者不可能实现的要求和意见,讲解员要耐心解释,使观众心悦诚服。

其次,要调整好讲解员与陈列、展品的关系。讲解员是"中介",是展品的代言人,对展品的理解、把握,是展示业务技巧和讲解水平的重要标准。在陈列内容一成不变的基础上,讲解员就必须要对展品进行深层次的挖掘和钻研,更要具备一定的专业知识和社会知识。一件文物,一件展品,一张历史图片,除了有它必不可少的历史意义和价值外,还包含有丰富多彩的文化信息。因此,要在充分熟悉、理解讲解词的基础上,能够从不同角度将其表达,向观众阐释从展品外观所看不到的深藏在其中的文化内涵,特别要注意不能只是单纯、孤立地讲解藏品或历史,还要介绍陈列主题以及博物馆(纪念馆)与观众共同感兴趣的社会、文化课题等。同时,在讲解过程中,讲解员要把最好的视角让给观众,把展品的正面留给观众参观。牢记,讲解不是展示自己,而是展现文物。

### 四、成熟阶段

表现在讲解员对内容的掌握、环境的熟悉、观众的驾驭能力等都达到了得体、自如的水平,这时会产生一种成功的喜悦,并且成功的轻松感也油然而生。在讲解达到成熟阶段时,最容易产生没什么可学的了,可以坐下来吃老本了的思想,并且逐渐对讲解失去激情,也没有了新鲜感。其实这时候,要向更高层次追求,探索、树立新的目标,并且要努力使自己具备以下几个能力,成为一名"专家型"的讲解员。

1. 具备学术研究和掌握学术观点的能力

博物馆收藏文物的最终目的不是收藏,而是对文物藏品进行深入研究,并且将研究的成果通过讲解员向游客进行知识传播,使观众能够分享

博物馆的研究成果。长期以来,讲解员只是作为宣传者存在,而专家型讲解员应具备一定的研究能力,在一定的研究领域内具有较深厚的造诣,对博物馆展览和藏品有准确的认识,熟悉和了解博物馆相关专业领域的最新研究成果,如考古发掘的最新发现、新征集文物的最新资料等,把握博物馆的最新学术观点,为观众提供高水平、专业化的讲解,更好地实现博物馆的教育传播功能。

2. 具有将学术观点转化为通俗语言的表达能力

博物馆讲解是一门综合性艺术,涉及多门专业学科。专家型讲解员应该能根据博物馆的展览专题,确定自己的研究方向,及时掌握学术发展动态、最新考古成果、史料的披露,了解不同的学术新观点。由于有些学术观点理论性较强,讲解起来比较枯燥无味,以致观众对讲解内容缺乏兴趣。在这种情况下,就需要讲解员运用自身广博的知识,在分析和理解不同学术观点之后,运用通俗易懂的语言为观众讲解,使观众在参观展览中吸取知识、释疑解惑、感悟真谛、陶冶情操。

3. 具有"因人施讲"的能力

在讲解工作中,最难做到的就是在讲解过程中讲解员能驾轻就熟地"因人施讲"。如果讲解员千篇一律地背稿子,就像机器一样,那将失去讲解的针对性,难以收到感人的效果。面对不同层次的观众,他们有年龄、阅历、职业等方面的差别,比如儿童、成人、学生、教师、专家、政府官员、外宾等,专家型讲解员都要在讲解内容上加以区别。"因人施讲",首先要明确"给谁讲",运用所学的教育学、心理学等方面的知识,抓住观众的心理,发挥自己的特长,然后再考虑"讲什么"和"怎么讲"。做到"因人施讲",就要了解观众的心理和需求,分析他们的参观目的和动机,根据不同类型参观者的特点,设计相应的讲解方案。

### 五、结语

综上所述,博物馆讲解的学习可以说是有规可循的,学习讲解的这几个步骤也是每个讲解员成长过程中必经的历程。这四个阶段不是孤立的,它是一个递进的过程,前一阶段为后一阶段的学习奠定基础,所以初学讲解时一定要端正学习

态度,按照阶段的顺序去学习,切记不能采用跳跃式的学习方式,而略过某一阶段。

有很多初学讲解的人错误地认为,入门阶段是最简单的,只要把讲解稿背下来就可以去展厅为游客讲解了,甚至可以把这一阶段省略,直接在展厅边背书边为游客讲解。其实恰恰相反,入门阶段是非常关键的,如果刚开始的起步定位就是不准确的,以后就很难改变过来。如果缺失这一阶段直接上岗,就会缺少发声方法、呼吸方法等练习,那么在长时间的讲解后,由于发声用气的不正确,在连续讲解时会觉得非常累,特别是嗓子吃不消,那样也不利于讲解工作的进行。另外,在入门阶段还要对讲解员进行礼仪、形体等全方位的培训,所以这一阶段学习的好坏对以后讲解的整体效果有着非常大的影响,因此入门阶段的学习可以说是做好讲解工作的基础。

见习阶段是讲解员把讲解词背熟后到展厅进行实习讲解的过程,这个过程相当于把之前入门阶段学习的基础再夯实一下。刚接触讲解工作的人可能认为,既然已经把讲解词背熟了,就可以去展厅直接为观众讲解了,所以这一阶段是可有可无的。其实,见习阶段的培训是训练讲解员能独立完成一个常规讲解接待的必备过程,是训练讲解员能独立设计讲解线路,完善讲解内容,并使讲解内容与陈列展示有效融合的一个训练过程。如果缺失这一阶段的训练直接去为观众讲解,因为不能根据观众的要求合理设计讲解路线,在讲解上出现内容与展板不能融合,会让观众听着有背书或云里雾里的感觉,诸多不和谐的因素会让观众产生"这个博物馆没什么好参观的"想法,这将大大影响博物馆的形象。所以,见习阶段的学习是非常重要的,它为讲解员接下来参与正常的讲解接待做好准备。

实施阶段是指讲解员已经参与博物馆的日常讲解接待工作,这个阶段如果没有进行很好的学习和打磨,只是像复读机一样千篇一律地给观众背诵讲解词,那么有些观众在听讲时会觉得平淡无奇,并且逐渐脱离听讲的队伍。这时讲解员若不做任何补救,任凭这种现状维持,那么讲解内容和风格就会一直处于一种稚嫩的状态。在讲解过程中,如果对观众提出的要求和意见也不能很好地处理,就会出现被观众投诉的现象。如果不及时纠正自己的态度,或者继续忽视这个阶段的重要性,那么讲解状态就会越来越糟糕,最终被淘汰出讲解队伍。

成熟阶段是指经历过几年讲解工作的磨炼,已能游刃有余地胜任讲解工作。处于这个阶段,讲解员最容易出现安于现状甚至是不求上进的想法。如果一直保持这种状态,久而久之也就失去了讲解热情,那么长时间后就会被后来的年轻讲解员赶上并替代。同时,由于在此期间没有在博物馆的任何一个专业上有所钻研,所以最终会处于一个尴尬境地,即随着年纪的增长逐渐不适合讲解岗位,但在博物馆内又没有其他适合岗位的尴尬境地。

总之,要做好讲解工作,需要有一个终身学习的态度。初级学习阶段不能跨越本阶段而学习高级阶段的方法,而处于相对成熟学习阶段的讲解员可以灵活运用之前阶段的学习方法。讲解员只有处理好各个阶段中自己与讲解词、展厅、观众之间的关系,才能更好地做好讲解工作,更好地为观众提供讲解服务。

# 魏德栋旧藏"正心"琴款识初解

严晓星

台湾艺术大学魏德栋教授旧藏的"正心"琴，只是在一本题为《大雅清音：古琴·古乐展专辑》（基隆市立文化中心，1989 年 5 月）的图录上见到，未曾有幸亲睹实物，所以对这是怎样的一张琴，委实不能置一词。引发考察兴趣的，是书中对此琴的简略描述：

> 琴身呈牛毛断纹，琴腹内右侧阴刻"大明永乐二年昌邑黄福仿制"，左侧阴刻"大清光绪岁次乙酉天都程其武如皋姚启寅修"。年代不详。

我出生在如皋，消磨幻想，游戏童年，美好的记忆至今不能忘怀。乍逢如皋人物留下的印记，难免自作多情，如见旧雨，乃检点手边资料，由这位"如皋姚启寅"返溯，将款识中的人物一一点出，并做初步解读。这虽不是古琴鉴定的全部，却属必经之途。至于最终的鉴定，自然少不得结合实物，那也只有留待来者了。

## 黄福

"正心"琴的"仿制"者黄福（1363～1440 年）是明初名臣，字如锡，别号后乐翁，山东昌邑人。他从洪武中期步入仕途，三十六岁授工部右侍郎。明成祖朱棣登基之后，先后升任工部尚书、北京行部尚书。不久安南动乱，永乐四年（1406 年）督安南军饷。动乱平定后经营南疆一十九年，交趾大治，这是他最堪称道的政绩。宣德元年（1426 年）交趾再现动乱，又经他安抚始得平息。回朝后改任户部尚书，几年后改任南京陪都兵部尚书。正统五年（1440 年）病卒，享年七十八岁，谥"忠宣"。著有《黄忠宣公文集》。《明史》有传。

黄福调任北京行部尚书是在永乐三年（1405 年），则永乐二年"仿制"此琴时尚在南京的工部尚书任上，时年四十二岁。"仿制"云者，大约是向未为之，仿造现成古琴而斫制的意思。可惜从现存的典籍中，已经很难找到能够证明他与古琴关系的资料——他人写黄福的诗文汇编《黄忠宣公别集》基本没有（卷四的庐陵钱习礼挽诗"路人多雨泣，朝上尽伤心"只是用典）；而《黄忠宣公文集》，收录的绝大多数都是永乐四年之后的作品，其中涉及琴的几处集中在卷十三，皆为泛泛而写，看不出有什么特殊感情，如：

> □□□成新雅颂，瑶琴操合旧宫商。……轩外松风秋瑟瑟，不知焦尾共谁弹？（《寄太常冯寺丞二律》）
>
> 深樽开处新吟得，焦尾鸣时古调和。（《括苍祝画士归》）
>
> 常把琴书留眼底，不教名利到心头。（《清乐轩》）
>
> 来巢有伴双玄鹤，解愠无弦一夔桐。（《太常冯寺丞松风轩》）
>
> 天禄而今班马众，看鸣佳绩付弦歌。（《挽芸润先生》）

即使完全没有接触过古琴实物、听过古琴音乐的士大夫，以上这些诗句恐怕也是写得出来的。何况这位能臣的诗写得实在不高明，读来乏味之至。大概当年制琴也只是一时兴起，依葫芦画瓢，宦海沉浮，奔走国是，也就顾不上了。

伪造琴上名人题刻的现象极为普遍,那这一"大明永乐二年昌邑黄福仿制"的款可靠吗?在既无"正心"琴实物可看,又缺黄福笔迹比对的条件下,不妨先从逻辑上入手。大凡琴背题刻、琴腹留款属于伪造者,最常见的是斫琴名家的名款,如"雷威"、"雷霄"、"朱致远"、"潇南道人"之类,其次便是与琴有显著关系的著名文人,如苏轼、朱熹。黄福当然不是斫琴名家,在文化史上的地位也远远不能与苏轼、朱熹他们相提并论,不必说《杂书琴事》、《琴律说》、《紫阳琴铭》这些名作,连听琴诗也没一首流传下来,韩愈写琴还是写琵琶的热闹争论也没凑过。而且作伪者一般不会以今人、近人造假,而后人也很难选择黄福这样一个大家都较为陌生的人来作伪款。仅就此而言,这个款也许不假。

### 程其武

"大清光绪岁次乙酉"为公元 1885 年。这一年同修"正心"琴的天都程其武、如皋姚启寅应该是差不多同一时代的人。

先说地名"天都"。清初画家龚贤有一段常被美术史学者引用的《山水图》跋文:

> 孟阳开天都一派,至周生始气足力大。孟阳似云林,周生似石田仿云林。孟阳程姓名嘉燧,周生李姓名永昌,俱天都人。后来之方式玉、王尊素、僧渐江、吴岱观、汪无瑞、孙无逸、程穆倩、查二瞻,又皆学此二人者也。诸君子并皆天都人,故曰天都派。

这里点名的十位画家,不是休宁人,便是歙县人,均在徽州府隶下。谓之"天都",自然是以其地有名胜黄山,而黄山有天都峰得名。徽州另有别称"新安",因此天都派后来又被称为"新安派"。正如歙县制墨名家曹素功的墨品上,多有"天都曹素功制"、"新安曹素功鉴定"的款,亦出同理。

当其时也,确有一位歙县人程其武。清初周亮工在《赖古堂别集印人传》中提到,他于丙子、丁丑间(1636～1637年)尝与一位能篆刻、作花卉、精医学的歙人程琳相交,其子程与绳(其武)从父治印,辛亥(1671年)在湖上与周亮工有文酒之会。这位程其武也能画,近代叶品三《广印人传》说他"书画图章,皆合古法"。

清末修琴的"天都程其武"显非其人。

近年来,拍场上不时可见一位清末画人程其武的作品,几乎都是墨梅。北京太平洋国际拍卖有限公司 2003 年第 9 期新年拍卖会"中国书画"专场曾出现他的梅花四屏(每屏 135×33 厘米)。北京中桓利国际拍卖有限公司 2006 春季拍卖会"古代及近现代书画"专场有一帧他的梅花镜心(118×207 厘米),题诗落款为:

> 己卯夏五月客广陵,作于紫岩书屋之北窗。冰壶程其武。

又上海嘉泰拍卖有限公司 2010 瑞秋艺术品拍卖会"中国书画(下)"专场有一帧他的梅花立轴(115×32 厘米),题诗后附记及落款为:

> 此徐介轩句。墨笔梅花家每以此夸淡素,予老不能诗,亦学时人所尚。癸未九秋重九日,绩溪程其武作于崇川之春水船馆舍。

又据友人告,今南通博物苑也藏有程其武作于崇川的画作,同样也是墨梅。

己卯为 1879 年,癸未为 1883 年,与修琴的 1885 年都很接近,这大约便是他比较活跃的时期。广陵为扬州古称,崇川为南通旧名,两地临近,也是安徽人尤其是徽商集中分布的区域,当地至今仍有大量的徽人后裔。这位客于扬州与南通的程其武,冰壶其号,绩溪其里。由于明清时期绩溪亦属徽州府,所以他与那位清初的程其武也可算是老乡。程姓作为徽州大姓,两百多年里出现同名者,毫不足奇。

光绪乙酉年与如皋姚启寅修琴的程其武,很可能就是此人。

### 姚启寅

姚启寅为晚清时如皋县白蒲镇人。袁采之《我所知道的一九一二年以后的如皋县丹青人物》(载《如皋文史资料选辑》三)有其小传:

> 姚启寅,字敬亭,白蒲人,清诸生。宣统

元年举孝廉方正。专画石。画墨梅,有逸致。

他的作品如今可见者凡三端:同治六年(1867年)为曹鼎元《养竹山房印稿》题词;光绪三十三年(1907年)为如皋石甸(今如东石甸)三元宫《陈氏宗谱》作序;不详年份为陈焕卿所作挽联。关于后者,姜煌《东皋楹联丛话》卷三记载:

> 陈焕卿封翁,孝廉陈君梅之父也。性至孝,为人慈善,乡里称长者焉。……故其殁时,通、如两邑来吊者不下数千人,挽联亦多,几于美不胜收。今择其允者登之,如张啬庵先生联云:"诸子比封胡羯末之贤,长君尤著;先生以易直慈谅为行,耆旧无惭。"孝廉方正姚小宾启寅先生联云:"公以士学商学教子孙,任欧亚洲羹沸蜩螗,百世可流长颖泽;我唁元方季方诸昆弟,有南北部范徐李郭,一时同感聚德星。"

陈焕卿卒年未详,故挽联作于何时亦不可考。但既已称姚启寅为"孝廉方正",总在宣统元年(1909年)之后。袁采之将他列入"一九一二年以后的如皋县丹青人物",想必见到了民元共和。由以上资料,可知姚启寅生活年代至少在1867~1912年。

再由姚启寅名字中有"寅"字,可推测生于虎年。同治六年他为《养竹山房印稿》题词时,当已有一定名望,故年纪不会太小,最接近此年的甲寅(1854年)、丙寅(1866年)可以排除;宣统元年举孝廉方正,民国初年还在世,若是戊寅(1818年)生,则前时已九十二岁,后时已九十五岁,可能性不大,亦可排除。如此,其生年可能是庚寅(1830年)、壬寅(1842年)中的一个。考虑到八十高龄举孝廉方正

亦属罕见,故以壬寅为最大可能。倘侥幸不误,则光绪乙酉他与程其武修琴时,值四十四岁。

论地域文化,如皋为江淮系统,与扬州一向保持着频繁的交流;论行政关系,如皋自雍正二年(1724年)起与南通、泰兴一起从扬州府划出,隶属南通,政治、经济、文化关系更为密切。程其武既然在扬州、南通活动,与姚启寅即很可能相识于扬、如、通一线,同修"正心"琴也当在其间。还可以注意到,袁采之称姚启寅"画墨梅,有逸致",邱丰《南通地方书画人名录》也说他"以擅画梅花,名闻乡里",那么他与程其武便皆为程自己调侃过的"墨笔梅花家"。他们的结识是否与画梅有关已不得而知,但他们的共同爱好一定不止于此——"正心"琴足以证明,他们还都是湮没于琴史的琴人。

附记:

本文的写成,尝得如皋周思璋先生的指点,在此谨致申谢。周先生来信说:"我在解放前曾看见过姚画的扇面,题款好像是'小宾姚启寅',画的可能是花卉……""小宾"当是姚启寅的号或别字,这可从文中所引《东皋楹联丛话》"孝廉方正姚小宾启寅先生"得到证实,并无疑窦。但与姚启寅差不多同时,如皋白蒲有一位姚彭年,徐珂《清稗类钞》"姚寿侯梦自墙陈出"条记其事,"如皋姚彭年,字寿侯。性好洁,斋舍无纤尘。光绪辛卯,举于乡。壬辰春闱不第,留京待再试,为武进贲念慈太史课子,主宾甚相得",不久竟以小疾死。柳诒徵《江苏书院志初稿》(中)云:"如皋姚小宾彭年,诗文皆极艳丽。"如此,姚小宾即姚彭年,后人更有以姚彭年即擅画墨梅者。颇疑此乃误传,姑记之,备考。

# 创意新巧　制作精良

## ——记失而复得的曼寿堂屏风

沈　倩

在南通博物苑的木雕藏品中,有一套做工精美的十二生肖红木雕屏,特别引人注目。此套红木雕屏原系张謇故居濠阳小筑曼寿堂客厅两侧的装饰物,制作年代为民国七年(1918年)七月,十二生肖主题纹饰由浙江括苍人徐舫绘制,并由浙江嵊县人何奇坚雕刻,其内书写文字均系张謇亲笔(图一)。

此套木雕屏由12扇组成,在原先的厅堂中,依照生肖的排列将其分成左右两组,前六生肖在左侧组,后六生肖在右侧组,既当东西两侧房间的屏风,又是客厅的装饰,因此采用双面雕刻工艺。客厅面是以浅浮雕十二生肖为主题纹饰,背面左右两侧分别以线刻青铜礼器和玉石礼器为装饰。每幅生肖主题纹饰边均有题识,生肖之首的鼠,左上侧边款为"民国七年七月括苍徐舫画嵊何奇坚雕",采用的是民国纪年;生肖之末的猪,左上侧边款为"戊午七月括苍徐舫画嵊何奇坚雕",采用的是干支纪年;其他生肖上的边款均在边侧,方位不定,均无纪年,分别为"括苍徐舫画嵊何奇坚雕"、"徐舫画何奇坚雕"或"舫画奇坚雕"的题识。每幅生肖题识下方均有两枚印章,上下排列,上方为"志渔"(徐舫的字),下方为"何奇坚"。题识与印章均采用阴刻的工艺手法。

雕屏由外框、主题画板、辅助装饰板等组成。外框均采用老红木制成,通高310、宽63厘米。框内分别镶嵌主题画

图一　记载有年月及
人物内容的款识

板与辅助装饰板。为彰显主题画面,外框特别设计两片横向长条形装饰雕板作为主题画板的分隔装饰,装饰雕板宽53.5、高12.5厘米。整套雕屏共计24片装饰雕板,其内均为双面高浮雕人物故事,人物故事内容主要包含戏剧、历史、传说、神话等方面,以亭台楼阁、山水树石为衬托,刀法娴熟精练、布局简约、画面生动,极具观赏性(图二)。辅助装饰板,位于每扇雕屏的下方,高55.5、宽54.5厘米,均采用老红木制成嵌框,嵌框中间另配嵌装饰板。嵌框装饰纹饰分为左右两组,左为双面雕浅雕蝙蝠纹绳索系古玉璧纹,右为双面雕浅雕回字形绳索系古玉璧纹。遗憾的是,框中所配装饰板全部遗失,无从考证其质地与纹饰内容,修复时另配两面磨光的云石代替。

主题雕板位于每扇雕屏的上方,高198.5、宽54.5厘米,均采用银杏木制成。主题纹饰依照十二生肖内容分别雕刻于整幅面的银杏木上,雕刻手法采用浅浮雕的工艺,艺术表现上除龙纹外均为写实创作思路,并根据生肖动物的生活习性辅以相应的植被环境等景物,生肖动物或于树梢上、或于山林间、或于草丛中、或于栅栏内,生肖动物设计典雅和谐,雕刻上更是细腻入微,无不体现栩栩如生的艺术形象。作为神物的龙在这里表现得极为苍劲,以一云龙于波涛云雾之间飞腾,仅见龙首呈喷水之势,天水喷涌之下已是波浪滔天的大海,极具渲染力

图二　分隔装饰雕刻画板

（图三）。本组生肖中最具想象力的应当是生肖之首的老鼠，鼠虽为生肖之首，但在现实生活中老鼠并不为人所喜爱，其形象也不美，设计上也难以有灵感，为与整体的写实相协调，这里巧妙地将松鼠应用其间，不得不让人称绝。松鼠是人们喜闻乐见的动物，那可爱机灵的形象常常出现在艺术作品中，这里将此表现得更是惟妙惟肖。画面中有两只松鼠，一只呈攀戏状，一只则坐于松树干上啃食松树果，两个大尾巴雕刻得丝丝入微，给人以强烈的绒毛感，松鼠与松树构图协调，浑然一体，具有很

强的工艺内涵（图四）。

　　十二生肖主题纹饰的背面，由两根暗榫横档紧固画板，同时将每扇背面画板均分成三栏，各雕刻纹饰。纹饰分为两组，分设于左右两侧的六扇。左侧组是以青铜礼器为主的装饰纹饰（图五），其内容主要参照并节选清乾隆年间梁诗正等纂修的《西清古鉴》一书，除青铜礼器外，还有铜镜及古代钱币等装饰纹饰（图六）；右侧组则是以古代玉石礼器作为装饰纹饰，主要参照并节选清人吴大澂的《古玉图考》一书（图七、八）。两组纹饰均采

图三　龙纹局部

图四　鼠纹局部

用细阴线浅雕，线条精准，用刀刚毅；两组所配文字也均为阴文雕刻，所雕刻文字刀刀见峰，呈现出以刀代笔之势。

十二生肖雕屏整体造型古拙幽雅，生肖动物

的优雅气息、博古图考的金石之气，给人以赏心悦目的享受，其雕刻工艺之精细堪称一绝。目前这组精美的雕刻工艺品陈列在濠南别业的议事大厅内，与大厅内其他陈设交相辉映，为濠南别业的展

图五　青铜礼器雕刻纹饰

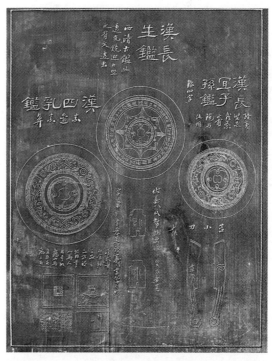

图六　铜镜及古钱币雕刻纹饰

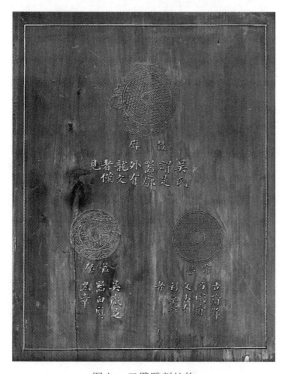

图七　玉璧雕刻纹饰

图八　玉璜、玉琥雕刻纹饰

示平添了一份亮丽,让许多观众为此驻足,叹为观止。然而,这套精美的十二生肖雕屏又缘何出现在濠南别业的议事大厅呢?说起来这还有一段鲜为人知的失而复得的曲折故事呢!这里,先得从张謇故居濠阳小筑的修缮说起。

20世纪末,张謇故居濠阳小筑在南通市政府的协调下移交南通博物苑管理。2003年初,南通市政府决定对濠阳小筑整体进行修缮维护,作为张謇纪念馆对公众开放,整个工程由南通博物苑负责实施。为此,南通博物苑对此进行了大量研究与规划工作,重点是邀请张謇的后人对原故居内的基本布局及屋内陈设进行回顾,并以张謇后人的回忆作为故居整体复原的思路。然而,整个复原工作的焦点最后都集中到曼寿堂底楼正堂的装饰上,回忆中的一个亮点就是曼寿堂底楼正堂东西两侧原有一套十二生肖装饰雕屏。由于时间久远,对濠阳小筑内部陈设的回忆在许多方面多少有些模糊,但对十二生肖雕屏的回忆是确切的,而且是一套亮丽精致的装饰物,同时也表达出张謇后人对此物的留恋之情。显然,曼寿堂内的十二生肖屏成为濠阳小筑内部陈设复原的关键,为此修缮工作组决定进行恢复。虽然决定已下,但难度却很大,回忆中明确的只是十二生肖的概念,然而对十二生肖的具体形象、尺寸大小以及另外一面的内容等均没有说法,也没有什么记忆,实际上我们只能根据十二生肖这一明确的说词进行工作。

首先是请了多位美术人士对十二生肖图样进行绘制,然后邀请张謇的后人观摩,再根据提出的建议进行修改,尽可能地达到回忆中的模样;再者就是请红木生产厂家对十二生肖屏进行实地测量,进行具体布局的实样设计,经过多次方案比较以及价格比对,最后落实在常熟的一家红木雕刻厂进行实际制作施工。新制作恢复的十二生肖装饰隔屏,整体均采用缅甸进口白酸枝木(红木的一个品种),按照曼寿堂底楼堂房东西两侧原留有的框架,均分成六等份制作而成。值得一提的是,曼寿堂的建筑虽经数十年的变迁,但其建筑结构基本保持良好,陈放十二生肖的框架没有移位变形,给后续施工提供了保障,这让我们不得不感叹张謇时期的建筑质量之高。当一切安装就绪后,我们所有人对这组新十二生肖雕屏还算满意,因为做工还算精致,也可谓成功之举。

2004年下半年,距张謇故居濠阳小筑的修复工作已经时隔一年,在清理原人民公园库存旧物资时,让我们喜出望外的一幕出现了,一套十二生肖雕屏居然在南通博物苑(此时的人民公园早已合并入博物苑)里出现了。起初发现的只是十一件红木外框,对此自然是不以为然的,当再度发现了雕刻有十二生肖的雕板时,并且能与先前发现的红木外框相吻合,立即让我们意识到这可能就是张謇故居曼寿堂遗失之物!经张謇后人目证,这正是濠阳小筑曼寿堂那套十二生肖雕屏。

然而,这套原本属于张謇故居濠阳小筑曼寿堂的十二生肖红木雕屏,又是怎么来到人民公园并长期保存于库房之中呢?调查中,据原人民公园的老人回忆,这套雕屏是"文化大革命"期间,作为抄家物品,由造反派移交给人民公园的。可能是因为体量大,不易搬动,长久搁置于杂物之中,久而久之被遗忘了,清退抄家物资时也没有人提及,因而被幸运地保留下来。那么,又是谁如此有心,有如此胆略,在那场文化浩劫中,巧妙地将雕屏移送至人民公园,为我们保留下这套精美的十二生肖雕屏呢?同年,南通市经委退休干部龚广发先生给我们转来一篇他书写的《三十六年的记挂》一文,副标题为"忆濠阳小筑'曼寿堂'十二生肖屏风发现抢救经过",瞬间解开了我们心中的谜团。文中写道:

1968年,我刚从部队回来即被任命为南通市房地产公司革委会副主任。记得当年深秋的一天,我到北街木材加工厂检查工作,车间工人正将一些旧木板改制办公桌。在零乱的木料中,我看到一块"门板"正面刻着一对栩栩如生的松鼠,雕刻精美,形态逼真,连松鼠的毛须都丝丝凸现,背面刻有博古钟鼎、书法,填着绿色,非常古朴典雅,并且选用材质考究。霎时,我被其精美的艺术而深深吸引,急忙从锯板机旁把"门板"拉了出来。闻听消息的工人师傅也好奇地在杂乱的木料中翻找,一共找出十二块完整的"门板"。有经验的老师傅说这是屏风。经向仓库主任了解,这批"门板"是从"濠阳小筑"里拉出来的。我估计是张謇先生的遗物,随即吩咐仓库主任将"门板"搬进仓库,保存起来。在那个动乱的年代，为点小事挨整、被批、贴大字报是很正常的。如何保护和抢救这些文物，也令我颇费了一番心思，也曾想过多一事不如少一事。我的外公黄杏桥曾是张謇家的管家，经常给我们讲述张謇"父教育而母实业"的光辉业绩，使我们对这位伟人发自内心地敬佩。那时他已退休，仍被啬园留用，我特地跑去把发现屏风的事告诉了他。他说："你一定要想办法把屏风保存下来，这是文物，东西大，要找个隐蔽的地方，比如啬园。"经他点拨，我立刻邀约时任人民公园主任的陈金涛同志，以人民公园接待室布置环境为由，我批准签发借用。这样，十二块屏风从斧锯下"逃匿"至人民公园仓库，隐藏下来。我虽然知道此宝物的去向，也曾旁敲侧击地探访过，却因时事变换，三十六年一直未曾得见。

通过这篇小文，我们了解到这套十二生肖雕屏，在离开张謇故居濠阳小筑曼寿堂后，得到保护与移动的经历。感慨之余，我们深深地佩服龚广发先生当年过人的远见和胆识。

纵观这套雕屏，除部分破损外，其十二生肖的十二幅主题画板基本完好，并且部分缺失的均有相应的参照，没有影响后续的修复工作。当这套雕刻修复完成呈现在人们面前时，那套新制品真是相形见绌，无论是材质、文化气息还是雕刻工艺均大相径庭，不可同日而语。由张謇先生当年参与设计的这套十二生肖雕屏，无处不彰显着深厚的书卷之气，霸气中留有一份文静，更体现出张謇先生的研学精神。这套雕屏所涉及的十二生肖主题及青铜、玉石礼仪用器值得再做深入的解读。比如：有学者发现张謇的收藏门类中，曾有过十二生肖的收藏主题，这组由括苍徐舫绘制的十二生肖画轴，与张謇先生的生肖收藏必定存在着深刻的关联；在木雕作品中留名的艺人甚少，这位署名何奇坚的雕刻者，能受到张謇的邀请，并在十二生肖雕屏中署名，想必在民国时是享有名气的雕刻名家，对此做进一步探究，定会有更多的发现；在选录青铜、玉石礼仪用器纹饰图谱时，虽说有古人的书籍可以参照，但张謇先生也不是依葫芦画瓢照搬，从其上张謇亲笔描述文字可以看出，渗透着张謇对这些礼仪器物的诠释与见解，这与张謇一生勤于学习的精神分不开，这一学习精神是我们所敬佩的，也是值得时人借鉴与学习的。

既然这套十二生肖雕屏已失而复得，并且修复一新，按说应当重新安放至原处，但考虑到这套木雕屏实属珍贵，修复不易，并且新制作的那套已经与现有的陈设有着相应的配套，再度撤装恐造成二次损伤，因此决定将此珍贵文物陈列于濠南别业议事大厅，供世人观瞻。

（本文图片由南通博物苑藏品部提供）

# 江北特委机关刊物——《大众周刊》

王兴相

《大众周刊》是中共江北特区委员会（简称"江北特委"）的机关刊物（图一）。

1938年春，中共江苏省委（当时设在上海）根据中共中央关于"有计划地从城市征调得力干部，特别是工人干部到农村中去担任领导游击战争"等工作的指示，为开展敌后抗日斗争，扩大人民抗日武装力量，开始研究部署苏北的敌后工作。省委派人到苏北，经过调查研究，认为南通地区早在土地革命战争时期就已建立了地方党组织，创建

大众周刊（第一号）封面

图一 《大众周刊》书影

过中国工农红军红十四军以及农民赤卫队等群众武装，有很好的群众基础，后来在敌强我弱的形势下，虽然党组织遭到了破坏，红十四军也被打散了，但播下了红色种子，许多失去联系的共产党员以及许多抗日爱国分子，都在积极寻找党，希望上级党组织派人来领导南通人民的抗日斗争，并有强烈的迫切要求。对此，省委慎重作出了开辟江北地区的决策。

1938年8月初，中共江北特委正式成立。江苏省委指定唐守愚（唐绍宗）任特委书记，陈伟达（负责军事）、吴佐成（吴子良，负责统战）为特委委员。随即，特委成员以到苏北参加抗日救亡运动的名义，分别先后到达南通金沙镇，住在爱国进步青年姚溱（20世纪60年代曾任中宣部副部长）家里。姚溱父亲姚味香是位很有名望的爱国民主人士，虽任国民党南通县政府的教育科长，但他同情、支持爱国进步青年的抗日救亡活动。他对上海沦陷区来的抗日爱国进步青年，不仅提供食宿，而且给予良好的掩护，这就为特委开展工作创造了有利条件。因此，姚溱家就成了江北特委机关的驻地。

江北特委在金沙镇成立后，根据当时的形势和主客观条件，确定的特委工作方针是：在坚持抗日民族统一战线、开展游击战争的总方针下，积极参加武装斗争，尽可能掌握一些武装力量，争取建立由党直接领导的抗日武装。经过一段时间的积极工作，特委不仅在金沙站住了脚，而且在控制国民党武装、创建以工人为主体的抗日力量、恢复和重建南通党组织等方面，均取得了显著成绩。

与此同时，江北特委十分重视舆论工作，广泛开展抗日宣传，在很短的时间里就创办了《大众周

刊》，新第一期于8月22日正式出版发行。在当时特委处于地下秘密的情况下，要出这样的刊物是很不容易的。国民党对公开出版物控制极为严格，规定一切出版物必须事先申请登记手续，经审查批准后方能出版。为了避开国民党地方当局的审查和阻挠，《大众周刊》就以在上海沦陷后，不得不转移到江北来出版为名，径自在金沙镇出版发行，同时加上"新"一期字样，以此说明原来在上海是经过批准的，且有刊号。这样，《大众周刊》就成了江北特委的机关刊物。它积极宣传共产党的抗日民族统一战线政策，教育鼓舞广大群众团结起来，举起抗日大旗，积极投入抗日救亡斗争。

《大众周刊》的出版发行工作，由特委书记唐守愚亲自领导，特聘爱国青年姚溱负责刊物的编务工作，从上海回乡的金沙籍青年吴铭分管发行。周刊旗帜鲜明，内容丰富，除了刊载结合江北实际的有关抗日救亡斗争的报道、时事评述外，还刊登中共中央领导人以及著名民主人士的讲话和文章，介绍八路军、新四军和东北抗日义勇军战斗生活的特写、报道等。其中有毛泽东的《与合众社记者谈话》，周恩来等联合署名的《对于保卫武汉与第三期抗战的意见》，叶剑英的《论目前保卫武汉的战局》，宋庆龄、何香凝的《关于反侵略》，等等。这些重要的文章和讲话，对于如何争取抗战胜利具有重大指导意义，使广大群众看到抗战必胜的光明前途。周刊还设有"大众信箱"，公开解答和讨论现实生活中的种种问题，在青年中产生了重大影响。为了体现抗日民族统一战线，周刊还选登一些蒋介石公开号召抗日的言论和材料，这既有利于巩固抗日民族统一战线，也增强了周刊出版的合法性。

《大众周刊》的出版发行，团结了许多抗日知识分子和进步青年。特委十分重视发动和组织他们为《大众周刊》写稿，姚溱除负责《大众周刊》的编务外，还为每期撰写时事述评和"大众信箱"问答，经常为《大众周刊》撰稿的有李俊民、吴天石、顾民元、史白、施亚夫等，而且特委领导还亲自写稿。《大众周刊》的发行，一般都是通过地下党的关系，直接或间接传送给读者。对象一是特委领导下的地下党员，二是抗日爱国进步人士，三是爱国知识分子和进步青年学生。《大众周刊》办得生动活泼，很受读者欢迎，许多读者读后如获至宝。在抗日救亡的形势下，《大众周刊》代表了党的声音，鼓舞了人民群众抗战必胜的信心，成了南通地区抗日救亡的号角。

《大众周刊》于1938年8月22日出版新一期，每期发行2000份。同年12月22日日军侵占金沙，特委机关被迫转到兴隆灶、韩家油坊等地。周刊前后共出版9期，通州党史办已征集到4期，已成为珍贵的文献资料。《大众周刊》出版以后，便成为国民党特务注意的目标。当时江北特委还处于地下，特务摸不清地下党的情况，就把周刊视为眼中钉，加上日军不断"扫荡"，同时特委的地下党工作已经开展起来，抗日形势已有了新的发展，形势发生了急变，故特委决定《大众周刊》宣告停刊。

# 一张不同寻常的布告

任苏文

南通博物苑收藏的众多革命文物中,有一件不同寻常的藏品,它是抗日战争时期如皋县政府关于规定伪币使用办法的布告(图一)。这张布告长38.2、宽26.4厘米,竖幅油印,残破有折痕,内容如下:

如皋县政府布告　　财字第　　号

德国垮台,日本失败不远,伪币前途将成废纸,本月物价较上月物价上涨一倍,即伪币狂跌一倍,谁有伪币即谁有损失,兹为保证根据地人民生活不受伪币威胁起见,规定办法如下:

一、物资出口,一律要换回物资(日用品土布纸张五洋杂货)不带伪币回来。

二、一千元伪币限于七月底以前,为数在十万元以上者由区政府查封,在十万元以下者由乡政府查封,带往据点购货。

三、五百元伪币限于八月底以前,为数在十万元以上者由区政府查封,在十万元以下者由乡政府查封,带往据点换回物资。

四、在八月份发现一千元伪币,总数在十万元以上者应予没收。

五、在九月份发现五百元伪币在十万元以上者应予没收。

六、各级军政机关及群众团体有检查权无没收权,区以上政府有没收权并发给没收证。

七、查获伪币之机关或个人之公正廉洁者得提百分之卅的奖金,如有徇私舞弊者以纪律处分他。

八、如有使用大量五千元伪币来根据地购买物资者以破坏金融论处。

九、自六月廿日起伪币三百元合新抗壹元使用。

以上各点,希各凛遵毋违!此布

中华民国卅四年六月十九日

县　　长　　叶胥朝

财经局长　　丁吉甫

付 局 长　　魏志诚

(落款钤"如皋县政府印")

民国三十四年是公元1945年,6月19日距日本宣布无条件投降已不到两个月的时间,人们已经可见抗战胜利的曙光。为维护抗战胜利后苏北革命根据地的金融秩序,保障人民群众的经济利益,当时的抗日民主政权如皋县政府高瞻远瞩,及时发布了这张布告,对过渡时期伪币的使用作出种种限制,以避免对革命根据地及人民群众造成经济损失。

签署布告的县长叶胥朝和财经局长丁吉甫都是南通早年参加革命的老前辈。叶胥朝是如东人,1927年加入中国共产党,曾任中共如皋县区委书记、如皋县县长、苏中九专署副专员、两淮市副市长、南通市市长。建国后,历任南通专署专员,中共苏北区委统战部、江苏省委统战部副部长,江苏省第四届政协副主席和第五届人大常委会副主任,是中共八大代表,第四、五届全国政协委员。丁吉甫小学毕业后进入通州师范学习。1935年,他以优异的学业成绩,进入上海美术专科学校深造,专攻西画,又选修中国篆刻,毕业后应聘于南通县立初级中学执教。1938年南通沦陷后,他毅然加入了抗日救亡队伍。1940年参加了抗日民主政府的政权建设工作和财粮工作。抗战胜利后，一直工作、战斗在解放区。1949年奉命渡江南下，投入了江南的新区工作。解放后曾任中共南京艺术学院党委委员、学院办公室主任、美术系党支部书记、系主任等职，一直坚持教学与艺术研究的实践，并晋升为副教授。丁吉甫还是许多文化艺术团体如中国美术家协会、中国书画协会的会员以及江苏美术家协会理事、江苏书画家协会副主席、江苏对外文联理事。

这张布告不同寻常的地方在于，布告的中部还另钤有一枚类似邮戳的圆形印章，印文为"江苏省第一区清乡督察专员公署情报室南通分室石港组"，并有钢笔手书"情报员"三字。清乡运动是抗日战争时期日本侵略者在华中占领区实行的一种残酷的"清剿"办法，类同于日寇在华北实行的大扫荡。日本帝国主义为实现其"以华制华"、"以战养战"的战略方针，1943年初继对苏南"清乡"之后，又开始对苏北地区进行"清乡"。日伪划定南通、如皋、海门、启东为苏北第一期"清乡"区，企图通过"清乡"彻底摧毁我根据地，达到全面伪化的目的。南通地区所在的苏中抗日军民在中国共产党的领导下，展开了艰苦卓绝、英勇机智的斗争，取得了反"清乡"斗争的伟大胜利。从字面看，上述印章显然是敌伪特务机构所使用的一枚印章。

在我抗日民主政府发布的布告上竟然出现敌伪特务机构的印章，令人费解。经查，这张布告是20世纪50年代由中共南通市委拨交入藏的。由此我们根据布告的内容以及所包含的信息大胆推断，这一份当年公开张贴的布告，被混入根据地的

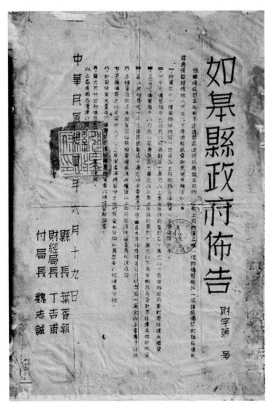

图一　如皋县政府关于规定伪币使用办法的布告

敌特分子偷偷揭取，作为重要情报带回去向主子邀功，并被敌伪特务机构江苏省第一区清乡督察专员公署情报室南通分室石港组入档。然而时隔不久，就相继迎来了抗日战争、解放战争的伟大胜利，这张布告连同一批敌伪档案被新生的人民政权所接收，重新回到了人民的手中。两枚不同意义的印章，给这张看似平常的布告增添了一层传奇的色彩。如今，这张不同寻常的布告已成为反映南通地区革命斗争历史的重要物证。

[编者按]：本文为曹琳先生的一篇遗作。曹琳（1946～2012 年），南通通州区石港镇人。国家一级导演，中国傩戏学研究会理事、中国戏曲表演学会理事、南京艺术学院客座教授、南通市剧协副主席、南通市艺术研究所所长。从事戏剧、艺术研究工作三十多年，出版有《探索小品与导演探索》、《南通童子戏研究》、《创意·策划·操作大型综艺活动 IPO》等专著。生前精心著述《南通话剧百年》，稿子部分译成法文在"茉莉飘香·2012 巴黎江苏文化年南通文化节"上受到好评。现全文刊发，以作纪念。因无从与作者商讨，文章的用语及观点，我们概未改动。

# 南通话剧百年

曹　琳

**题记一**

南通既不是中国话剧的发源地，也没有在本乡本土上大红大紫的明星、载入话剧史册的鸿篇巨著，却享有"话剧之乡"的嘉誉，何故？南通话剧与中国话剧历百年春秋，源头结缘、相伴而行。

**题记二**

南通话剧历史上有"五个一"工程：

1918 年，伶工学社是欧阳予倩、春柳派在全国培养话剧演员的第一座学校。

1930 年，剧联南通分盟是中国共产党领导下左翼戏剧家联盟的全国第一家分盟。

1947 年秋，《枯井沉冤》是全国第一个将演戏与处决罪犯合一的农民戏剧。

1976 年 12 月，南通市话剧团《万水千山》是"文革"后全国第一部搬上舞台的话剧。

1977 年 8 月始，南通县文工团《枫叶红了的时候》在上海连续演出 58 场，刷新了全国当年单个剧目上演的新高。

百年来，南通话剧人放手培养人才，坚定正确的文艺方向，在革命的重要关头，顺应民心，服务民族大局，坚守优秀剧目，探索市场化运作。至 1980 年 4 月 18 日，南通老话剧工作者、江苏省委书记许家屯提出了晚出的命题——南通是话剧之乡，立即成为南通及中国话剧界的共识，同时也让南通话剧人有了传承与开拓话剧事业的新担当。

**一、中国话剧的法国情缘**

中国话剧是上世纪初从西方引进，演出的第一个剧目是法国著名作家小仲马 24 岁那年（1848 年）创作的《茶花女》，演出的地点是日本东京。

早在 1899 年 2 月，林琴南（纾）即与王寿昌合作，将小仲马的《茶花女》更名为《巴黎茶花女遗事》，以"素隐书屋"的名义在中国刻版印行。茶花女的悲惨身世引起了国民广泛的同情，小说体现了人间的真情，人与人之间的关怀、宽容与尊重，体现了人性的大爱，这种思想感情引起人们的共鸣，在当时留日的中国学生中十分流行。一如严复诗咏："可怜一卷《茶花女》，断尽支那荡子肠。"

1906 年冬天，留学日本的李叔同与曾孝谷发起，欧阳予倩、吴我尊、陆镜若等加盟，成立了一个由中国留日学生组成的综合性文艺团体——春柳社文艺研究会，设有诗文、绘画、音乐、演艺等部门。1907 年初，日本的报刊报道了中国江苏徐淮地区水灾伤民的消息后，春柳社决定举办赈灾游艺会，募集善款，救济难民。社友们研定参照日本话剧——新派剧的形式排演《茶花女》的第三幕《苑址坪诀别》。2 月 11 日，春柳社在新落成的东京骏河台中华基督教青年会的礼堂里演出。演出全部采用口语对话，没有朗诵，没有加唱，还设有独白、旁白。为了区别于日本歌舞伎风格的"新派剧"，而称"新剧"——中国风格的话剧。

这幕戏的剧本由曾孝谷翻译，并做了一些中国化的处理，将玛格丽特更名为中国女性的名字默风，唐肯饰演的阿芒也更名为亚猛，李叔同饰演茶花女，曾孝谷饰演亚猛的父亲杜瓦先生……

剧作真实生动地描写了一位外表与内心都像白茶花那样纯洁美丽的少女被摧残致死的故事。主人公玛格丽特是个美丽的乡村姑娘，她来巴黎谋生，无奈做了妓女，成了红极一时的"社交明星"。她随身的装扮总是少不了一束茶花，人称"茶花女"。富家青年阿芒赤诚地爱她，引起了她对爱情生活的向往。但是阿芒的父亲反对这门婚事，迫使她离开了阿芒。阿芒不明真相，寻机羞辱她，终于使她在贫病交加之中含恨死去。第三幕是一出"相见时难别亦难"的伤离别的悲剧，发生在巴黎郊外一座乡村房子中。

玛格丽特与阿芒在巴黎郊外匏址坪的地方租了一间房子，开始了平静的生活。为了支付生活费用，玛格丽特背着阿芒，典当了自己的金银首饰和车马。阿芒知道后，决定把母亲留下的一笔遗产转让，以还清玛格丽特所欠下的债务，经纪人要他立即回巴黎签字。

其实，要阿芒回巴黎签字，是他父亲杜瓦先生的调虎离山之计。阿芒离开，杜瓦直接去找玛格丽特说：他的女儿爱上一个体面的少年，那家打听到阿芒和玛格丽特的关系后表示，如果阿芒不和玛格丽特断绝关系，就要退婚。玛格丽特痛苦地哀求杜瓦先生，杜瓦先生毫不退让。为了阿芒和他的家庭，玛格丽特只好作出牺牲，非常悲伤地给阿芒写了封违心的绝交信，走进了漫漫黑夜……

剧中李叔同为扮演玛格丽特，剃掉了胡须，戴上鬈发假头套，身着白色的百褶裙，一条裙带束在腰际，眉峰紧蹙，眼波斜睇，将茶花女在阿芒父亲的逼迫下，忍痛离去，那种剪不断理还乱的神情演绎得非常逼真。这是春柳社的第一次演出，引起了轰动，上海的《时报》专门报道了这样一个重大的文化事件：

阳历2月11日，日本东京留学界因祖国江北水灾，特开救济慈善音乐会，酿资助赈。其中有春柳社社员数人，节取《茶花女》事，仿西法，组织新剧，登台扮演，戏名《匏址坪诀别之场》。是日观者约二千人……（《记东京留学界演剧助赈事》，载《时报》1907年3月20日）

这场演出做了很好的宣传策划，专门印制了一套纸质硬朗的明信片，制作方是东京银座上方屋。明信片正面为日文，背面的剧照下方均有中文"茶花女匏址坪诀别之场·春柳社演剧纪念品"的字样。这套演出纪念明信片至今还幸存两张，均为黑白画面（图一、二）。

图一是在乡村小屋中，阿芒读书，玛格丽特卧榻养病，过着恬淡的田园风光式的生活。

图二是阿芒之父杜瓦先生骗走儿子，责备玛格丽特毁了儿子以及他全家的前程，强逼她与阿芒分手。玛格丽特无奈地认命，吐出了一段精彩的独白："一个人不管做了什么，跌倒以后是永远也爬不起来了！天主也许会原谅您，可是世人却是毫不宽容的啊！"她沮丧地低头暗泣。

图一 《匏址坪诀别之场》纪念明信片

图二 《匏址坪诀别之场》纪念明信片

《茶花女》演出获得了很大的成功,也开启了中法文化交流的一个新纪元。这也是一段延续了百余年的中法话剧情缘。

时隔不久,春柳社的骨干成员欧阳予倩、吴我尊等先后从日本回国,并移师一江之隔的南通,再扬春柳剧风,在南通百年话剧史上留下了浓墨重彩的华章。

## 二、南通话剧在辛亥革命中破茧而出

1911 年 10 月 10 日,武昌城头打响了辛亥革命的第一枪。在欢庆改朝换代的日子里,同饮一江水的南通如皋古城遥相呼应,如皋师范的学生用话剧早期的形式——文明新剧排演《庆祝武昌起义成功》。当时,守旧的校长不同意,学生们就翻越墙头到隔壁的天后宫中去排练。戏的内容再现了武昌起义中,慷慨大义的同盟会领导人、战时总司令黄兴与左顾右盼的军政府都督黎元洪、老谋深算的大清海军统帅萨镇冰以及憨直强悍的湖广总督瑞澂之间惊心动魄的斗争过程。剧中角色全都由学生们扮演,排练后即向如皋城的父老乡亲们演出。虽说戏演的十分稚嫩,但这是南通话剧事业的破啼之声。

如果说,辛亥革命是震撼人心的政治风暴,那新剧的演出形式则是江海大地上振聋发聩的新文化雷电。人们惊喜地看到了一个可以甩开文言文、韵文,采用白话文表述,并用方言演出的戏剧样式——演员话说的通俗易懂,观众听得明明白白,观演关系一下子被激活了。

在庆祝辛亥革命成功的岁月里,新剧成为街头巷尾议论的话题,新剧成为平民百姓的新宠。这是南通人自己创作演出话剧的第一次实践,南通的话剧站在中国话剧的起跑线上,开始了漫漫的百年求索。

图三　新剧如皋演出海报

新剧登上南通的舞台,是历史选择的必然。辛亥革命前后十年间,南通古城如皋先后有二十余人赴日本留学。当时日本时尚的新派剧是欧洲浪漫派话剧的日本版本,上演的多为社会问题剧,十分红火。而留日的中国学生当初需要恶补日语,夯实语言基础,新派剧演出是个很好的语言环境。于是去剧场、看新派剧、学日语,成了中国留学生的一种选择,并渐渐地对日本的新派剧产生了兴趣。南通留日学生中,有两位与日本新派剧很有缘分的年轻人:

黄家瑞,光绪二十九年(1903 年)由如皋师范选送赴日本东京体育专门学校公费留学。经孙中山介绍,参加同盟会,参加旅日学生爱国反帝活动。回国后,在如皋师范任体育、乐歌教习。

姜渭璜,光绪二十九年(1903 年)任如皋师范教习,被选派赴日本弘文学院师范科教育系进修。他在日本结识孙中山,参加同盟会,学成返校,从事体育、乐歌等学科的教学,并将日本的新派剧信息带回如皋。

黄、姜等人将日本新派剧作为学生课余活动的内容,很快地在学生中普及开来,并探索着融入中国文化的元素组合:一是响应当时的白话文运动,以日常口语作为角色的语言,与采用韵文、文言文创作的中国传统戏曲相比,是极大的反叛;其二,用方言演出,与普通民众沟通更无障碍,新剧很快为人民大众接受。《庆祝武昌起义成功》的编演成功,不仅是政治行为,更是重要的文化行为,是水到渠成、顺理成章的事情。

民国三年(1914 年)1 月 10 日,南通如皋古城东门十字街阳春茶园,上演了一场不同凡响的演出。地方报纸《如皋白话报》登出了一则演剧大海报,海报上下方有两行醒目大字"请看文明新剧"、"特聘上海头等名角登台"(图三)。这天演出的重头戏是"文武合班、一齐登台"的《欢迎光复军》,一出场面宏大的时政新剧。

另外还有号称剧坛"文榜状元"的汪笑侬领衔主演的《登台筹饷》,应该是一出互动性很强,为辛亥革命做舆论宣传、募集资金的活报剧。这类新剧与传统戏曲的不同点在于:无唱工、无程式做派、不用锣鼓场面,穿时装,以生活化的语言和形体动作来表现剧情,对白是京腔京调,应该说已经具备中国式话剧的雏形了。京昆演员演文明新剧,在百年前的上海滩已经是见怪不怪了,但在南通历史上，这是第一个外地专业团体上演新剧的重大新闻。上海剧团演出的文明戏与本地校园演出的新剧，是两种不同风格的尝试，为南通本地新剧演出的多元化探索，作出了很好的启示。

辛亥革命前后十余年里，新剧主要是在校园中传播，成为校园戏剧文化的一大亮色。

如皋学生联合会成立"夜柬社"，排练了《五九遗恨》、《溺爱》、《胜之花》、《何为爱》等新剧，去皋东的马塘、掘港巡回演出。

如皋乙种农校学生，在白蒲郑家祠排演新剧，有《国耻纪念》、《武训兴学》、《婚姻鉴》各出。

海门与沪一江之隔，他们的新剧演出得到上海方面的支持，租借化妆道具，帮助绘制布景……而剧目的选择也走出了政论剧的单行线。学生联合会趁春假在城隍庙戏楼开演，除上演爱国戏《亡国惨史》、《卖国贼》、《蛮夷猾夏》、《挈镜缘》外，也上演了反映民生国情的《家庭恩怨记》、《兄弟撤学》、《义丐兴学》、《文明人》、《自由泪》、《七点钟》，同时尝试上演《呆汉攀亲》等足以感化愚民、改良社会的喜剧。根据西洋名剧莎士比亚《威尼斯商人》改编的《女律师》，更是丰富了南通的话剧舞台。

石港县立第六高小组织新剧在东岳庙演出，演出长达三个半小时，观众达三千人。剧作围绕劝募国债这一核心事件，展开戏剧冲突，展现了社会众生态。虽说戏写得较为纷杂松散，但确实走出了一条与中国戏曲编剧不一样的大型话剧陈述思路。当时的报纸有十分详尽的记载：

第一幕：1. 旧式家庭，老翁分钱给长子、次子；2. 女学生劝募公债；3. 老翁向渔夫买鱼；4. 长子偷鱼；5. 老翁与渔夫口角；6. 三子自校回家排解；7. 父子为偷鱼事口角；8. 学生来老翁家劝募；9. 第三子脱离家庭；10. 骗子敲竹杠。

第二幕：次子与拆白党赌钱。

第三幕：1. 次子回家偷钱；2. 老翁气死；3. 长子与次子争产。

第四幕：1. 购公债之踊跃；2. 巡丁不肯渔夫入董事办公处购公债票；3. 市董慰渔夫；4. 渔夫购公债票后嘲笑巡丁。

第五幕：1. 长子、次子郊游各述近况；2. 第三子邂逅二兄并述别后情况；3. 三子述

公债票所受之益。

可以看得出来，旧报上的这些文字记载，仅是一个幕表戏的大纲，但对新剧的传播却是个有力的推动和示范。

早期话剧的传播，教会学校也是个重要渠道。他们沿用了国外的教学方法，正规课程之外还将平日所用的课本——《圣经故事》等编成短剧，让学生们用英语或法语排演，有时也选演一些名剧。每当圣诞节、复活节或校庆纪念日，在学校举行的联欢会和家长会上，学生们就将平日排演的剧目拿出来公演。南通城中的基督教会及崇正中学、城北高等小学校在民国初年恭逢救主耶稣诞辰，就曾经上演过英文戏剧《旅人得斧》、《华盛顿的故事》。

通州古镇西亭，原是个滨江近海的千年古盐场。民国五年（1916年）双十节，西亭市县立第五高等小学校，编演文明新剧《皇帝梦》凡八出：第一《入梦》，第二《筹安会》，第三《密筹捣袁》，第四《假造民意》，第五《刺郑》，第六《举义》，第七《袁倒》，第八《正位》。剧作将风云变幻的政治事件，衍化为冲突尖锐的戏剧矛盾。复辟与反复辟，两大政治势力平行交叉，构成了剧情的正反行动线，在事件的推进中凸显人物复杂的心态与命运。这样的作品已经开始踏上成熟戏剧的平台。

1915年，中华民国总统袁世凯，迫于日本人的军事压力，于5月9日，接受了日军提出的《二十一条》无理条约，这一天被视为是丧权辱国的国耻日。南通第一高小十五周年纪念时，创作演出了三幕话剧《五月九日》（图四），《时报》记者认为："颇为精当。特为载出，以饷我邦人。"

图四 《五月九日》剧本原件

《五月九日》剧本

**第一幕　日使递要求二十一条件文**

（日置益、小幡高尾）同上。

（日置益）我名叫日置益，是日本特派驻华大使，现在奉到我政府里的训令，将二十一条件威逼中政府承认。哼，我着你中国离亡不远了，小幡高尾，你们随我同去。

（小幡高尾）是！

（二人同下）

布置：中国外交部，守卫四人。

（陆征祥上坐阅报）

（曹次长、施参赞上，施语曹）次长，昨日胜败如何？

（曹）托福得很，不过八千元去消了。

（施、曹同）哈哈，我们同到部里去。

（曹、施同进见总长）

（陆）现在欧战未了，各国无暇东顾，恐怕东亚也难得相安无事。我陆征祥担任这外交总长，一席责任也就不小了。一旦遇有重要的交涉，我也得诚诚恳恳地对付。那就没有什么，没有为难的了。

（施、曹）唯唯。

（日置益、小幡高尾）同上，至外交部。

（卫兵）报，日使到。陆、曹、施作惊慌状，同云：请请。相见让座。

（日置益）顷奉敝国政府训令，因欲维持东亚和平起见，特拟二十一条件，希望贵国政府从速承认。将来两国得益一定很多。否则当以极严的手段对付了。

（陆总长）敝国政府素以敦进中日两国睦谊为宗旨，此时正值地方多事，尤以保全东亚和平为要义。俟商量商量再行答复。

（日置益、小幡高尾）同下。

（陆）此次日本以非通常的手续，向我国无理要求，真是岂有此理！真真岂有此理！

（曹）日本所提出条件，虽无因由，我国仍当秉友谊的精神，允其可发开方好。

（施）鄙人与总长同意。

（陆）我们为国家计，当然拒绝他。什么友谊的话，此刻却讲不到了。我就是这样答复（差人答复，同下）。

（日置益、小幡高尾）同上（过场）。

（日置益）我们友好地对他讲，总不肯听，现有非压逼手段来对付他不可了（同下）。

**第二幕　哀的美敦书**

（陆、曹、施）同上。

（陆）日本的通牒这样无理，本总长已据理驳回。这数日杳无消息，日本难道罢了不成？又不知有什么诡计，对付中国了，唉，弱国无外交……中国……中国你怎么得了呢！

（曹）日本向主中日亲善，总长不必过虑呀。

（陆、施、曹）同阅报纸，日使哀的美敦书上（揭示五月七日）。

（日置益）我日本政府要求中国这二十一条，实在便宜他，还要装腔作势。现在我政府已发兵到南满洲去了。今又令我下哀的美敦书，限二十四小时答复。老实说就是用武力威逼，还怕他不承认吗，哈哈……（将哀的美敦书交卫兵即下）

守卫的卫兵将哀的美敦书呈入。

（陆）披阅时大惊失色：啊呀、啊呀、啊呀，这便怎么样好呢？

（曹）已到了这般田地，还有什么法子想呢，只好请日使来承认他了。

（陆、施）均无法，只得忍气吞声的承认他了（差卫兵请日使，同下）。

（日使）上。

（日置益语小幡高尾）中国政府现已承认我们的要求了，约我们五月九日去签草约了。那时候你们随我一同前去。

（小幡高尾）唯唯，同下。

**第三幕**

（陆、曹、施）同上，闷坐。

（曹）此刻一点钟了，日使当然要到了。

（日置益、小幡高尾）同上。

（日置益）已经到了外交部了。

（卫兵）报，日使到。

（陆、施）慢慢地迎了出来。

（曹）急慌赶到门口，先行握手，请进。

（陆、曹、施、日置益、小幡高尾）各就位签草约毕，同下。

这是南通早期话剧存世的文本，已经摆脱了

幕表戏的随意性。文本中，场幕结构、规定情境、人物语言都有固定的文字表述。剧本不仅在讲述一段历史故事，也在传递某种观念与思想，像剧中陆总长沉重的叹息："唉，弱国无外交……中国……中国你怎么得了呢！"至今还发人深省。

这个文本成为跨越时间、空间进行阅读、演出和研究的一个版本。这样的版本面世是南通话剧走向成熟的重要标志之一，是早期校园话剧的一份不可多得的文献资料。

就在校园新剧此起彼落的应和声中，江海大地上的民众逐步将新剧融入了精神生活的菜单之中。新剧成为社会教育的工具，成为直接宣传民主政治的手段。它及时反映高涨的民族自强意识和爱国主义情操，对唤醒民众、改造社会有积极的推动作用。"话剧之乡"不经意间成为南通人民拂之不去的隐性共识。

### 三、春柳派在更俗剧场吹响集结号

1912 年，春柳社成员欧阳予倩、陆镜若等相继归国，在上海召集春柳社成员，组织新剧同志会，倡导"春柳派"新剧。他们辗转江浙两湖地区进行演出活动。1914 年回到上海，易名"春柳剧场"，在新剧民族化的道路上艰难探索。

清末状元、民族实业家、南通人张謇提倡"父实业，母教育"，他在《更俗剧场缘起》中有一段至今仍发人深省的话：

> 教育以通俗为最普及，通俗教育以戏剧为易观感。普通社会之人，职务余闲，求消遣娱乐之地，多以剧场为趋的。剧场实善恶观感之一动机也。欧美人于戏场之改良，犹我往古优孟登场，以讽刺为劝惩之用。观剧者不仅辨其文野之风焉，今欲引普通社会游戏之趋于高尚。因而发其劝惩之观感，则戏剧不当沿伪陋习，其作用须求合于通俗之教育。故愚兄弟有更俗剧场之发起。

张謇建造新型的剧场——更俗剧场，是为了实施通俗教育之目的。于是，他盛情相邀欧阳予倩来通，主持新型的戏曲艺术学校——伶工学社，将培养新型的戏曲人才与戏剧演出实践一体化。春柳派找到了一个峰回路转的重要集结高地。

欧阳予倩出于对中国话剧事业发展的总体战略思考，在南通的三年间，大手笔地下了三着高棋。

一是队伍建设，欧阳予倩抓住了三路大军。

第一是主力军。他召集了一批春柳派旧部吴我尊、徐半梅、张冥飞、宋痴萍、查天影、沈冰血、邹剑魂、陆砚农等聚会南通。更俗剧场开台之初上演的话剧，全靠主力军挑大梁，作示范演出。1919 年重阳节，更俗剧场落成开幕，就将欧氏自编、自导、自演的五幕文明新剧《玉润珠圆》作压轴大戏。春柳同仁全线出击。这部戏在一个多月的时间里连续公演三场，是南通话剧舞台上亮相的第一部原创作品，有着里程碑式的意义。

第二支队伍是友军。当年与欧阳予倩合作共事有一大批昆曲、京剧艺人，欧阳予倩引导他们"客串"新剧，拉他们"下海"。同时也尝试将中国戏曲的写意戏剧观，引入新剧，为构建中国话剧的表演体系进行探索。像上演的法国第一讽刺名剧《社会阶级》(伪君子达尔杜弗)就有不少京剧和昆曲演员加盟其间。这出戏的上演，也是璀璨的法兰西文化在江海大地上的又一次传播。

第三支大军是后备军，主要指的是伶工学社的学员(图五)。欧阳予倩在伶工学社的教学安排上，将新剧列入了教学大纲，从编、导、演各方面渗透了话剧的元素与教程。他编写了《赤子之心》等短剧作为教学剧目，同时让学生们接触世界名著，开阔视野，做了不少努力。1920 年 9 月 3 日，《通海新报》有一则《伶工学社上演名剧》的报道：

> 吾通更俗剧场虽有改良旧剧之意见，至今讵为实行西洋名剧如《华伦夫人之职业》、《娜拉》、《群鬼》诸剧，皆当世文家易卜生、萧伯纳诸氏杰作。或提倡女子人格，或促成废娼运动，为二十世纪中极有声价之名剧。今闻伶工学社某君见告该社，将依次排演以上各剧，为吾国家剧界前途造成新剧完全人才，开一新纪元云。

伶工学社是否如愿以偿地实施上述计划，还有待考证，但来自欧洲以角色语言与肢体语言支撑的戏剧——话剧，在南通已广为传播。

图五　伶工学生

欧阳予倩与春柳派同仁，将伶工学社作为实验基地，排演了大量文明新戏，为中国话剧、电影事业的发展积累了不少经验，像伶工生葛次江、戴衍万最终成为舞台、电影两栖演员。葛次江曾加盟上海民新影剧公司，参与拍摄了《海角诗人》、《天涯歌女》、《西厢记》等四部无声电影。戴衍万参加了《桃花扇》等电影的演出，从此走上影坛。他们扎实的话剧功底被认可。卜万苍从南通起步，日后成为中国电影早期导演之一，与张石川、郑正秋并列为影坛三侠，都是很好的例证。

同时还影响了一批年轻人：演员赵丹、顾而已、钱千里、江村，舞台美术家徐渠，电影摄像师朱今明等，日后皆走出南通，成了蜚声全国的大艺术家。

第二个大手笔是抓剧目生产。

欧阳予倩在通三年间，不断有文明新剧刷新舞台，先后有不同风格体裁的剧目近四十部与南通观众见面。但是选材有道德上的考量：多半剧作赞爱国志士、见义勇为的人和江湖豪侠之流，宣扬纯洁的爱情、婚姻自由、爱人如己、牺牲自己成全别人；反对的是高利贷、嫌贫爱富的、以富贵骄人的、恃强欺弱的、纵情享乐的、不合理的家庭、不合理的婚姻制度、腐败的官场，等等；同情被压迫者，同情贫穷人；有些戏写一个人能运用聪明智慧打破阴谋；有些暴露社会的腐败和黑暗。剧目以悲剧题材为主，采用西方戏剧的分幕制。

在南通话剧史上有里程碑意义的《玉润珠圆》（图六）就是一个尘封许久的例子：

一对热恋中的青年男女，碰上了一个无赖的洋行买办。买办用钱收买女方的父母，又诬赖男生是个乱党，一对情人被迫惨痛分离。男青年改了名字，加入了一个探险团去了国外；女青年也逃出去了，在武昌的一个小学里当教员。过了好多年，男学生在生物学上有很大的发现，回国后到武昌去演讲，在现场遇见了从前的恋人。那时候，洋行买办已经被人暗杀了，从此，两个失散多年的年青人一起专心致志办那个小学校。大家希望他们能早点结婚，可是他们不同意说："我们何必结婚呢？我们的生命是爱，不是结婚。我们的事业就是我们的儿女。如今老年人老了，中年人也会变老年人的。我们的希望、国家的希望，都在这些小学生身上！"

一个充满传奇色彩的故事，一个充满罗曼蒂克的尾声，时至今日，还能引起我们心灵上的共鸣。

在剧目的选择上，欧阳予倩以传播话剧为己任，给南通观众精美的花式拼盘。

一是选春柳名剧。春柳社的第一写手陆镜若，东京帝国大学文科学生，曾拜日本新派剧名优藤泽浅二郎及坪内逍遥博士为师，专门研究过莎士比亚、托尔斯泰、易卜生等大师的作品。他编过不少剧本，影响较大的有《热血》，这是根据法国浪漫派作家萨都的三幕剧《女优杜司克》改编的。大肆渲染革命党人越狱、同反动当局作斗争以及慷慨就义等场面，演起来荡气回肠，鼓舞人心。

还有《猛回头》、《不如归》、《和平的血》、《哀

图六　《玉润珠圆》海报

鸿泪》、《长夜》、《爱情之牺牲》、《情天恨海》、《空谷兰》、《一念之差》、《血泪碑》、《谁先死》等。这些轮番上演的传奇意味较浓的家庭剧,讲究情节完整曲折,在悲欢离合中透示社会伦理,赋有道德劝诫意义。

二是精选不同风格的欧美名剧:法国名剧莫里哀的《伪君子》;德国滑稽喜剧《真假娘舅》,侦探新剧《英国血手印》;挪威易卜生的《娜拉》、《群鬼》;还有据美国女作家斯托夫人著作《汤姆叔叔的小屋》改编的《黑奴吁天录》(图七);根据日本新派剧作家佐藤红绿《云之响》改编的《社会钟》,以及《波兰亡国惨史》、《血手印》等。

三是新剧目创作:时政新剧依旧是热点题材。《南北共和》关切辛亥革命中的重大事件;《黑籍冤魂》、《一饭之恩》都是写鸦片祸害国民的惨剧;《哀弦泣豆记》、《新茶花女》是市井百姓身边的故事;《阎瑞生》则是轰动一时的社会性新闻剧,演出中,台上时而有水,时而开上一部真汽车;而《拿破仑》则是将沦为阶下囚的拿破仑与阿瑟芬的另类爱情故事搬上了舞台。

欧阳予倩认为"立体是戏剧,平面是文章"。筛选历史传奇故事新编成剧占了一定的比重。《双头案》、《柳暗花明》、《穷花富叶》等,都是震撼人心、拍案惊奇的力作。其中,根据野史编撰《麻衣案》,演出更是轰动一时:

> 古时候,李公子与文氏女子成婚之日,父亲突然死去,李公子忙于伴梓守夜。有位姓魏的贵公子却趁机潜入洞房调戏新娘子。其婆婆发现后,首先斥责儿子无能,儿子受不了这番羞辱,自杀身亡。媳妇文氏也上吊死了。案件惊动了孙县官。孙县官从作案人遗留在新房中的一件麻衣入手,通过裁缝那里找到制衣人。于是缉拿真凶魏公子,案情大白于天下。

如此这般的家庭公案戏在中国戏曲的长廊中数不胜数,但出入于话剧舞台,挑战观众传统的审美习惯底线,对上市民的观赏口味,应该说是个有胆识的尝试。无论是新编古装戏还是时政"现代戏",在人物形象创作上,作者都遵循西方戏剧的模式,把思想意义与人物性格相融合的形象视为

图七　《黑奴吁天录》场面

上品,反对人物直接对台底下讲话、喊口号、进行宣传鼓动。

欧阳予倩同时还探索话剧,有出戏叫《月宫得宝》,话剧里穿插京剧,将东西方两种不同的戏剧形态作了整合。

欧阳予倩下的第三着棋是借重传媒。

当时与更俗、伶工相匹配的有一张四开戏剧小报《公园日报》。报纸刊载演出广告、新戏评议、演员介绍、排演花絮、戏剧互动游戏、国内外戏剧动态、剧目选登等。比如英国佳构剧大师王尔德《温德米尔夫人的扇子》由潘家洵翻译,取名《扇误》,在《公园日报》上连载。这让更多的人通过平面媒体来接触、了解与中国戏曲不一样的西方话剧。

欧阳予倩为南通话剧事业做了大量启蒙与铺垫工作:有配套成龙、相对成熟的编导演与舞台美术工作班子,以及明日之星的培养基地——伶工学社;有固定的演出场所——更俗剧场,培养与稳定了新剧观众群;有为之宣传包装的平面传媒——《公园日报》,在社会上为新剧鼓与呼。

伶工学社、更俗剧场、《公园日报》,三足鼎立,功能各异,互补互助,形成良性的互动循环,适调了新剧的观演关系。吴我尊有一篇剧谈《更俗新剧场〈玉润珠圆〉之好成绩》:

> 更俗剧场开幕之夕,演予倩君所编之《玉润珠圆》。最可钦佩感谢者则观客始终静听与神会,故演者与观者之呼吸歙然相合(日本名优高田实君有言,演剧之所以能动人者,皆能与台下呼吸相合也。凡不能动人者,皆未能与台下呼吸相合也。余常叹为名言),演者忘其身在台上,观客亦几觉身入境中,此为中

国剧场绝无仅有之现象。不图于南通见之。

南通话剧的职业化运作、商业化操作、观演关系的良性互动，长达三年，在当时之中国不得不说是个奇迹。由此营养了话剧在南通的生态环境，夯实了"话剧之乡——南通"的基础。

### 四、爱美剧风行江海

随着欧阳予倩与春柳派成员先后离去，从事专业新剧演出的团体完成了他的历史使命，与南通观众渐行渐远。

新剧在中国也走到更姓换名的驿站。新剧传入中国之初有不少称呼：新剧、文明戏、白话剧，等等。1928年，上海戏剧界纪念易卜生百年诞辰大会，从美国学成归来的洪深提议"天下一统"，将这种新型的戏剧定名叫"话剧"。从此话剧成为中国戏剧百花园中的一颗常青藤。

话剧有专业与业余演出团队之分。中国话剧早期杰出的代表人物汪优游受西方非营业性独立剧团的启发，倡导"爱美剧"。"爱美剧"系英文Amateur的音译，意为业余的。"爱美剧"指业余演剧，即非职业演出团队，上演宣传社会变革主张的话剧。

话剧是一个剧种名。爱美剧是上世纪二三十年代，话剧业余演出团队时尚的标识和称谓。

南通土生土长的话剧业余团队受五四运动新思潮的影响，接过了话剧传承的大旗，"爱美剧"登上了历史舞台。

1928年4月15日，南通民众教育馆组织社会青年和在校学生，成立了非职业话剧演出团队——新民剧社。汪优游作为特邀来宾，现场演说，宣传爱美剧的新观念。这与新民剧社的建社宗旨不谋而合。新民剧社宣言中称道：

> ……你们请看，中国的几万万人民，大部分都陷溺于"穷"和"愚"的深窟里。他们惟其因为愚，不知勇敢地发（站）出来改革社会制度。因社会制度不良，所以更穷；他们又因为穷，不能获得相当知识，因而更愚。就在这穷愚展转相因的局势下，便造成现在不可收拾的紊乱的社会了。要挽救现实社会的紊乱，非根本促起民众的自觉不可，非使他们自

> 动的从事解除自身痛苦的运动不可。我们组织剧社，其动机就在促起民众的自觉，其目的就在挽救社会紊乱。此外还有一点要注意的，便是提高民众的艺术的程度，而陶冶其性情与道德。

时隔不久，南通敬儒中学一群十四五岁的学生成立了"小小剧社"。剧社的主要成员有赵丹、钱千里、顾而已、朱今明等。

当时南通的"爱美剧"团队，遍布大中专院校：医学院梅光学社、纺院、农校、通院附中、七中、通师也都纷纷成立演出团队。1928年左右，北伐军到达南通，第一届师范的学生上演《革命血》、《弃妇》，为将士们壮行。女师三十周年纪念活动中，学生们上演《雷雨》……爱美剧成为二三十年代间南通话剧的又一道风景线。

爱美剧团队的剧本创作视角转向江海大地，更关注身边的人和事，构成形式也更加灵活，有时候是一戏一联盟。

清朝末年，南通有一位叫沙淦的年轻人，中学毕业后，于1905年东渡日本，留学东京成城警监学校，参加了孙中山的同盟会。1911年，沙淦从日本回国，在上海著书办报，宣传革命。1913年，孙中山反对袁世凯独裁，发动二次革命。沙淦积极响应，组织敢死队，进攻上海江南制造局，建立奇功。7月，因革命军军饷供给不足，他以红十字会野战医院名义返回家乡南通，拟往江北各县筹募捐款，不幸被袁世凯爪牙所捕，壮烈牺牲。

时隔十五年，南通的父老乡亲没有忘却英雄，要为他建纪念碑。冯式如、袁剑痴等联络"学界男女大家客串"，在南通剧场上演实事新剧《沙烈士》（图八）。围绕《沙烈士》的排演，不同学校的师生与职业艺人跨界联合演出，是南通爱美剧的盛事，这个剧本也是南通乡土题材面世的第一部创作剧目。

欧阳予倩对南通的话剧事业还是情有独钟的。1928年7月初，他重返南通作短期演出，专门去新民剧社，为该社开排他的话剧新作《潘金莲》，作悉心的辅导。1930年，南通话剧运动遇到更上一层楼的机遇。中国共产党领导的左翼戏剧家联盟（简称"剧联"）开始进一步影响南通。中国话剧早期倡导人田汉，对南通十分关注。2月，他领

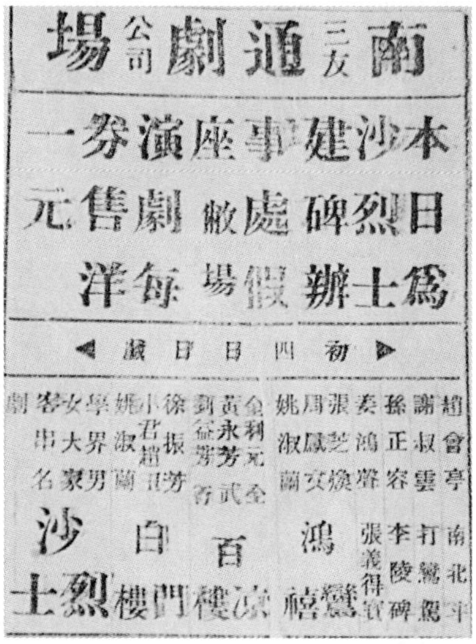

南通三友公司劇場

本日為沙烈士建碑辦事處假座敝場演劇每券售洋一元

初四日日戲

趙會亭 謝叔雲 孫正容 秦鴻聲 張芝煥 周慰安 姚淑蘭 全利元 黃永芬 劉徵芳 徐振芳 小君趙 姚淑蘭 學界男 女大家 客串名劇

南北平 打鸞駕 李陵碑 張義得寶 鴻鸞禧 百凉樓 白門樓 沙烈士

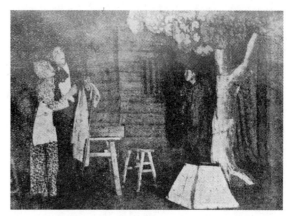

图八　排演《沙烈士》

导的南国剧社的分支摩登剧社，偕上海艺术剧社应南通新民剧社邀请，来通演出。行前，上海剧联领导人夏衍亲自到码头为演员送行。左明、王莹等带来《梁上君子》、《血衣》、《悭吝人》、《父归》、《小偷》等中外名著。演员们规范、精湛的演出令人折服，南通人欣赏到了真正的话剧艺术，同时进一步感悟到"话剧必须面向大众，起到推动时代前进的作用"。剧联团队的南通之行，对南通话剧界成员艺术修养与思想素质的提高，起了积极的作用。

接着，剧联给南通话剧界创造了不少赴上海观摩学习的机会，还将剧联演出的剧本无私地支援给南通话剧人，又经常派人来南通指导。小小剧社的剧目绝大多数都是郑君里、赵铭彝导演的。当时，赵丹的父亲在南通城里开了一家新新大戏院，是个可以不花钱的演出空间。小小剧社先后上演了《乱钟》、《月亮上升的时候》、《苏州夜话》、《南归》（图九）、《小偷》、《生之意志》、《火之跳舞》、《民族之光》、《决心》、《除夕》等。他们在南通舞台上的演剧实践，为日后进军上海剧坛和中国影坛作了重要的铺垫。

到了年底，剧联委派郑君里、赵铭彝再次来南通，指导新民剧社、小小剧社排演新作，同时策划成立了剧联南通分盟，这是全国最早的一个戏剧分盟。南通的话剧实践，融入到全国话剧运动的大潮之中。此后，在上演的剧目选择倾向中，由原来的反封建、反军阀的内容，逐步转移到反对国民党统治、宣传阶级斗争的主题上来了。有一出戏《居住二楼的人》：

> 一个工人工伤后，被资本家雇用的律师所欺骗，放弃了应得的权利，迫不得已做了"小偷"。一天晚上，他偷到欺骗他的律师家里。仇人相见分外眼红，他用手枪指着资本家的走狗说："你们这些人骑在我们背上，究竟骑在一部分，那不要紧，只要我们一翻身，你们就会倒下来。"这样的作品不是阶级斗争概念化的说教，而是将生活在社会底层普通人的际遇和心声不加修饰地捧奉给了观众。

1935年，在剧联的指导下，新民剧社和小小剧社联合排演洪深的《五奎桥》（图一〇）。已在上海明星影片公司工作的赵丹根据剧联的指示，参与导演工作并饰周乡绅一角。当局着慌起来了，认为是红色剧本，准备在公演之日，待戏演到暴动场面时上台抓人，由观众证明是共产党鼓动暴动。演出虽被迫停止，却得到市民的广泛同情。

图九　小小剧社 1932 年 5 月公演《南归》

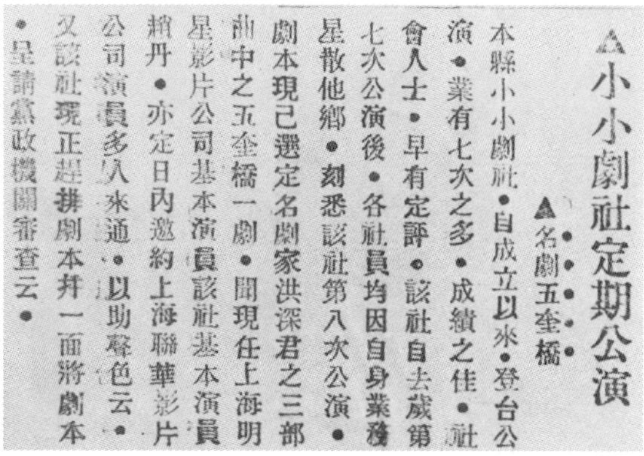

▲小小劇社定期公演

▲名劇五奎橋

本縣小小劇社•自成立以來•登台公演•業有七次之多•成績之佳•社會人士•早有定評•該社自去歲第七次公演後•各社員均因自身業務星散他鄉•刻悉該社第八次公演•劇本現已選定名劇家洪深君之三部曲中之五奎橋一劇•聞現任上海明星影片公司基本演員該社基本演員趙丹•亦定日內邀約上海聯華影片公司演員多人來通•以助聲色云•又該社現正趕排劇本并一面將劇本呈請黨政機關審查云•

图一〇　小小剧社 1935 年上演《五奎桥》

新民剧社与小小剧社通过上海艺术家的教导，话剧排演迈上了严谨、规范的艺术轨道，对风起云涌的南通城乡业余话剧实践，起了很好的示范效应。

### 五、抗战话剧　亮剑民族魂

1937年7月7日，日本侵略军在北京卢沟桥挑起事端，借故全面入侵中国。中国人民奋起反抗，抗日的烽火燃遍华夏大地。在长达八年抗击外敌的殊死搏杀中，抗战戏剧成为南通人民自发的行动。军民一心，国共两党的宣传团队互动，从大江边的南通城、如皋城到大海边的如东、海门各县，从敌占区到根据地，到处有抗战话剧演出的身影。

乡村话剧遍布江海大地。南通县组织"抗日流动宣传团"，演出了《里应外合》、《王老爷上街》、《汉奸的女儿》，如皋县肖马（今夏堡）和芹界（今扬庄）两个剧团演出了《冒险立功高红英》、《女汉奸陶桂英》、《一根扁担换一根枪》、《阴审汪精卫》、《锁着的箱子》、《围困搬经》等剧目，刻画了农民、战士的新形象。如皋"春泥社"上演了《汉奸的子孙》，金沙"友声社"演出了《保卫卢沟桥》，掘港的尖兵剧团上演根据田汉创作的《刽子手》改编的《血》，及史白的《雪》、《米》、《捐》，五幕剧《游击队的成长》。石港宣慰第八支队上演《重逢》，四分区政治部演出《陈家兄弟》，反清乡期间，如东苴镇大众剧团演出《宁死不屈》、《关门捉鬼》、《父子参军》、《黄海边上英雄多》，以及石流编剧的《维持　维持》等。这些作品大部分说的是身边的人和事，反映抗日斗争现实，即编即演，运用生动的群众语言、当地方言进行抗日宣传，易于被群众接受。

以上的演出多为活报剧形式，即将平面报纸

图一一　街头剧《放下你的鞭子》

的新闻，化成人物的语言和行动，活灵活现地演给人们看，如同活化了的报纸，是一种白描，讲究时效性、通俗性，有很强的政治性与鼓动性。

还有一类街头剧，或叫广场剧，顾名思义是在街头（田头）即兴演出的戏剧。如《三江好》、《最后一计》、《放下你的鞭子》，合称"好一计鞭子"，风行一时。其中，《放下你的鞭子》（图一一）更是演遍了南通城乡。

上世纪20年代末，田汉根据歌德的小说《威廉·迈斯特》部分情节中眉娘的故事改编成独幕剧《眉娘》，说的是吉卜赛女郎眉娘被迫卖艺的故事。1931年夏天，陈鲤庭执笔，将《眉娘》改编成《放下你的鞭子》。后来又经过崔嵬等人多次修改完善，成为完全中国化了的街头剧。

《放下你的鞭子》讲述了这样一个故事：九一八事变后，从东北流亡到关内的香姐和父亲靠卖艺维持生活，又累又饿的香姐刚拉开嘶哑的嗓子唱了一两句就跌倒在地，急得卖艺老汉火冒三丈，拿起鞭子抽打姑娘。观众们以为香姐是老头买来卖艺的，便向他怒吼：放下你的鞭子！而姑娘边哭边诉，边护住老父说："我们东北叫鬼子占领之后，可叫凄惨哪！无法生活，只有流浪、逃亡，无处安身，没有饭吃，过着饥寒交迫的日子……"这部街头剧真实感人，通过父女俩的遭遇，控诉了日本侵略军的滔天罪行，号召中国人团结起来挽救中华民族的危亡。第一次演出是在北京香山，当年19岁的张瑞芳和崔嵬演出。而观众根本不知道这是一出戏，始终以为是刚刚发生的一幕真人实事，无不心潮澎湃，义愤填膺！后来，才发觉这乃是一出广场话剧。

一时间，全场青年情绪鼎沸，像开了锅，激荡不已。不由得高呼起来：我们不当亡国奴！打回老家去！打倒日本帝国主义！口号声、高吼声，震动群山，回荡高空，有如向苍天大地长吼！

这样的作品将个人命运与时代命运、民族命运纽接在一起，将生活、艺术、政治交融一体，打破了剧场艺术对峙式的互动模式。剧场看戏，观众是相对理智的看客，欣赏的是台上演员假戏真做的技艺与分寸，也许会融入剧情之中，产生情感上的互动；而这出街头剧，观众是一群裹入"突发事件"的路人，他们信以为真地融入了这街头一景，参与、投入与互动。这样的戏剧观赏美学在当代世界各地的快闪、行为艺术,后现代的情景戏剧都有新的延伸与阐释。

第二类是艺术话剧或称都市话剧,努力建造演员—观众—剧评三位一体的成熟的本土话剧体系架构。其实三位一体的话剧体系架构,是欧阳予倩与春柳派在南通时的艺术实践,旨在追求话剧艺术的完整性,这样的一套机制已经走入了历史帷幕。时隔二十余年,是一种重新启动,一种本土化运作的启动。因为"评论"这一块,在当时主要依赖平媒报纸,而报纸又是都市文化的宠儿,所以这一类话剧实践又标以"都市话剧"的名号,主要的活动场所在南通城区。

首先,演出团队在剧本选择上,注重思想性与艺术性合一的大局意识。有一出戏《江舟泣血记》写万县惨案,反映英国人残杀中国渔民的事情。孤立地看,是出伸张民族气节的戏,也很感人。但是摆在当时日本人鼓吹的大东亚共荣圈的角度看,客观存在着想模糊中国人对反法西斯战争的认识,是一种不恰当的焦点转移,就放弃了排练计划。

在演出过程中遵循现实主义的创作原则。比方说演出《雷雨》,现场效果制作就十分的精细化。后台的地板是作雷声的效果场,有的滚大石担,有的抛铁球、摇动薄型铅皮作迅雷,八把芭蕉扇子上放黄豆,作雨声。沉雷、滚雷、迅雷、炸雷与雨声交错成一曲逼真的大自然交响曲。

演员的角色创作,也注重观察生活,从人物出发。1944年2月9日,青艺剧社在新新大戏院上演根据俄罗斯安特来夫原作《在吃耳光的人》,由师陀翻译改编的四幕一景《大马戏团》(图一二)。这是个爱与恨交织的悲剧:扬子江下游的一个水陆码头,有一个马戏团在那儿卖艺,团主马腾蛟的姘妇盖三爷爱上了跑马的小铳。小铳正爱着走索的翠宝,但是翠宝却为她的父亲慕容天锡下嫁于黄大少爷。在饯行席上,小铳给翠宝饮了一杯毒酒,他自己也喝完剩下的半杯,在疯狂中,烧着了马戏场,盖三爷在愧恨中也跳进了火堆。

有位叫徐平的演员,饰演剧中团员甲。他以笔名张山的名义,洋洋洒洒地写下了数千字的创作体会《回忆我演〈大马戏团〉的团员甲——戏剧典型人物的刻划》,发表在1944年6月2日《江北日报》:

图一二 《大马戏团》

我演的是其他——这意思是自嘲我扮演的四个角色的不重要;但也含有强烈的母爱——我心血刻划成的粗鲁的江湖人物。看过《大马戏团》的可敬的观众,也许没有忘记那辛辣的爱与恨,血与火的史诗,以及那些被命运和制度所压烂了的那些可爱的灵魂吧。他们——被忽略了的马戏团团员们,是在恶劣环境中惟一快乐的人。他们以劳力、臭汗争得面包,"把一身汗和泥巴他妈的全给了一澡堂的了"(团员丙台词)。然后傲然地俯视那些高贵但是卑污的贵族,正义感地同情着自己,不幸的一群中不幸事件;惟有他们才是不受环境克服的原人。

我傲然地接受了这个一句话的角色,一半是打破明星制、主角欲者的自私,一半也想尝试寻个理想——用少的言词、动作也可以雕塑一个典型吗?

我和文艺爱好者的友人讨论,和导演先生争辩,我在下层阶级中找活生生的人物,我观察了若干次卖解玩把戏的场面,我十分严肃地创造这个人物,属于"其他"不重要的角色。《梁上君子》虽是喜剧,实则应当"悲剧"看,"含泪看苦笑"比"痛哭流涕"的滋味如何?

大戏剧家黄佐临的《梁上君子》(图一三)由剧联领导下的上海摩登剧社首演于南通。从剧名上就可以看出,这是一出"审丑为美"的荒唐闹剧。观众们在笑声里要有一种反思。围绕作品风

图一三　青艺剧社演出《梁上君子》

格体裁的把握,年轻的南通戏剧评论群体,在报纸上展开了激烈的争辩,潜移默化之中,培养着南通话剧观众的审美情趣,成为话剧生态链的重要一环。有一段《梁上君子》观后写得很精彩:

> 你们以小丑脸上的粉,撕破人类堂皇的外壳;
>
> 你们以玩世者的狂妄,诉说他们隐藏的丑恶;
>
> 以喑哑的扭捏的声调,掀起观众千万声的狂笑。
>
> 而当你们别离了舞台,观众仍在社会里寻找……

最后,还对观众进行了疏导:我希望观众们不要以它是一出闹剧去欣赏,去看笑话;应该当它是一出悲剧,我们要流泪,我们要反省,我们要从良心上去改革,使自己不再是一个可笑的材料,使社会不再是一个自己笑自己的社会。

这样的疏导大有耳提面命之虞,但年轻幼稚的话剧批评群体却是真诚的。

## 六、全民话剧热　迎接新中国

抗日战争胜利后的南通大地,话剧事业一片火红。乡村话剧、都市话剧、部队话剧三支大军支撑起南通话剧的又一个盛世。在那三年解放战争的特殊年代,话剧并非是一种纯艺术行为。当时,主要乡镇都有剧团,经常公演,并进行评奖。乡村话剧的主要任务是配合推翻国民党旧政权宣传的

需要,那些粗放型、即时性的时政活报剧、广场剧演出是匕首、是投枪。写戏、演戏、看戏,多是本乡本土的人,台上演出的都是发生在身边的鲜活的人与事,回答的是社会大众关切的问题。

1945年,抗战胜利后,掘港黄海剧团成立,演出了《雾重庆》、《民主万岁》、《反法西斯胜利万岁》、《阵地》、《民工张仁贤》、《阴谋诡计》、《台湾人民》、《张得宝归队》等剧目,最为著名的是四幕话剧《白桐本》。如东县文工团、马塘青虹剧团演出了《自由魂》、《锁着的箱子》、《山河血》、《惩奸》等。如城民众教育馆上演了《觉峰和尚》,白蒲志远剧团演出了《英雄好汉》。

解放战争期间,为了配合土地改革运动,如皋翻身剧团创作演出了《六月初二》、《王小二过年》、《张桂英翻身》等话剧,对群众教育很深。当时有评论说:戏演到哪里,哪里群众的思想疙瘩就能解开,哪里的土改运动就能轰轰烈烈地搞起来。老百姓把看翻身戏、喝翻身酒看成是最高兴的事情。现在看来,这样的表述太夸张了,但恰恰是当时政治大环境下,农民兄弟朴实的心态。

1946年3月18日,在国民党统治下的南通城里,以通中、女师等校学生为主的各界青年上千人走上街头,迎接前来视察的北平军调处执行小组,反对内战独裁的斗争,表达南通人民争取和平民主的强烈愿望。国民党当局惊慌失措,他们先后逮捕并残酷杀害了钱素凡、孙平天等八人,制造了震惊全国的“三·一八南通惨案”。这些烈士大都是青艺的演员。如东掘港黄海剧团和南通县石港青联会,分别以这一事件为素材,创作了大型话剧《长江血》和《桃之华事件》在两地公演。

1947年深秋的一天,在如东虹元小学操场上召开虹元乡复查动员大会和苏云剧团成立大会,到会达三千多人。苏云剧团首场演出四幕话剧《枯井沉冤》(图一四),讲的是二十六年前震惊皋东的一件冤案。这是发生在当地的一件真人真事:贫苦农民汪有才,自从妻子死后,带领两个子女艰难度日,大地主朱少卿以逼债为名,强迫汪有才的女儿汪素贞以人抵债,给朱少卿做小老婆。汪素贞被迫进了朱家,一心想逃出虎口,极力反抗,终于逃出了朱家大门。1947年,共产党解放了如东,二十六年前的冤案得到平反昭雪。

根据这个真实事件编写的话剧原为四场。演

出结束时,群情激愤,久久不肯散去。结果三名凶手被押至会场公审,现场处决,当即由民兵执行。凶手人头落地,群众人心大快。《枯井沉冤》前四场由演员演出,最后一场,真戏真做,当场枪毙大恶霸地主朱少卿。演出空间转换成刑场空间,艺术时空转换成极端的政治时空,看戏的观众转换成见证冤案审理终结的群众,是中外话剧史上罕见的个案。

毛泽东主席在《在延安文艺座谈会上的讲话》中指出:"文艺为政治服务,文艺为工农兵服务。"到了1980年,在全国文代会上,修订成"文艺为人民服务,文艺为社会主义服务"。现在看来,在那个特定的年代里,毛泽东的文艺思想还是有一定的实践意义的。

如果说乡村农民演出是就地消化的文化快餐,那部队的战士演出队则是四处穿行的文化快递。当时从军分区到各个县都有文工团组织,他们在四乡八镇巡回演出。

前线剧团和七纵队文工团演出了苏联名剧《前线》,还有《同志你走错了路》、《中国人》。国民党剧团在白蒲上演《秋海棠》。分区各剧团上演了《丁赞亭》、《黎明前的黑暗》、《自由魂》、《正在想》、《黑暗的西南角》等。《甲申记》取材于明末农民起义中的一段史实,告诫全军将士,切莫以为天下太平,可以刀枪入库,马放南山,要有迎接新战斗的思想准备,实际上是解放战争的动员令。

在南通城区,以青艺剧社、巨浪剧社为代表的各话剧团队逐渐成熟,推出了一批优秀的中外名

图一四 《枯井沉冤》

图一五 《原野》

著。自1945年到1946年春短短的三四个月中,新新大戏院连续上演了七个大型话剧,国民党部队演出队演出《野玫瑰》。城里三个剧队上演了根据莎士比亚《李尔王》改编的《三千金》,根据高尔基《底层》改编的《夜店》,根据俄罗斯名剧果戈理《钦差大臣》改编的《巡按使》,曹禺的《原野》(图一五)及《深渊》。青艺剧社上演《梁上君子》时还卖出了站票,可见南通话剧观众之众。话剧和其他文艺活动的空前高涨,团结了广大青年,推动了民主运动的蓬勃开展。话剧对南通地区不同层面的全覆盖,使话剧成为全民共享的精神文化百花园,南通成为名符其实的话剧之乡。

### 七、百花齐放 迎来话剧事业的春天

1949年10月1日,中华人民共和国宣告成立,南通进入了社会主义建设的和平发展时期。虽说话剧是最直接、最自由、最方便也最容易被普通民众掌握的形式,但战争年代粗放型的全民话剧运动已经完成了它的历史使命。

建国后的第一个十年间,话剧团队发生了量与质的变化。话剧团队数量锐减,乡村剧队与学生剧团曾经是战争年代话剧运动的活动主体,在新时期,两支大军各自在田园与校园中,开始了自身的新追求。话剧活动主要集中在城镇业余团队中。这些团队在努力践行话剧回归艺术本体的同时,不断提高自己的业务水平和艺术修养。如东黄海剧团、如皋工人剧团、南通县石港镇青年剧团等综合性的文艺团队有相对稳定的成员,有常年活动的规划,上演了大型话剧《曹顶抗倭》、《保尔·柯察金》、《槐树庄》等剧目。

在城区,文化部门与工会系统通力合作,挑起

了话剧活动的时代大梁。

1956年8月下旬至10月底,市人委文化科和工人文化宫联合主办了全市第一次工人话剧会演,共31个职工话剧团队参演,工业、商业、交通运输、财政金融、医院各系统400余人积极参与,34个独幕话剧上演。不同行业的业余演员扮演不同行业里的角色,有浓郁的生活气息,演来更为传神达意,足见南通话剧的普及程度。这些戏取材于现实生活,讴歌新时代,触摸到人们的思想脉络与精神生活。每台演出从剧本到排演,市工人文化宫总会派出人员进行艺术指导,话剧会演历时两个多月,每逢周六日晚上,工人文化宫三厅必有演出。此外还出会刊点评作品,见仁见智,让大家畅所欲言,组织专业评委会进行评奖,业余团队的专业化修炼成为大家的共识。从获奖节目看,不同风格体裁的作品仿佛构成了一幅火红年代的"清明上河图",这也是落实毛泽东主席"百花齐放、百家争鸣"文艺方针的成果:

《照相那一天》(商业工会文工团)、《和平队伍》(人民银行工会)、《十六条枪》(市人委业余文工队)、《一把遗失的止血钳》(苏北医学院附属医院工会)、《经理与骗子》(工商联工作人员工会)、《远方来客》(大生一厂工会)、《十九号蓝图》(大生副厂工会)、《幽暗的角落》(油脂、轧花厂工会)、《家务事》(市工人业余剧团)、《新局长到来之前》(市税务局工会)、《两个心眼》(市中文公司工会)、《台湾人民的心愿》(唐闸交通运输工会)、《星期天的早晨》(天生港电厂工会)、《一件棉袄》(通燧火柴厂工会)、《小俩口》(市人民银行工会)……这次活动是在职工话剧活动广泛

图一六　南通市歌舞话剧团演出话剧《甲午海战》

开展的基础上举办的,又反过来促进了职工业余话剧活动。

1957年是中国话剧运动五十周年,全市的话剧爱好者,自觉地发挥集团效应,组织了文化馆百花剧社、工人文化宫演出队、市业余文工队、郊区农民业余剧团、红领巾戏剧组,推出了《雷雨》、《夜店》、《枯井沉冤》、《马兰花》四台大戏,另有22个独幕剧演出。《爱的风波》、《顾正红之死》、《妯娌之间》、《脚印》、《十六条枪》、《朋友与敌人》、《今日有酒今日醉》、《异路人》等,其中不少作品努力塑造了真实可信的人物形象。

话剧作为一种大众传媒,进一步深入人心,南通国棉二厂工会于1958年9月举行了厂区创作话剧会演。参加演出的五个独幕剧为《目的》、《调令》、《满勤奖》、《贵客临门》、《三等公民》,从不同的侧面反映了50年代纺织工人在生产建设中的新风貌。成立于1953年的南通工人文工队,短短三年时间里排练了《幸福》、《红旗》、《形式主义》、《姊妹俩》、《中秋之夜》、《破旧的别墅》、《粮食》等话剧,更是起到了示范效应。

随着人们对精神生活品质追求的提升,成立话剧专业团体的呼声越发高涨。在南通地区,第一家兼演话剧的综合型专业文艺团体是1958年6月成立的南通县文工团,演出的第一出大戏是《鸡毛飞上天》。

时隔半年,1959年春节,以演话剧为主的南通市歌舞话剧团成立。剧团广纳群贤,招兵买马,演职员由三支队伍构成:主体是南通市、县的业余话剧骨干,解放军部队文工团、南通县文工团部分专业演员,上海艺术院团学成归来的新秀纷纷加盟。初生牛犊不怕虎,剧团先后排练了《敢想敢做的人》、《无名岛》、《甲午海战》(图一六)、《渔人之家》、《东进序曲》、《雷雨》、《名优之死》、《三块钱国币》、《啼笑姻缘》、《红岩》、《兵临城下》、《雷锋》、《霓虹灯下的哨兵》、《年青的一代》、《抓壮丁》、《千万不要忘记》、《南海长城》、《豹子湾战斗》、《激流永进》、《首战平型关》等作品。凡是在全国舞台上演出的热门话剧,在南通的舞台上几乎同步上演。南通市歌舞话剧团跨进了中国话剧互动的大平台。

对待上演的作品,剧组有认真的思考。比方

说,《啼笑姻缘》诉说旧世界是一个制造无数冤魂的深渊,旧社会是个大磨子,善良的人常常被磨成粉末。

对《豹子湾战斗》的解读是:人们越是在困难的时候,精神世界越是积极向上。这已是站在哲学层面的审视了。

当时不少作品,不但在全国亮相,也登上了华人世界的大舞台。《年青的一代》在香港、澳门、新加坡等地也火爆上演。这出戏说的是年轻人的幸福观与价值观的问题,剧中的两个主要角色林育生与肖继业,对待幸福观有不同解读:年轻的地质工作者肖继业默默无闻地在深山旷野里奋斗,他认为幸福不一定是惊天动地的壮举,能为他人做有益的事,就是幸福;而林育生则认为,为了个人的幸福可以不择手段地侵占别人与社会的利益。林育生原谅自己、怜悯自己、纵容自己,一个革命先烈的后代,走上了与社会、他人严重对立的危险边缘。这样的作品在当代,在不同的国度,还是能引发不同的思考。一位当年南通"青艺"的老团员,看了一个个新戏后,十分感叹:比起过去"青艺"同仁,导演、演员都不可"同日而语"了。

正当剧团储备人才,构建一个更加绚丽的话剧百花园的时候,历史的航船拐进了十年"文化大革命"的暗流之中。在八大样板戏一统天下的日子里,话剧演员还是不忘自我练兵。1973 年,电影演员陶玉玲(《九九艳阳天》中的二妹子)来团工作后,主演了剧团自己创作的四幕话剧《常青草》,这是一出歌颂医务专家发扬革命人道主义精神的正气歌,在南京大会堂公演五场。有关当局居然要求增加斗争"走资派"的戏,戏被改得不伦不类,自然消失了,但是陶玉玲质朴的表演对全团是个示范效应。

南通的话剧人默默祈盼话剧又一个春天的到来。

### 八、话剧之乡 跨世纪的求索

1976 年金秋,延宕了十年的"文化大革命"终于闭上了灰色的帷幕。南通市话剧团、海安县文工团、南通县文工团,三大专业剧团共同打造了话剧的又一个春天。

1976 年 10 月,南通市话剧团在全国率先恢复

图一七 话剧《万水千山》演出于上海

图一八 《枫叶红了的时候》上海演出节目单

演出《万水千山》(图一七),引起了不小的轰动。《万水千山》剧组应电影演员张瑞芳和上海人民艺术剧院的约请,赴上海美琪大戏院公演,在全国话剧复苏的起跑线上,打响了第一枪。

1977 年 8 月至 12 月间,南通县文工团诚邀胡伟民(后为上海青年话剧团导演、上海戏剧学院客座教授)执导的《枫叶红了的时候》(图一八)巡演大江南北 105 场,在上海市连续演出 58 场,刷新了当年上海市乃至全国演出市场的记录。当时演出不组织包场,全靠观众自然上座。居然有观众连续七天购票观看,为南通话剧走出去、市场化运作开了个好头。上海戏剧学院副院长朱端钧,上海人民艺术剧院杨村彬、庄则敬,上海电影制片厂张瑞芳、李天济、鲁韧等对演出的严谨与人物鲜明且有分寸的个性刻画都给予了较高的评价。导演胡伟民的一番诗意般的讲话,至今还是令人咀嚼的。他说:

《枫》剧是场闹剧，但此闹非胡闹，夸张与含蓄是对立的统一。含蓄往往在艺术上使人感受深刻，分寸感是导演艺术的核心之一，真理过分强调一点会成为谬误，诗意略加夸张则成了滑稽。像人吃饭一样，七八成正好，吃了十成就会恶心呕吐。导演艺术是八方限止下的艺术。只有在这样的艺术空间中去做足文章，才会使自己、创作集体和观众乐在其中。想离开戏剧艺术的本质规律去随心所欲，只能是自杀和被自己以外的一切所遗弃。

1982 年，独幕话剧《典型问题》由通棉二厂工人宋澄执笔，说了一起责任事故认定的小故事。车间主任断定是转变青年杨菲干的，正要责令小菲检查，劳模徐兰向又要走回头路的杨菲伸出了深情的友谊之手。一个生活侧面，反映了领导对待先进人物与后进青年不同的态度，触发了人们的思考：不要用有色眼镜、用一成不变的观念去对待身边的人和事。这样的主题，不仅仅是那个时代人的思考，也可以说是不同时段人类共同的问号。作品已经超越了政治教育的范畴，成为一个令

图一九　南通市话剧团演出话剧《桥头镇特区》

图二〇　话剧《青春放飞》

人咀嚼的母题。1983 年 1 月，《典型问题》为全国政治思想工作代表大会演出，并送戏下基层，去北京第二毛纺厂、丰台铁路局演出。这是南通首个进京演出的话剧。

20 世纪 80 年代始，新时期中国话剧与文学同步，加强了"人学"研究，推动了话剧艺术的探索和革新，话剧美学经过长时期的沉寂之后，又一次敞开了自己的胸怀。于是，西方现代主义戏剧思潮、流派再度被引入，如荒诞派戏剧、存在主义戏剧、贫困戏剧以及布莱希特等戏剧理论的被关注。吸收其一切有价值的成果，坚持"以我为主、为我所用"。这种借鉴、消化和融合让南通的话剧舞台充满了活力，《万水千山》、《八一风暴》、《于无声处》、《枫叶红了的时候》、《报春花》、《一双绣花鞋》、《没法儿说》、《假如我是真的》、《不准出生的人》、《姜花开了的时候》、《高山下的花环》、《阿混新传》、《母亲的歌》、《双人浪漫曲》、《十五椿离婚案》、《桥头镇特区》（图一九）、《搭错车》、《魔幻世界》、《寻找男子汉》、《红马》、《英雄交响曲》、《哭哭笑笑》、《亲爹来了》、《甜酸苦辣》……不同风格的作品你方演罢我登场，红红火火。

1980 年春天，江苏省第四届文代会在古城南京开幕。4 月 18 日，南通老一辈话剧人、江苏省委书记许家屯看望南通市代表，看望当年如皋春泥社话剧演出的老团员时说：南通的话剧搞的早，出过赵丹、顾而已等人，南通是个"话剧之乡"。

"话剧之乡"这个晚出的命题不胫而走，成为南通及中国话剧界、电影界的共识，同时也让南通的话剧人有了话剧传承的新担当。

南通话剧人从容不迫地完成了现代话剧本土化体系的建立。

培养了一支庞大的演员队伍，其中秦志高、周德明、邵统勋、杨晶、吴培军、张志一、蒋抒华、李晓华、张贺林、许君等为国家一级演员。

编剧先后有杨本生、张汉江、顾晓群、张贵驰、夏坚勇、顾锦泉、高龙民、张涓、李蓉等，构成了三代同堂的华丽家族。新、老剧作家捧出了一大批厚重之作。顾晓群编剧、李智明导演的《青春放飞》（图二〇）参加中国艺术节展演，成为继《典型问题》以后又一部登上全国剧坛的作品。张贵驰等创作的《大年三十》作为建国以来的优秀话剧作品入选献礼丛书《江苏文学 50 年·戏剧文学卷》。

导演队伍有陶应衍、杜友渔、李智明、王鸣、徐昆庆、曹琳、张松年等辛勤耕耘在话剧园地。李智明自建剧组、自主经营巡演于大江南北，开拓市场。他编导的话剧《三虎团》《魔幻世界》《笑的启示》等上演均超百场，获得很好的两个效益，并为话剧"省五个一工程"奖的斩获作出了不小的努力。陈冶编导的《奔向五十岁》，由南通市工人文化宫话剧队演出，是先锋派话剧的新尝试，为南通室内剧的探索开了个好头。曹琳编导的校园娱乐剧《青春哆来咪》获得"第十七届田汉文学奖二等奖"。

戏剧评论的队伍有南通大学教授徐景熙、上海戏剧学院余秋雨的学生王兰青及年轻学者梁天明等。他们以艺术哲学的视野，褒贬优拙，评说万象，成为观众与剧团间一道人文桥梁。

20世纪90年代，随着改革开放的进一步深入、科学技术的迅猛发展，电视艺术广为普及，为人们提供了无穷尽的视频信息。剧场艺术受到前所未有的挑战，话剧固然也无法幸免。南通、海安两地的文工团相继转轨，参盟歌舞大军的行列。南通市话剧团成了东南一柱——南通地区唯一的专业话剧团体。他们在市场化运作与主旋律戏剧的创作轨道上努力探索。

自1992年起，中共中央宣传部组织精神文明建设"五个一工程"评选活动，每年进行一次。"五个一工程"实际上有六个方面的内容：一部好戏、一部好电视剧、一部好图书、一部好的理论文章、一首好歌、一部好广播剧，鲜明地提出了弘扬主旋律、提倡多样化的评审标准。"五个一工程"奖是超越专业评奖之上的特别奖，由于在组织引导、资金筹措与观众票房等方面有具体的举措，激

图二一　话剧《风铃》

活了包括话剧在内的舞台艺术工作者更大的热情。世纪之交，高龙民《大青屋》《月到中秋》，顾晓群《寻找莫问隋》《青春放飞》，先后获得江苏省"五个一工程"奖。

迈进新世纪，南通一批年轻的话剧人与上海戏剧学院老师合作，尝试时政话剧向精品话剧的转轨。2010年10月，《母亲的守望》应中央纪律检查委员会邀请赴京，演出于首都剧场。常演常新的《风铃》（图二一），先后获得江苏省"五个一工程"奖、"2009～2010年度江苏省舞台艺术精品工程优秀剧目"、"第十四届中国人口文化奖舞台艺术类优秀奖"。

今天，我们又来到美丽的法国巴黎寻根，从塞纳河的波涛中，聆听茶花女那若隐若现的叹息，重温那百余年间的中法话剧情缘。

南通话剧穿行百年，道路蜿蜒曲折，有时是阳光璀璨的坦途，有时是阴霾小雨中的独木桥，有时是颠簸崎岖的山路，有时是团团迷雾中的十字路口……但南通话剧人从容应对、执着前行，又站在第二个百年的起跑线上，开启了新的征程。

# 蓝印花布与南通民俗文化记忆

吴灵姝　吴元新

蓝印花布是我国民间传统工艺印染品,自宋代江南起源后,便流传至全国各个地区。作为与百姓生活密切相关的生活制品,蓝印花布曾有"衣被天下"的美誉。南通独特的地理环境、深厚的文化底蕴、南北交融的民俗风情,使南通蓝印花布在发展传播的过程中形成了其特有的风格,呈现出制作工艺精湛、表现形式丰富、图案造型多样的极具地域民俗特色的文化特征。

## 一、南通蓝印花布发展的地域环境

五千多年前,南通除如皋、海安西北部外,大部分地区还是茫茫海域。秦汉以来,南通地区在成陆过程中,先后有扶海洲、胡逗洲、东布洲等沙洲与大陆连接。经过四次大规模的沙洲并接,至公元 11 世纪,南通北部境域基本形成。隋朝前,南通市区一带逐渐成洲,始称壶逗洲,后又称胡逗洲,洲上多流人,以煮盐为业。五代十国时,南通称静海,至后周显德五年(958 年)改称通州。而

图一　明代顾能墓出土棉布寿衣

关于州名的来历,据明万历《通州志》记载:"州之东北,海通辽海诸夷;西南,江通吴越楚蜀,故名通州。"一个"通"字,点出了南通独特的地理位置。在南通历史上曾经有过多次北部人口南下、南部人口北上、西部人口东移的迁徙,由此带来了南北文化、东西文化的碰撞、交流与融合,各地不同的文化传统和民俗风情汇聚到了"江尾海端"的南通,齐鲁文化、荆楚文化、江淮文化、吴越文化与当地固有的本土文化交糅融和,造就了江海文化的特殊形态。元代末年,南方战事频起。南有长江相堵,东有黄海苍茫,西北两翼虽有通道,但人烟尚少,土地贫瘠,只有南通属于平原沃野的安定之邦,因而成为江苏的苏州、扬州和上海的江浦、崇明以及浙江、安徽、湖北诸路士农工商避战乱、求安宁、谋生计、兴家业迁徙的首选佳地。南通蓝印花布因由江南移民而在此地生发、传承,也使移民文化在南通这一特定地域得以发扬光大。

南通的沿江土壤,系潮盐土,经过淡水的洗刷,十分适宜种植麦子和水稻。而临海的大片地区,由于成陆较晚,经过农民的不断改造,则更适合种植棉花和杂粮。早在元末明初,南通已从隔江相望的苏南地区引进了棉种和植棉技术;元明以后,随着棉花的大量种植,南通地区更是家家纺纱声、户户有织女。当地的农妇有"农暇之时,以织取耕"的习惯,纺纱织布也已是"家户习为恒业",所以南通纺织出的棉布非常精美,以"南通小布"闻名。

棉花种植的兴起、纺纱织布技艺的不断成熟,推动了南通地区棉纺织手工业的兴盛。比如 1956 年在南通市郊明嘉靖顾能墓中出土的棉布寿衣,已具有较高的工艺水平(图一)。除了丰富的棉花资源,蓝草的大量种植也为蓝印花布在南通的

发展提供了必要的物质保障,对南通蓝印花布的兴起和传播产生了极为重要的影响。

明清以来,蓝印花布作为南通地区的主要家庭生活用品一直流传至现代。解放前后,由于受到"洋布"的冲击,蓝印花布生产一度受到较大影响。公私合营后,分散在各地的小染坊合作成为国营或集体印染厂,各显其能。20世纪70年代,随着出口外销量的不断增大,南通作为中国蓝印花布的主要出口基地,继续传承着蓝印花布的传统技艺。

### 二、南通蓝印花布的民俗内涵

人类社会生产由渔猎转入农耕后,岁时风俗开始出现,渴望丰收、祈求和顺的祭祀活动也逐渐广泛起来,社会生活也变得更为丰富。从古代到近代,人们的衣、食、住、行等生活事务,逐步成为民俗文化活动的重要内容,许多重要的习俗都围绕着人们的日常生活而展开。五六百年来,南通蓝印花布作为与百姓日常生活最密切的用品,其工艺、图案、应用题材都能反映出南通民间的民俗风情。

民间蓝印花布因其就地取材的制作材料、富有精神寄托的纹样内涵以及透气吸汗的使用特性,满足了民众的物质和精神需求,深受农家喜爱,相伴一生。青花布的文化根基扎在民间,是广大民众寄托内心情感的媒介和文化传递的载体。每一幅受到百姓推崇的蓝印花布被面或包袱布,带给人们的不仅是物质上的收获,更是一种精神上的满足和愉悦,蓝印花布纹样就是在这样的民俗文化气氛中层出不穷、代代流传。

蓝印花布纹样以大量民间吉祥题材为基础,将地域民俗风情通过各种形式的人物、动物、花卉造型印染在大大小小的青布上,表达出吉祥如意的美好祝愿。南通的蓝印花布曾遍及每个乡镇,流传百姓家中,是当时最时尚的生活实用品。门帘上的"平安富贵"、包袱布上的"凤戏牡丹"(图二)、帐檐上的"麒麟送子"(图三)等,无不反映出百姓的生活习惯以及对美的追求。从室内蓝印花布用品到百姓身上的蓝印花布服饰,从年画、剪纸、雕花木版到民间刺绣,从结婚生子到百年后事,蓝印花布纹样在多姿多彩的民俗文化生活中,几乎无时不在、无处不有。

对广大的普通百姓而言,他们在物质上也许并不富裕,通过辛勤劳作也仅仅能满足家庭基本生

图二 "凤戏牡丹"包袱布(南通蓝印花布博物馆藏)

图三 "麒麟送子"帐檐(南通蓝印花布博物馆藏)

活需求,艰难困苦生活的经历,练就出坚韧不拔的毅力。他们的精神追求是丰富的:有耕种时的辛劳,也有收获时的愉悦;一年又一年,祈求风调雨顺、五谷丰登;一代又一代,祈求富贵平安、吉祥如意。他们将这些朴素的理想和美好的愿望化为一个又一个吉祥如意、辟邪纳福的题材和富有吉祥喜庆的艺术造型,寄托在与自己生活最为密切的蓝印花布用品上,天天相伴、夜夜相随。

### 三、南通蓝印花布与婚丧寿庆

南通蓝印花布因其制作工艺精湛、表现形式丰富、图案造型多样而深受百姓的喜爱,蓝印花布制成的包袱布、被面、帐檐等用品与民间百姓婚丧寿庆的民俗有着密切的联系,至今南通部分地区仍保留着相关的风俗习惯。

1. 婚庆

南通民间蓝印花布文化与当地婚庆等礼俗有着密切的联系。中国传统婚姻风俗中,历来是遵循"父母之命,媒妁之言"的包办婚姻,男女双方很多在结婚前连面都没有见过。在这种婚俗传统下,有些孩子在娘胎里就由父母做主与人定亲,出生时便用梅、竹花纹的蓝印花布褓褓布包裹,取青梅竹马、幸福平安之义。有些男孩到了十四五岁,父母就为他们联姻娶妻。男女定亲后,往往通过

图四 "和合二仙"被面（局部）

交换定情信物等各种礼物来了解对方的经济能力和聪明才智。男方送给女方的糖果、糕点等都是由蓝印花布包袱包裹的，纹样大多选取"凤戏牡丹"——百鸟之王凤凰代表男性，群芳之冠牡丹代表女性，"凤戏牡丹"就象征着男欢女爱。女方送给男方的情礼多以鞋垫、手纳布鞋、手织布匹及手织毛衣等手工针织物为主。而用作包装信物的蓝印花布包袱，也是女方手工织布后印上精挑细选的"情爱纹样"制成的，有的还会在包袱布的一角绣上优美的如意图案，一针一线尽显心灵手巧，也包含着女子在纺、织、染、缝的过程中对男子的全部情感和对未来美好婚姻生活的憧憬与向往。

在男女双方选定良辰吉日后，男方须给女方带去一定数量的迎亲礼，如糕、糖、粽和名目繁多的红纸包、香烟等，都要用蓝印花布包好。还有一种没有纹样的青蓝布，是百姓家自纺自织的，也是各家婚庆不可缺少的物品。在结婚前八至十天到女方家拖嫁妆时，男方父母就把青蓝布拿出，每车三至五匹（每匹长度为三丈，每丈为三米，宽五十厘米），随拉车一同带上。到了女方家，待把嫁妆运上车后，男方就把青蓝布拧成绳子，将装上车的箱柜捆紧，这样既可以保护好嫁妆，又能体现出男方的家庭实力，让街坊四邻看到，也会觉得很体面。"青"同"亲"谐音，也象征夫妻婚后亲亲爱爱、幸福一生。而女方在嫁妆"子孙桶"（木制马桶）中也会用青蓝布或蓝印花布包着糕、枣子、喜糖等吉祥物品，象征卿卿我我、恩恩爱爱、早生贵子。结婚当日，新婚床上，会有一床新的蓝印花布"和合"被。民间流传着这样的传说：洞房初夜，新

人睡在蓝印花布"和合"垫被上，身体上会留下青蓝的花纹，这是一生相亲相爱的象征，因而这新婚用的蓝印花布是不得清洗的。垫被图案一般是"和合二仙"（图四），被面纹样是"麒麟送子"等情爱题材，期望早生贵子、和合一生。

婚后当孩子出生时，老人们很早就准备好蓝印花布襁褓、小方被，其图案都是"吉庆有余"、"平安如意"等，保佑孩子平安健康。小孩贴身戴的肚兜也都是用蓝印花布制作的，"五毒辟邪"是最常用的图案（图五）。孩子出生后的一至三天，男方父母要用青蓝布兜着染红的蛋送至女方家和其他亲戚家报喜，再向所有邻居送去用青蓝布包着的米饭。这种米饭十分特殊，是由未经淘洗的大米煮熟的，俗称"毛米饭"。孩子出生后的12天内，忌外人进入产房，免除婴儿夭折"做朝数"。12天后，各亲戚都来探望送礼，俗称送"产母羹"，一般都送蓝印花布包裹的红糖、鸡蛋、油面、糕点等物。婴儿满月时请至亲吃满月酒，还要请理发师到家里为婴儿剃头修面，称"剃胎毛"。婴儿周岁时，要穿用蓝印花布做的新衣裳（图六），宴请各亲友饮周岁酒，宴请亲友吃"纪箍"面。随着孩子的成长，许多人家蓝印花布被面图案会选上"状元及第"、"三子夺魁"，成年后"年年有余"图案也为老百姓所钟爱。

2. 寿庆

除了婚庆，寿庆也是百姓人家的人生大事。南通有句俗话："请吃喜酒赖吃面。"意思是说"吃喜酒"必须要主家邀请才出席，而"吃面"——即对长辈的祝寿——则要主动上门，不请自到，用印有吉祥纹样的蓝印花布等祝寿礼品主动送予长辈，方显孝心与尊重。这个习俗的价值核心是中国传统文化中的"孝"和"义"，集中表达了亲情和友情，流传

图五 "五毒辟邪"肚兜

至今。建国前，富裕人家祝寿时张灯结彩，大摆筵席，设寿堂，挂寿幛，收受贺礼，把亲友送的礼品都展示于众。父母寿庆，女儿做寿桃、寿糕，于寿辰前夕即来"暖寿"。当天，晚辈都要向老寿星拜寿，家中蚊帐上的蓝印花布帐檐都要换上"福、禄、寿"三星高照的纹样（图七）。全家人一起吃长寿面，放鞭炮，向老人送上"福寿双全"（图八）、"子孙满堂"的蓝印花布被面和包袱布祝寿，儿女子孙欢聚一堂是生活富裕家庭和睦的象征，也是老人们的福气。南通人为老人做寿，还有"贺九不贺十"的习俗，逢九便当整数，这是因为"九"在中国传统文化中属阳数之最；逢九祝寿，有期盼老人长长久久、更加长寿的寓意。祝寿时常送的蓝印花布或丝绸的"百子图"，画面中也是九十九个童子，取长久吉祥之义。

由此可见，繁衍与生命、长寿与幸福是千百年来老百姓追求的永恒话题，这也贯穿于蓝印花布的纹样创作中。在南通蓝印花布博物馆中，馆藏最多的被面纹样是"吉庆有余"、"狮子滚绣球"、

图八 "福寿双全"包袱布　　　　图九 "平升三级"被面
（南通蓝印花布博物馆藏）　　　（南通蓝印花布博物馆藏）

"龙凤呈祥"，最多的包袱布纹样是"福在眼前"、"凤戏牡丹"。这种吉祥图案都是老百姓耳熟能详、看得懂叫得出的图案。哪怕不识字，也能通过优美的图样，表达有朝一日能够"鲤鱼跳龙门"、"平升三级"（图九）的愿望。这种吉祥的愿望通过蓝印花布实物一代代传承，成为老百姓生活中最大的精神支柱。

3. 丧俗

在民俗的丧葬中，南通启东、海门人对丧葬礼仪极为重视。靛蓝土布已成为丧葬礼仪中不可缺少的代表符号。人去世了，由其配偶及子女负责料理丧事。死者的亲生子女需披麻戴孝，围上靛蓝布围腰，亲自前往其他亲戚长辈家中报丧，进门便要向长辈跪拜，亲戚家招待糖茶一杯，并回赠毛巾或亲自染的蓝布匹。遗体安放在灵堂里，一般要搁三天。古代民间寿衣就是蓝色的青衣，遗体垫被面一般都是蓝印花布或蓝布，比如在上海明代墓葬中就出土有蓝印花布被面（图一〇）。灵堂前用毛竹、帘子搭起丧棚，还要请吹鼓手吹打，请道士做道场，扎库，剪冥衣，写牌位，用白布或靛蓝布布置灵堂，给前来帮忙的亲友发上一条染蓝布围腰。

到入殓前夜，请人扎一顶纸轿，内供死者牌位，连同死者生前衣服、蓝印花布被褥等，在宅旁点火焚烧，称"烧床柴"，也叫"送西方"。老人过世后，他们用了一生的大部分蓝印花布被面、包袱布都随同他们而去了。这一习俗寄托了亲友对逝者的哀思，但也在客观上影响了蓝印花布的流传

图六 婴儿裤

图七 "三星高照"帐檐（南通蓝印花布博物馆藏）

图一○　上海明墓出土蓝印花布被面

保存。烧完后，子女及亲属回到灵堂发放包括靛蓝布围腰的孝衣孝服；儿子则身穿白布孝服，围上蓝布围裙，脚穿蒲鞋，向各长老行跪拜礼。入殓这天上午，远近亲朋邻里陆续前来吊丧，带上纸帛、纸锭。有送纸币的，称为"代帛"；也有送挽联、挽幡和被面等的。死者子女为所有前来吊丧的亲友准备好靛蓝布围腰，并当场系上，然后吊丧者向死者牌位行跪拜礼。此仪式结束后，便将遗体和蓝印花布垫被等一起放入棺材。

从逝者过世那天算起，每隔七天须由家人烧经祭祀，俗称"烧羹饭"，也称"烧七数"。每到烧七数那天，子女早上来到灵位前，先要系上靛蓝布围腰向灵位行跪拜礼。女儿系上靛蓝布围腰后，每天早、晚要在坐台前长哭一次，叫作"哭七七"。女儿不得戴金首饰，家里如有红色等颜色鲜亮的被面也都要换成蓝印花布等素色的纺织用品。明清时期，读书人和官员在为父母奔丧期间，不能参加科举考试，不能外出做官，须在家守孝三年，称"丁忧"。南通实业家、教育家张謇中状元后不久，他的父亲去世了。为此张謇回到故乡，为父守孝三年，直至守孝期满后才到北京，留下一段孝子佳话。

如今在南通民间，无论丧葬习俗怎么改变，亲人去世后，子女、亲戚须系靛蓝布围腰的习俗还在延续，靛蓝布与丧俗已成为一种无可替代的民俗事象在传承。

南通蓝印花布与民俗文化间的关系是在长期生活习俗中不断形成、传播和演变的，作为一种不可替代的民俗文化符号，蓝印花布的传承和应用既满足了百姓的物质和精神需求，也符合民间文化事象的要求。虽然随着机印花布的普及、纺织面料的更新，土布印染已远离了我们的生活，但蓝印花布所传递的民俗文化仍在南通地区保留了下来。南通蓝印花布作为民俗文化传承的一种载体，所记录的非物质文化遗产信息和一段段珍贵的历史记忆，值得永远铭记和传递。

# 自然标本在博物馆陈列环境中的保护思考

陈 玲 李 宇

在博物馆免费开放以及大规模自然灾害频繁发生的今天,我国博物馆陈列自然标本预防性保护工作由于主观和传统认识上的问题,再加上一些客观条件的限制,还存在一些令人忧虑的问题。本文就新形势下博物馆在自然标本陈列保护工作方面出现的问题予以分析,并就解决问题的对策,谈几点浅见。

## 一、博物馆自然标本陈列保护工作存在的问题

### 1. 有一定的预防展厅环境影响的保护措施,但细节处理不够

国际文物保护机构和发达国家自 20 世纪 60 年代起就已制定颁布了博物馆环境有关标准,我国博物馆也逐步认识到环境在文物和标本保护中的重要性,并将取得的研究成果应用于博物馆展厅环境保护中。因此,大多数博物馆都能采取一定措施,预防温湿度、虫害、霉菌、灰尘、光线、有害气体等不利自然因素对标本的损伤。但是现在极端天气较多,有些博物馆因为不注意细节,生搬硬套一些固定做法,展厅环境保护工作无法做到持之以恒,致使自然标本受损情况屡有发生。一是恒温恒湿设备未能按需启用,许多馆出于种种考虑,采取白天开启、晚上关闭恒温恒湿设备的一贯做法,使展厅环境温湿度变化较大,造成标本损坏;二是片面追求展出效果,忽略了灯光和日光的长期照射对光线敏感的自然标本的损坏;三是展厅保洁和自然标本养护滞后,灰尘与微生物留置展厅和标本表面时间过长,造成标本损坏。

### 2. 有一定的预防人为因素破坏的保护手段,但不能满足需求

博物馆免费开放以来,参观人数激增,也给自然类等博物馆造成了前所未有的承载压力。各馆根据实际所需,相继加强了预防人为因素破坏的硬件及软件设备,完善了防火、防盗设施,增加了安保人员的数量等,取得了一定的效果。但是,目前来看还存在许多漏洞,不能满足新形势的需要。

(1)思想麻痹松懈,"安全第一"的意识淡薄。长期以来,有些人包括一些领导认识上有误区,认为自然标本尤其是生物标本可以从自然界中获得,具有可复制性,价值不大。这种认识上的错误,导致思想麻痹松懈,放松了一线安全防护工作,淡忘了"安全第一"的警示,造成展馆内纪律松懈,管理混乱,安全工作"失察、失管、失控"的局面。

(2)安保人员流动性大,业务技能不强。现在,大多数博物馆的展厅安全保卫工作多外聘社会专业机构来承担,此类机构的人员组成比较灵活,受多种因素的影响,人员跳槽频繁,流动性较强,无法通过一定时间的工作实践来提高、完善从业技能,特别是面对突发事件,应对能力较弱。

(3)少数馆对科技安防设施管理不善、使用不当,没有发挥技防应有的作用。博物馆的安防系统主要以视频监控为主,但监控系统的盲点与公安系统、消防系统的联动滞后都易造成安全漏洞。

(4)面对观众激增问题,出台的对策预见性、操作性不强。如展线设计不科学,安排的一线管理人员过少,游客失控时无法有效控制;重要展柜没有作进一步加固处理,重点展区划定的隔离范围不够,过于近距离的接触造成陈列自然标本的损坏。

3. 有一定的预防自然灾害损坏的保护手段，但缺乏现代科学保护措施

博物馆建筑是物防的重点，是整个自然标本安全防范系统的基础。因此，各馆在新馆建设过程中，对博物馆建筑本体预防自然灾害的功能都有一定的考虑，但大都缺乏对展厅陈列自然标本抗击自然灾害损坏的保护措施的思考。当前，地震频发，许多馆缺乏应对地震的现代科学保护措施，地震发生时，只能任凭建筑物震动、摇晃导致展厅内陈列自然标本、陈列柜或活动底座等产生滑移、摇摆、倾覆等运动，造成自然标本的损坏。少数有措施的，仅仅是依靠机械原理，对自然标本实施硬性捆绑，整体技术手段落后，在地震这种自然灾害发生时，只能加重其损坏程度。

**二、博物馆自然标本陈列保护对策**

自然标本是博物馆为了社会教育和科学研究的目的，搜集、保藏的人类探索自然、发现自然的见证物，具有重要的科学、历史和艺术价值，是国家宝贵的科学文化财富。近年来，"绿色陈列"的理念更是要求保护陈列展览中的自然标本，在陈展的预防性保护工作中要与文物看齐，采取相应措施，加强对展厅环境因素、人为因素、自然灾害因素三方面的控制。

1. 采取措施，做好对展厅环境因素的控制

（1）根据季节变化，合理控制温湿度。自然标本在展厅陈列时，尽量将展厅温湿度控制在保存标本的适宜数值之内，即温度冬季 10～18℃，夏季 25℃以内，湿度 50%～55%。展厅及整个建筑除了要严格按照封闭防潮措施进行设计施工外，展厅的硬件建设还要在尽可能的情况下安装自动空调和调湿设备，通过电脑控制，根据季节变化，合理控制温湿度，使展厅的温湿度变化值分别不超过 2～5℃ 和 3%～5%。如果没有条件安装较先进的温湿度自动调节设备，也应结合本馆实际，根据需要，通过增开空调、除湿机和增湿器等办法来达到恒温恒湿的要求。如果整个展厅大的环境不能完全控制，也应设法改善展柜或局部区域的小环境，满足标本对温湿度的要求。

（2）严格执行规定，科学控制光照。自然标本展示，有时需要运用大量光照来达到效果。自然光照对标本的影响很大，所以最好是避免将展品（标本）置于窗口附近而被阳光直接照射，如果需用日光照明时，可在玻璃上贴上防紫外光胶片。使用人工光源时，不要长时间照射，如果需要在陈列柜内部加装照明设施，光源一定要保持低微热量；采用能够产生大量热量的聚光灯时，应避免引起陈列柜内的温度升高。观众拍照应禁止使用闪光设备，如果因工作需要对展品拍照，需要安装过滤紫外线和红外线的过滤器，将其辐射控制在 380 纳米以内。

（3）采用有效手段，尽量控制灰尘。空气中飘浮的沙土、烟渣、烟屑、盐粒、花粉、石灰、碱末等不同数量的混合物，既对自然标本产生污脏、磨损、腐蚀等作用，又是传播繁殖菌类和害虫的掩护体。所以首先要对展厅中现有陈列展柜进行密封处理，防止展柜因缝隙过大导致灰尘大量进入柜内，并附着在标本上造成损害。对于大型景观式陈列中长期裸露展示的自然标本，养护工作要及时跟上，定期清除，防止标本在短时间内因积落大量灰尘而受损。其次在展厅内要设置滤尘设施，以吸附空气中的尘粒，在展厅门厅设置吸尘地毯或塑料地踏，减少地面及空气中的浮尘，定期投放防霉、防虫的药物，避免霉菌、虫卵等微生物借助灰尘在展厅内繁衍。同时根据展厅周围的环境情况，种植适宜的植物，利用植物的吸附能力，生态控制有害气体及灰尘，净化空气。

2. 居安思危，做好对人为因素的控制

（1）增强布展人员对自然标本的认识。布展人员对自然标本应当进行一些必要的常识了解，认识标本的特性，掌握标本的物理和化学基础知识，以便在其陈列展出时，能够结合已掌握的自然标本知识，对展品的陈列环境提出科学的保护依据和措施，以对不同类别、特性的标本采取不同的科学陈列保护手段。

（2）提高安保人员的专业素质，增强应对能力。一方面，要加强安保人员的政治思想教育，让他们充分认识到自然标本在两个文明建设中的特殊价值和作用，增强博物馆安保工作的光荣感和使命感，培养安保人员的事业心和敬业精神；另一方面，要加强岗位技能培训与实战演练，通过学习和借鉴"110"成功的经验，增强安保人员现场情况应急处理的综合能力，加强安全检查。

（3）利用先进技防，增强安全系数。先进的技术防范，是博物馆增强安全系数的必备手段，它可以从时空上弥补人防和物防的不足。由于当前入侵犯罪行为已由低能偷窃演变为智能犯罪、暴力性犯罪、突发性犯罪，因此展厅内应安装防火、防盗报警及闭路监控、监听等先进技防设施，实施"立体化全天候防卫"。与此同时，还应严格技防设施的操作与管理，定期核查值班记录和设备运行情况，确保突发情况下技防设施能在第一时间作出反应并记录下有效数据。

（4）多重措施并举，做好对参观人群的控制。一要增加展厅安保人员数量，做好观众疏导。要在重要展区和参观路段增设安保人员，做好对观众的疏导和管理工作，防止参观人群扎堆和不按照固定路线参观，及时制止跨越栏杆、奔跑、孩子们的打闹以及触摸标本等参观中的不文明举止。二要加强对陈列自然标本的保护，防止观众失误性损坏。要加固展柜，使其具有较强的防外力作用的性能，防止观众因好奇心趴在玻璃展柜上等各种触碰展柜行为对标本造成意想不到的损坏；对于裸展的标本，要划定既不影响参观又能很好地保护标本的安全区域，必要情况下，还应设置制式隔离带，防止观众的不文明举止对标本造成失误性损坏，以及部分体量过大标本（如大象、恐龙骨骼标本等），在某种不确定因素的作用下，对观众人身安全造成损伤。三要完善服务设施，人文关怀观众。在展厅内设置物品寄存处，减轻观众负担，方便参观，防止携带物碰坏标本、撞翻展柜和碰伤其他观众；要为观众提供免费饮水服务区域，人文关怀观众，防止观众将茶水、饮料等带进展厅，在参观过程中不慎洒落而损坏标本；展厅内应恰当地设置一些警示标志，提醒观众注意一些行为举止，如禁止拍照、禁止吸烟、勿触摸标本等。

3. 未雨绸缪，做好对自然灾害因素的控制

（1）"三防"结合，做好对火灾的预防。预防火灾，必须做好物防、技防、人防的有机结合。首先，要对展厅内木构件等易燃构件喷涂防火涂料，设置防火卷帘门，电器线路要套铜管，接头处要焊接，使物防成为预防火灾的坚实基础；其次，要科学配置消防栓，配备水带、水枪，展厅要按照防火要求每5平方米设置一至二具灭火器材，条件允许的博物馆要自建蓄水池，保证消防水源，同时，还应加大技防力度，建立并完善消防报警系统和自动灭火系统等，使技防成为预防火灾的有效支撑；第三，要建立全员联动的消防组织，制定安全防火及群众疏散预案，定期演练，使馆内的每一位员工熟悉灭火器材的摆放位置和使用方法，熟练掌握预案的内容流程及处置突发火灾的办法，同时加强对易燃物品的管理，定期检查避雷设施，排除玻璃幕墙引发的"盗火"隐患，杜绝火源，使人防成为预防火灾的有力保障。

（2）重抓基础建设，做好对水灾的预防。展厅排水系统要完备。要合理分布排水口，科学设置排水管道，处理好管道与排水口的落差关系，防止雨水倒灌；重要部位要设置自动排水泵，一旦灾害来临能自行启动，迅速排水。展柜要具有抗击水灾的性能。展厅中特别是陈列重要自然标本的展柜要尽量采用科技含量高的材料，要具有良好的密闭功能，以备水灾来临时能够抗击碰撞和短时间的浸泡，使展柜成为抗击水灾的又一道防线。

（3）学习现代隔震技术，做好对地震的预防。当前，许多自然类等博物馆使用的降低重心法、固定安置法、滑动移位法等传统抗震措施，科技含量低，应对小地震有一些成效，但对付大地震显然防范不足。日本是多地震国家，其博物馆使用的现代隔震技术，在大震中发挥了理想的作用。此技术是借助于某种装置或材料，将浮放物与基础隔开，以减轻其在地震时的震动效应，达到免遭破坏的目的。浮放物隔震、减震材料和装置主要有三大类：橡胶产品、机械式隔震和减震楼板。我们要加强对此类技术的学习和研究，将现代隔震技术逐步应用到我国博物馆展厅环境设计中。

综上所述，博物馆自然标本的陈列保护工作是一项涉及面广而又需要持之以恒的工作，它需要领导的重视、制度的健全、全馆人员的努力，更需要技术的支撑和经费的保障。只有将预防为主的保护工作真正落到实处，才能从根本上解决保护与利用的关系问题，才能更好地发挥自然标本在提高全民科学素质中的作用。

# 张弘纲·张鼎·查家坝桥

胡小甜

南通地方志书中，有关宋元时期史事的记录历来就不多，而元代的则尤为稀少。因此，尽管是些片言只字、语焉不详的记述，都能成为后世了解那段历史的重要依据。在这既稀少又简单的材料中，似乎有一个例外，那就是对死后被追封为齐郡公、谥号"武定"的河北东安人张弘纲的记录。

这儿不妨先从嘉靖《通州志》说起，这部现存最早的南通地方志，对张弘纲的记录有四处，分别如下：

卷一"街坊"项里，在记城内的惠民坊、依莲坊、武定坊时，有小字夹注："俱在州治西南，二坊为元张弘纲立。"其实这儿还有一个未予注明的，那就是同在城内的"武定坊"，从名称上可知，此坊应该也是因张弘纲而来的。

卷二"祠宇"项里，记有"张武定公祠"，并注："在州治西南，元时建，辟其故宅。成化间都御史张瓒命知州郑重重建。嘉靖五年，有司迁其神主于真武庙，祠地为州民顾氏有矣。"

卷四"职官"的"列官"部分，元代首列张弘纲名，并注"见宦迹"，而"宦迹"果然有着张弘纲的小传，云：

张弘纲，字宪臣，东安州常伯人，参知政事禧之子。自幼膂力绝众，长以器局称。佐父累建武功，袭万户，授定远大将军、江阴水军招讨使，有讨贼功。自江阴移镇通州，前后二十年，号令严肃，境内义安。练军以养其死力，抚民以遂其生理，廉以服人，勤以守官。平居读经史，修身闲家，内外矜式。大德五年授招勇大将军、河南诸翼万户，从右丞刘深征八百媳妇国，为深所陷，师次八番，与叛蛮宋隆济等力战死。通人哀悼甚，相率建祠祀之。

后赠宣忠秉义功臣、资善大夫、湖广等处行中书省左丞、上护军，追封齐郡公，谥武定。

传末小注此传的根据是"出梅宗说撰墓志"，而这位梅氏，照志书的职官表，他在元代至正年间曾担任过通州的儒学教授。

卷六"词翰"部分，收录着题为《谒张武定公祠》的诗作五首，作者都是元代人，诗分别为：

轻兵戒深入，险寇勿穷追。失势无鱼腹，留名有豹皮。睢归先斩面，革裹伏波尸。庙食真无愧，嵯峨死节碑。（虞道生）

韬略平生事，江汉姬［姓］字香。致身惟有死，料敌肯争强。得失存良史，咸名动远方。将军宜瞑目，继世有诸郎。（陈允升）

万里南征入不毛，蛮烟瘴雨岂辞劳。风吹野树军声壮，云锁秋天杀气高。自许孤忠存晚节，先将一死视秋毫。可怜苟禄偷生辈，犹解逢人说六韬。（程钜夫）

名姓江淮草木知，樽前谈笑定兵机。昔年屡奏龙韬捷，晚节宁辞马革归。故垒三军思旧主，丰碑孤庙惨斜晖。忠魂义魄今犹在，乔木萧萧挂铁衣。（吴隐）

策马西南不计程，渡泸号令迅风霆。苗蛮咫尺归王化，汉垒仓皇失将星。万里忠魂消闽象，一方庙食俨英灵。满床喜有传家笏，勋业巍巍照汗青。（郭贲）

有传略，有住宅，有祠堂，有谒祠诗歌，这位张弘纲与南通的关系显然不浅。而此后的数种《通州志》里关于张弘纲的记载，也基本沿袭于此，只是略有增删而已。比如万历《通州志》的《职官表》，就把张弘纲来通任职的时间坐实为大德五年，以致后来各志均依据于此。再如该志卷三"学校"部分，还增加了一条，谓："元至元十年，宪副梁公、监郡卜颜不花、太守郭公、直学罗汶成、戍通万户长安远大将军张弘纲捐赀重建大成殿，袁浩为之记。"此事到了康熙《通州志》里，时间又改成"至正元年"，而叙述也改为"大将军张弘纲、监郡卜颜不花、知州郭公、教授罗汶成重建大成殿，袁浩为记"，把张弘纲名字提在最前。到了光绪《通州直隶州志》，更将时间改为"至元元年"，称其官职为"元帅"。尽管光绪志在记此时注明"直学袁浩记不传"，说明自己并没有什么原始依据，甚至在记武定祠时还把其谥号误成为"武宣"，但却仍旧贯地把张弘纲的位置进一步拔高。至于那五首谒祠诗，在康熙志里则删去名头小的陈允升和郭贵两首，而题目也改作《挽张弘纲》，乾隆《直隶通州志》同此，而题作《挽张武定公》。这种改标题，或许是考虑到那几位诗作者，并没有亲身来通州实地谒祠的缘故。

其实，如果细心分析一下志书所记，其中的疑问或矛盾还是存在的。比如那个武定公祠，明明在嘉靖志里就已说是不复存在，祠所已变为顾氏私宅，可是后来各志却似乎无视于此，直到光绪时，一若从未有过任何改变。还有那个张弘纲，其于大德五年远征八百媳妇国而阵亡，本是确切无疑之事，所以也不可能在本年来通州任职。

至于助资重建大成殿的时间，各州志所记出现三种不同说法，即至元元年、至元十年和至正元年，但这三个时间都不能与张弘纲的行迹相合。元代有两个至元年号，在前至元十六年以前，蒙元王朝尚未曾建立，而后至元则与至正一样，都已在大德五年张弘纲去世之后。所幸的是，这一记载所依据的袁浩所撰《通州儒学重建大成殿记》，其碑石尚在，而其上明白地记着："壬午孟秋，罗公志夫先生来职文席，谒告之始，乃喟然叹曰：老佛之徒犹能炫耀宫室，以严事其师，吾何独不能耶？于是慨然有改作之志。前戍通万夫长安远大将军乐闲张侯适投老于通，闻而义之，首捐己资以助。"壬午是元至正（后）二年，而碑文也只说是"张侯"，并未指明这个张侯就是张弘纲。

虽然有这些疑点，可是以往修志者似乎并没有太在意，都是一味地因循沿袭。一直到民国元年秋，南通城西查家坝桥附近发现了张弘纲的儿子、安远大将军张鼎的墓，才让人们感到前代志书上的有关记载不足深信，比如那个助修大成殿的"张侯"，就因此知道是张鼎而非张弘纲。甚至因这座墓的发现，还让人们弄明白，那座本来无人怀疑的查家坝桥，竟也是来自一个字音的误读。

万历《通州志》卷三"津梁"里记有"西门外曰查家桥"，并注其地"在查家坝"，而卷五"冢墓"则记有"元查将军墓，失其名，州西门外查家坝"。可知坝和桥的得名都来自这个墓，而这个墓主人的认定，想是来自那时民间的口口相传，姓氏的查与张读音很近，读着读着就把张将军错成查将军了。由此也可知，至少在明代万历年间，人们已不知道那位埋在地下的张将军了。清代嘉庆年间邑人金榜著《海曲拾遗》，其卷一"坝桥"部分载："衍庆桥在濠河西，亦呼查坝桥。明万历中陈大乾建，国朝邑人李产奇修，郡唐文鼎重修，设木栏。"可知此桥的大名为"衍庆桥"，只是少被人提起，人们还是习惯于它的俗名。

明末里人陈大震《过查将军墓》诗云："孤坟经过路漫漫，为慕高名下马看。有字断碑全泯灭，无枝秃树尽摧残。山横旷野人行少，水漫寒塘雁影单。日暮难将蘋藻荐，战袍空拜五花团。"稍后些的姚咸《晚过查将军墓》诗云："将军逝已久，抔土占城西。月暗妖狐语，林昏怪鸟啼。黄沙埋断戟，白浪啮长堤。毅魄消难尽，风号石马嘶。"诗人不知道墓主人的生平，所以也是空中着笔，但诗中描述的那番荒凉的场景，也颇能让我们感觉到明代末期这座墓遭到的冷遇。

近人冯澄在其所著《瞻云楼外史》里，记载了张鼎墓被发现的前后经过，只是误把时间提前了近一年。冯氏记道："宣统辛亥九月，有掘古坟砖石贼某，在西门查家坝桥西首掘墓，入土三尺余现古墓一穴，当穴一碑矗立，内觉门户重重，惧未深入，弃之而遁。次日，行人见，轰传邻里，聚观者众。事为巡警局所闻，饬巡士驻守，命工人重封其土，移碑墓上为纪念品云。"那时虽然没有什么保护文物之说，可地方上能做到不进一步去挖墓掘尸，而是封其土，移碑石（实是墓志）于墓上作为标志，也算是最好的保护措施了。冯氏在记录此事时，还录下碑文，现据原碑石拓片校准，将全文移录于下：

元故安远大将军镇守通州江阴水军万户张公，讳鼎，字鼒卿，号乐闲。其先为燕人，曾祖讳仁义，赠推忠守义功臣，中奉大夫，河南等处行中书省参知政事，齐郡武毅公；祖讳禧，赠推诚著节功臣，荣禄大夫，湖广等处行中书省平章政事，齐国忠烈公；考讳弘纲，赠宣忠秉义功臣，资善大夫，湖广等处行中书省左丞，齐郡武定公；妣左氏，封齐郡太夫人。武定公四子，公其仲也。至元庚午岁十月十八日生于燕之东安常伯里，大德丁未，兄汉集贤直学士、亚中大夫、清河郡侯，以父职让公，遂袭前职，镇守通州，因家焉。泰定乙丑告老于朝，复以父职归于兄子元亨。公居官镇守垂二十年，盗贼屏戢，海徼宴安，粮储丰备，私醢弭息。其于民也，岁饥则出粟以赈之，死无以殓者则赒以棺，焚券贷逋，施药活人，一以利民泽物为心。性俭素，不以阀阅自矜。推念祖宗之泽，以范文正公义田规约为法，置义田、义学以教养族人。智足以出谋略，材足以立事功，忠以奉上，惠以及下。至于诗书六艺、岐黄名数之学，靡不精究。凡士大夫欲有就焉，必礼下之，人而愈敬。至正庚寅八月感疾，阅月弥笃。一夕，召姪元礼，孙琳、琦等来曰：予将逝矣，毋厚葬，当遵义田规约，以儆后人之坏我法者。既而又曰：余无它，义学虽设而悠久之计未备。复以田租若干嘱元礼，俾继其志。十一月十有八日病亟，沐浴衣冠，端坐而逝。享年八十一岁。娶外漠氏，封清河郡夫人，帖穆尔达识左丞之女也，先卒，葬通州城西北隅。次凌氏。子二：曰元孝，外漠氏出也，娶珊竹氏；曰元悌，凌出也，娶李氏。二子亦先卒。女五人：长适中宪大夫、中兴路同知完泽溥化，次适奉议大夫、浮梁州达鲁花赤笃烈秃，次适亚中大夫、安庆路达鲁花赤养安溥化，余未归而卒。孙男二：长琳，元悌子也，娶崔氏；次琦，未冠，元孝子也。孙女一，琳妹也。孙琳、琦等上侍母慈，谨遵治命以襄大事，爰择是岁十二月十六日丁酉，奉柩窆于清河郡夫人墓右。琳、琦等衔哀忍死，惧无以彰祖考之懿，将乞铭当代鸿笔，而又衰绖之中，未敢以请，姑识岁月姓系于石，以纳诸圹。孝孙琳、琦泣血谨志。承直郎松江府判官致仕孟潼填讳。

此墓封土竖碑之后，邑人吴佑之作有一首《过张将军墓》，诗云："巍巍元代大将军，朽骨无端掘墓坟。姓氏尚堪稽志乘，功勋从此暴碑文。孔阶发瓮知前定，马冢藏铭话异闻。回首河山经两易，感怀历劫怅斜曛。"诗歌的语言无法将作者的意思展开表达，但那句"姓氏尚堪稽志乘"，多少还是说到碑石发现对修正史书的作用。其实，最早并且明确指出因碑文而证志书之误的，应该是张謇。他在此墓被发现的次月，就有文作了记述。此文未被收录于张謇的各种文集，我所见者乃管劲丞先生的一份抄件，抄件题作《南通县图志·通州历代兵略》。此题看似与正文不合，根据那时张謇正邀请范秋门在编撰《南通县图志》，推想张謇记此，是想作为图志中《通州历代兵略》的一条补充，所以并没有另取名，现如要为此文硬安上一个题目，则不妨称之为《记张鼎墓志》。此记的全文为：

民国纪元七月某日，土人于城西掘地得一碑，拓视之，文字完好，盖元故万户张鼎墓志也。志称鼎三世，皆赠元官爵，叙其父弘纲勋阶官爵颇详，未言其始镇通州也。按之州志武职表，副帅有鼎名，而无鼎传，称其正元帅，则载大德五年弘纲以江阴水军招讨使移镇，与志不合。传又未载子鼎袭官岁月，其言弘纲镇通二十年，始于大德五年，而志载大德十一年兄汉以父职让公，遂袭前职，镇守通州。然则弘纲镇通二十年之说，州志盖谬。志言鼎镇守垂二十年，州志误并父子为一人耳。鼎以至元庚午生于燕之东安常伯里，元之至元庚午当宋度宗咸淳六年，东安时已属元，且父故仕元，宜其不奉南宋之正朔矣。民国元年八月，郡人张謇记。

虽说张謇是看到墓志不久就有此文的记述，但他还是很敏锐地看到地方志书里的一些谬误，如指出张弘纲大德五年移镇通州就与史实不合，而传称张弘纲镇通二十年则更谬，认为实为并张氏父子为一人。甚至举出墓志并未提及张弘纲镇守通州，进而对志书张弘纲传所记表示出怀疑。

张謇这一怀疑并非过分，我们看《元史》张禧、张弘纲父子的合传里，也没能记到张弘纲镇通之事。查光绪《江阴县志》，其卷十五"名宦"部分有

张禧的小传,云:

> [元]张禧,直隶东安人。刚勇峭直,年十六即从大将阿木鲁元帅察军徇诸州郡,后为主将所忌,将置之法,依王鹗以免。鹗请于左丞阔阔,荐禧与其子弘纲俱入见,由此知名。世祖平宋,禧战功多,至元十四年加怀远大将军、江阴路达鲁花赤、水军万户,威名播浙西,海岛入朝。进昭勇大将军、招讨使加镇国上将军、都元帅,旋拜中书省平章政事。禧卒,弘纲袭镇江阴。少从其父攻城徇地,数有功,及之镇,盗起吉安,弘纲率兵往捕,未逾旬擒之,连破建德、溪寨诸贼。后从右丞刘深入征八百媳妇,力战死,追封齐郡公,谥武宣。子汉,当袭职,让其弟鼎,袭江阴水军万户。

这里同样也没有提其镇通之事,并且明确记明,张鼎承袭的官职是"江阴水军万户",似与通州无关。尽管这些材料里都看不到张弘纲与通州的关系,不过结论还不能早下,因为除了上录嘉靖志的本传外,元人文集里也能找到几则有关张弘纲守通的材料,而更为直接的证据还有一个张弘纲的墓志铭。此墓志铭刻石于1972年5月在北京朝阳区永定门外张弘纲墓中出土,撰文和书写者分别为梅宗说和赵孟頫。梅氏的身份是"前通州儒学授教授",这个称谓比较少见,地方志里只说他是"儒学教授",而志书里张弘纲小传的依据,就来自他的这篇墓志铭。

张弘纲的墓志铭作于大德九年,这是张弘纲去世四年后,其灵柩将往大都安葬于祖茔的前夕。志文在一开始就讲:"大德五年,诏征八百息妇国定远大将军万户镇通州张公,授昭勇大将军三珠虎符领河南诸翼万户,以行力战死。其子御史汉闻讣西奔,誓见生面。会从者张如山驰三百里,拨战场切尸返骨,告行省驿具舟以丧归。通之士大夫、军民相与泣祭建祠,所以追爱愍德甚至。"可知这次出征前张氏是镇守在通州,而战殁后归骨仍返于通,并且那时地方上就已为之设祠奉祭。假如这个"通之士大夫、军民相与泣祭建祠,所以追爱愍德甚至"的说法不是夸饰之词,那张弘纲驻守通州就不是一个短时间,只可惜墓志铭对此只有"其镇江阴,移通州,前后二十年"一句,说的是从

镇守江阴开始到移驻通州的这段时间。对于他袭其父亲水军万户职而始镇江阴事,志文只含混地讲:"密院论功,当易虎符,会参政入觐,奏以所佩虎符就命公袭万户,授定远大将军、江阴水军招讨使。"但是,我们还是可以从《元史》张禧传里推测时间,该传记张禧"(至元)十四年加怀远大将军、江阴路达鲁花赤、水军万户,十六年入朝,进昭勇大将军、招讨使,十七年加镇国上将军、都元帅。时朝廷议征日本,禧请行,即日拜行中书省平章政事,与右丞范文虎、左丞李庭同率舟师,泛海东征"。可见张弘纲袭官江阴应该就是在父亲加官出征日本之年。至元十七年距其战亡的大德五年为二十一年,举其成数也能够称之为二十年。

张弘纲官江阴水军后,守地并不固定。吴澄在张弘纲去世二十四年后曾作《大元昭勇将军河南诸翼征行万户赠宣忠秉义功臣资善大夫湖广等处行中书省左丞上护军齐国张武定公墓表》,其中说他是"初镇暨阳,移镇京口,又移镇通州",这正反映着那时的行止不定。而梅宗说的墓志,也记其于至元二十七年讨安吉、三十年征交趾等战事。吴澄的这篇墓表,在叙及曾任日本行中书省参知政事的父亲卒于元都后,称张弘纲"奔参政公表,年已六十,昼夜兼行,多下马步走。通州抵都城之南二千里,不半月而达,望柩恸哀,几至陨灭"。张弘纲六十岁时为大德元年,以此来看,他镇守通州至少也有五年时间。

遗憾的是,梅氏所作墓志铭里的那句"其镇江阴,移通州,前后二十年",被采入《通州志》时,又被改成"自江阴移镇通州,前后二十年",这二十年变成单纯在通州的时间,难怪引起张謇的怀疑。

张弘纲阵亡后,遗体没有径自载归京师故里,而是暂厝其驻守之地,其原因当与这场征战的告败有关,并且一般记载,张弘纲的阵亡,多少还出自指挥此役者右丞刘深的有意排挤。是以张弘纲的名誉,直到两年后刘深倒台伏诛才渐渐得以恢复。张弘纲能复其名誉,乃至后来声名益著,还有赖于其长子张汉多年的奔走申诉。张汉以南台监察御史入仕,官至集贤院直学士、亚中大夫,曾广邀当朝文士官员为其父祠庙题写诗文,并有萃此诗文镂板成集之愿。据载这个集子后在其子手上得以完成,不过似乎没有能流传到现在。目前能见到的相关诗文,除前引地方志上数家外,还能看

到如收在陈旅《安雅堂集》里的《张将军庙堂诗》和《张武定庙堂诗序》，虞集《道园遗稿》里的《万户张公庙堂诗》，傅若金《傅与砺诗集》里的《题张齐公祠》和许有壬《至正集》里的《左丞张武定公挽诗序》，而许的诗序更言及他在二十年前就曾有挽诗之作。这些诗文题写的时间跨度近三十年，于此也可见张汉为此所作的努力。

早在张弘纲衔命出征西南之先，因张汉已官御史，他曾有意将己职传次子张鼎承袭。出征前夕，张鼎也曾乞父亲留京，自己代行，却未被同意。张弘纲死后，以其遗愿，其职自然可以由张鼎来继承，不过开始好像并非如此。《元史》称张弘纲死后"子汉当袭职，让其弟鼎"，让人感觉是直接袭职了，但张鼎墓志却明记着："大德丁未，兄汉集贤直学士、亚中大夫、清河郡侯，以父职让公，遂袭前职，镇守通州，因家焉。"丁未是大德十一年，距张弘纲死已有六年，这期间任职者是张汉。至于张汉让父职于其弟，可能是那时自己升官进了集贤院，通州这边的事务无力顾及的缘故。张鼎任父职后，到了泰定二年，忽决定告老于朝，复以父职归张汉之子张元亨，在任计十八年，也即其墓志所概指的二十年。

张鼎让出父职的时间值得注意，因为就是此年，张弘纲在去世二十四年后获得朝廷"赠宣忠秉义功臣、资善大夫、湖广等处行中书省左丞、上护军，追封齐郡公，谥武定"，并连带"元配左氏，追封齐郡夫人；继室杨氏，封郡太夫人"。这一荣宠，对张氏家族无疑是一个特大事件，它在家族地位因此而获得提升的同时，必然会对此有所反映。于是，张鼎把承袭的父职还给长房侄儿张元亨，就变得顺理成章，因为这是为着能让下一辈荫此祖上的光环，进一步去光大家业。其时张鼎五十六岁，还未到所谓的"杖乡"之龄，本来还不至于这么早就"告老"的。

张鼎"告老"后，还曾为通州地方上做过一些好事，除了其墓志里所记述的外，如前举孔庙大成殿的重建，以及州衙前谯楼的建造，都有他的捐资相助。只是从他那儿转袭祖职的侄儿张元亨，是否仍率军驻守于通州？驻了多久？可惜我们找不到任何有关这方面的文献记载。照地方志所记，到了至正年间，驻守通州的最高军事长官已是一位名叫李天禄的吴陵人了。

关于张弘纲的祠所，早在其灵柩权厝通州时，地方上军民就有所建立，但当时可能会很简易，随着后来朝廷对他的追封，其规格、规模才会相应地提高，从史料里可知的，是后至元四年的一次建造新祠。其在京师的长子张汉还想赶往燎祭，不想因疾而殁，未能如愿。陈旅的《张武定庙堂诗序》记此事云："（张弘纲）公殁之二十四年，制赠宣忠秉义功臣、资善大夫、湖广等处行中书省左丞、上护军，追封齐郡公，谥武定，以公子集贤直学士汉之请也。后至元四年，汉以通人之新武定祠也，与其子孙亲戚言曰：'吾年虽七十余，又目眚，久不能视，然当往新祠燎黄，以告天子之有嘉贶也。并以群贤所为庙堂歌诗镂诸梓，庶吾父之所以死者白于世也。'具舟且行，俄疾作不起。"从这个时间看，这所新祠的建造，应与定居通州的张鼎有直接关系了。

张鼎墓志曾说他"镇守通州，因家焉"，这话很容易让人误以为他一守通州就有定居此地之意。其实从守通州到因此定居，中间必然有一个过程。通州本来只是作为江阴水军万户的一个镇守地，而镇守之事也决非只驻一处决不它移。张弘纲守此，死后却归葬故里，说明他就没有定居此处的打算。张汉更是匆匆袭职，自然也不会有居此的想法。何以到了张鼎时，忽而决定家焉于此？比较合理的解释，那就是张鼎定居通州的决定，发生在他告老让职之后。

我们还注意到，张鼎墓志里提到一位先张鼎而逝的元配夫人外漠氏。究竟这位夫人先逝了多久，我们无从知晓，但其安葬于通州却是清楚的。推测应在张鼎让职之前，或许这也是促使张鼎决定定居通州的一个重要因素。张鼎死后傍外漠氏墓而葬，似乎也从侧面反映着他们的夫妇深情，透过此，又将让我们看到这位曾是戎装在身的将领的另外一面吧。

张鼎夫妇所埋葬的地方，也就是后来被误称为查家坝桥的以西之地，估计是宋元时期的一块坟场。清代邑人杨廷撰的《逭暑丛谭》，就曾记有嘉庆七年乡人在那儿浚河，发现北宋康定二年（1041年）的丁六娘墓之事，出土地券所记此地的地名为"静海县文安乡长乐村之原"。这一地点的大致方位，应该是在如今城西盆景园向西的一带，只是人世沧桑，不但毫无影迹可供寻觅，连那隐而后显的张鼎的名字，恐怕也没有几个人再加提及了。

# 《州乘资续·范凤翼传》研究

顾　启　　顾一冰

缘起:1983 年 10 月 25～29 日,无锡市委、市政府主持召开"纪念东林书院重修 390 周年东林学术研讨会",陆定一、廖沫沙等题签,著名学者谭其骧、卞孝萱、步近智、郑克晟、李国钧、茅家琦等与会并作了重要发言,受教良多。其时南通师专地方文化研究室正在研究东林后续复社后期领袖之一的冒襄(辟疆)。接信后,从明末通州(今南通市)东林党人中,选出范凤翼先生(系顾宪成、高攀龙等挚友)的传记加以整理,而后赴会,以证明彼时以江浙为主进步人士反阉党运动的普遍性与正义性。1924 年,范伯子长子范罕(字彦殊,室号蜗牛舍)从北京民国政府农商部秘书任上返里,拜访张謇老伯。张写《彦殊归自京师,所为诗孟晋,惟其贫可念,上巳邀饮,以诗慰之。诗顾何与于贫也》:"九代诗人八代穷,郎君十代衍家风。懒牛尚逊蜗牛贵,三范凭开一范雄。未肯台中依使相,却来床下拜村翁。杖藜厢药终相待,胜日清尊且偶同。"赞扬范罕的节操与其 1923 年印行的《蜗牛舍诗》。准此,张状元眼中"九代诗人"指范凤翼、国禄、遇、梦熊、兆虞、崇简(自号懒牛)、持信、如松、当世等九位(采管劲丞说);十代范罕(蜗牛)则继承发扬了诗学世家的家风。"三范"指罕之父辈铸(伯子)、钟、铠三兄弟,赞他们诗境那么开阔。"一范"即罕,诗可称雄。"村翁"则謇自谓耳。张謇认为,东林党人、诗人范凤翼作为南通范氏诗文世家开山者,从思想、艺术上带了好头,值得重视。而范凤翼的传记,《明史》失载,只同时期之通州城复社社员、诗人、史家、篆刻家邵潜在其《州乘资》所附续编中有备传,弥足珍贵。邵潜贫甚,崇祯十四年(1641 年)后,迁居如皋城,南明弘光元年(1645 年)二月完稿,得冒起宗、冒襄父子出巨资刻印行世。南通博物苑范氏诗文世家陈列馆、南通大学范氏诗文世家研究所的同志认为《范凤翼传》十分重要,现将此文重加厘订补充,希有利于范氏诗文世家研究。

**原文:**

范凤翼,字羽异。少而风神清茂,颖慧不群。年二十三,举万历丁酉①乡试,戊戌②成进士,授莱州③知州。自疏改教职,得顺天府④教授⑤,日指授诸生经义与作文轨范,士风丕变⑥。升国子监助教⑦,善诲人,馆下士,多所成就。未几,奉尹安人⑧讣奔归,哀毁骨立。服阕,除⑨户部主事,监南新、济阳二仓⑩。代赵大司农世卿⑪,酌放军粮,全各仓浥⑫烂之积,六十万计,而军无哗。大司马李襄毅公化龙⑬,贤之。又江右运艘,泣丐⑭同乡官京者,愿拨公仓,以省烦费。少宰⑮杨端洁公时乔⑯,又贤之,遂擢为吏部主事⑰,晋员外⑱,遇事敢言,务欲覈名实,公黜陟⑲。太宰⑳孙恭介公丕扬㉑,又贤之。其佐考功㉒,则汰墨吏㉓杨槚、杜牍、牛维曜㉔若而人㉕。其佐文选,则进名贤顾端文宪成㉖、高忠宪攀龙㉗若而人,而右贪嫉贤,如亓诗教㉘、徐绍吉㉙辈,率皆深衔之矣。会员外胡东渐㉚,欲因内察㉛,中其乡人省臣张孔教㉜,公持不可。东渐志㉝,反私语孔教,谓公欲中之,而诗教又授以维曜之飞语㉞,孔教遂劾公,公即移疾归。太宰丕扬亟㉟上疏留公,公舟已南下矣。归而结山茨社㊱于钟秀山,与诸词人觞咏其间,或集诸儒流,倡明濂洛之学㊲。至里中㊳疾苦,若㊴倭平而犹征东饷,产盐而代鬻商盐,沙田而科以重科㊵,力请当事者蠲之,岁省民数万金。桑梓食公赐不浅。居八年所㊶,复为绍吉门人曾应瑞拾遗㊷,非祖制㊸也。左迁长芦运判㊹,稍迁工部主事。

光宗⑱登极，起尚宝司丞，升少卿⑲，又推大理寺左寺丞⑳，皆不就。逆阉忠贤乱政，诛锄正人，其义子㉑绍吉、崔呈秀坐公东林党，为民。先是高忠宪劾呈秀，云出江北士夫口，呈秀衔之，故耳。

思宗㉒登极，复公原官。庚午㉓，海上之乱㉔起，故有酿之者，殃及公。公疏于朝，相体仁㉕柄国，有睚眦于公，驳勘者再，甫置乱民㉖于法。公乃自润州㉗移居金陵，将终身焉。里中父老数千百人，投牒㉘诸上台，敦㉙请公归，欢然㉚手栀檀而迎者，舟缆㉛属于道也。直指㉜按部，列公于荐刿㉝，有诏起公田间，寻拜光禄寺少卿㉞。公卧益坚，学者咸称曰真隐先生云。

公内行淳至，色养㉟封吏部公，必滫必时。及殁，毁瘠几不自存。事伯母如母，友爱尤出天性，九服六亲㊱，推恩有差。喜延内㊲天下士，士以故多归之。笃于交情，缓急可托。昏㊳丧及困乏无告者，资之㊴惟恐后。其诸所阴为德，人所不知者，又宁讵㊵一二更仆㊶哉！为诗，阐发性灵，娟秀妍雅；为文，不袭古，不徇今，去一切颇僻浮诡、钩棘卤莽之习。书法无所不规仿，大有晋人风。年八十有一，方㊷以生辰召客，俟㊸正襟危坐而逝。所著《范勋卿集》行于世。

此文据1985年南通市图书馆静海楼（古籍书库）藏管劲丞先生捐献之明弘光乙酉刻本《州乘资》（书名含义为编撰《通州志》提供之可靠史料）。原书版框高25、宽13.5厘米。著名学者管先生有极少之校勘，我们择优采纳。书尾有管先生一文手迹，记述得此书原版之艰苦历程，写于1958年10月20日，令人感动！传文由我们标校。

**注释：**

①万历丁酉：明神宗朱翊钧万历二十五年（1597年）。

②戊戌：万历二十六年（1598年）。上海古籍出版社《明清进士题名录索引》下册2578页，范凤翼为殿试第二甲四十名进士，与周道登、温体仁、郑三俊、熊廷弼、徐良彦、亓诗教、王绍徽等同科。

③栾州：辽代分置栾州，后历代相承，明清皆属永平府。民国二年（1913年）全国州改县。今属河北省唐山市。范任知州为万历二十七年（1599年）。

④顺天府：明初置北平府，后改为顺天府。

⑤教授：顺天府学负责人，一般由进士出身者任，洪武

元年定从九品，后提从八品。至清代雍正帝才定为正七品。范任教授为万历二十八年（1600年）。

⑥丕变：大变。丕，大也。《尚书·大禹谟》："嘉乃丕绩。"

⑦国子监助教：与博士品秩同，从八品。范任助教为万历二十九年（1601年）到三十三年（1605年）。

⑧尹安人：母尹氏。父范应龙（1544～1623年），字士见，号云从，世称庆云公。诸生入监，万历三十六年（1608年）授庆云县（今河北省沧县）知县，未久辞官归里筑尊腰馆设帐授徒，爱诗文。七十、八十寿诞时东林党人叶向高、高攀龙、钱谦益、郑三俊、董其昌等皆以诗文祝寿。明制，应龙为知县，子凤翼后选部主事，封应龙如其官。其妻敕封六品官夫人即安人。尹氏逝于万历三十三年正月初一。传主返家守制三年（实为二十七个月），至三十五年五月一切仪礼结束，返户部任。

⑨除：任命。主事，正六品。

⑩南新、济阳二仓：《明史·食货制三·仓库》、《明史·地理志》，两仓在山左（东）。

⑪赵大司农世卿：大司农，户部尚书之古称。赵世卿，《明史》卷二二〇有传。字象贤，历城人，隆庆朝进士，万历初留都南京兵部主事，陈《匡时五要》，请广取士，极论言路当开，宜将忠谏之邹元标（后为东林党）等从戍所起用，等等。忤张居正意，"落职归"。居正死，起户部郎中（正五品），出为陕西副使（正四品），累迁户部尚书（正二品）。倡停矿税。万历三十六年（1608年）兼署吏部尚书。荐人无所私，清操尽职。帝重之而不能用，后阉党给事中（都察院分驻六部之五品检察官）先后以"党比"劾之，遂杜门乞去，上十余奏章不报。三十八年秋，拜疏出京城候命。次年十月乘柴车径去，帝亦未罪。其政治思想与东林党一致。

⑫浥（yì）：润湿，受潮。

⑬李化龙：《明史》亦有传。字于田，长垣人，万历二年（1574年）进士，授嵩县知县、南京工部主事、右通政使。二十二年夏升右佥都御史（正四品）巡抚辽东，边塞慑服。二十七年以故官总督湖广川贵军务兼巡抚四川，讨平播州杨应龙叛乱。三十一年四月起工部右侍郎（正三品）总理河道，与著名东林党人、淮扬巡抚李三才一起奏开淤河，并加实施，为漕运作了贡献。三十五年夏起兵部尚书。二品秩满，加正一品太子太保。卒年七十，谥襄毅，赠少师加赠太师。后亦为阉党攻击。

⑭丐：求也。

⑮少宰：吏部侍郎，正三品官。

⑯杨时乔：为魏忠贤列名《东林党人榜》之要员。字宜迁，上饶人，号止庵，嘉靖四十四年（1565年）进士，历工部主事、礼部员外郎（从五品）、尚宝丞（正五品）。万历十七年（1589年）起尚宝卿、南京太常卿（正四品）。三十一年

冬拜吏部左侍郎。绝请谒，谢交游，只宿公署，苞苴不及门，考核平允。三十四年，皇长孙生，列帝贬谪之东林党魁邹元标等九十六人，削籍范俊等一百十人。杨呈疏请赦，帝卒不省悟。卒赠吏部尚书，谥端洁。其著作甚多，《周易古今文全书》、《杨端洁集》等，流布海内。

⑰⑱主事、员外：后者品级为从五品。范调吏部为万历三十七年（1609 年）五月事。

⑲黜陟：黜（chù），降职或罢免；陟（zhì），提升、提拔。

⑳太宰：明清吏部尚书（正二品）之别称。

㉑孙丕扬：名列《东林党人榜》。字叔孝，富平人。嘉靖三十五年（1556 年）进士，授行人（明代设行人司，负责册封、传旨、藩部交往等，左司副一人，下领行人（从七品）若干，皆正途出身，多为进士）。拔都察院御史（正七品），巡按京畿、淮扬，有风裁。隆庆朝擢大理寺丞（正六品）。万历元年（1573 年）升右佥都御史（正四品），巡抚保定诸府，以严见称。再升右副都御史（正三品），因得罪宦官冯保、首辅张居正，五年春引疾归。居正病逝，起应天（南京）府尹，召拜大理卿（正三品），进户部右侍郎。十五年河北大饥，谏言宽赋节用。由左侍郎升南京右都御史（正二品），以病归。召拜刑部尚书（正二品）。二十二年拜吏部尚书。此后他作为东林党人，跟宦官、宣党、昆党作了长期反复斗争。三十六年九月回吏部尚书任。三十八年大计，叶向高推李三才入阁，他当即大力支持。次年京察（考察京官即朝廷官员），他再荐退居林下之东林官员沈鲤、顾宪成、赵南星、邹元栋、冯从吾、高攀龙、欧阳东凤、钱一本、钟羽正诸同志，并审查贬抑阉党等之高官汤宾尹、顾天埈及御史徐兆魁、房壮丽，给事中王绍徽、姚宗文、徐绍吉等人。但斗争结局不佳，东林救国救民之"新政"遭受打击；奸党反挤进要津，在魏忠贤包庇下打击正人君子。从此明代吏治进一步混乱黑暗，如孟森先生所说："明之衰，衰于正德、嘉靖以后，至万历朝则加甚焉。明亡之征兆，至万历而定。"

㉒考功：吏部考功司，掌内、外文武官员之考课，分为九等，进等有赏，退等有罚。

㉓墨吏：污吏。

㉔牛维曜：计六奇《明季北略》有"辽阳陷"一条：天启元年（1621 年）三月二十日，"令监军牛维曜出小南门，助侯世禄再战。维曜中流矢走，师溃，世禄不支，亦走"。又，"广宁溃"条："按臣方震孺在广宁，尚卧未起，闻抚臣（王化贞）走，亦单骑走。监军牛维曜、邢慎言随之。"证明牛为典型的逃跑监军。

㉕若而人：王引之《经传释词》，"若而者，不定之词也"。似"等人"。

㉖文选：吏部文选司，为吏部第一司，掌文职官员选授、铨叙、勋阶、升迁、改调等事。

㉗顾宪成（1550～1612 年），字叔时，号泾阳，学者尊称泾阳先生，范凤翼挚友，无锡人。万历八年（1580 年）进士，授户部主事，十五年任吏部稽勋司，以言事谪为湖南桂阳州判官（从七品），后起用累官吏部考功司员外郎、文选司郎中。以廷推阁臣忤帝意，削籍归。后再起南京光禄寺少卿，辞不就。幼即有志圣学，治学经世，关心时政。遂与弟允成倡修东林书院，偕高攀龙等讲学其中。不时嘲议朝政，评论人物，朝廷志士慕其风范，遥相响应，群体遂扩展，世称东林党。四十一年病逝，谥端文，赠太常卿（正三品），哲学家、诗文家、社会活动家，有《四书讲义》、《顾端文公全集》、《桑梓录》等 22 种传世。

㉘高攀龙（1562～1626 年），字云从，改存之，号景逸，范凤翼战友，无锡人。举人高材之孙。万历十七年（1589 年）进士，授行人。以忤当局，谪广东揭阳县典史兼领县丞（正八品）。亲丧，返家守孝，三十年不出，讲学东林书院。天启朝起用，官至左都御史（正二品）。为阉党崔呈秀等迫害，削籍归。后拒阉党捕，投池卒，为东林后七君子之一。崇祯二年（1629 年）追谥忠宪，封赠太子少保（从一品）、兵部尚书。性操履笃实，公正不阿。喜读书，幼即有志程朱理学，东林领袖人物，成一代大儒。为文风格清遒刚劲，诗意冲淡，有《周易孔义》、《春秋集注》、《高子讲义》、《东林论学语》、《高子遗书》、《东林书院会语》等 45 种传世。

㉙亓诗教：亓（qí），"其"的古字。莱芜人，万历二十六年（1598 年）进士，与范凤翼同榜，沈一贯、方从哲门人。由推官（从七品）入为礼科给事中（正七品），与赵兴邦、官应震、吴亮嗣并称"亓赵官吴"，擅权弄政，贪污阴贼，盘踞言路，参与屠杀东林党。天启后期引疾去。后阉党冯铨再用事，他累官巡抚河南，又被劾罢去。崇祯初二人皆入《钦定逆案》被捕，亓后来赎徒为民。

㉚徐绍吉：平江人，户籍为军籍，原籍四川保定守卫所。万历二十三年（1595 年）进士，任给事中，阉党骨干。计六奇《明季北略》万历三十六年考核："赵继之主之，徐绍吉、韩浚佐之，所处分皆东林也。"崇祯二年（1629 年）亦入《钦定逆案》被捕，罪状为"赞导，窜身史局，篡修《要典》（魏忠贤指使），斥废惨杀诸臣等（东林前六君子、后七君子等三百余人），各欲留一罪案，呵叱词臣，涂更原稿"。崇祯批：亓、徐"坐徒三年，纳赎为民"。

㉛胡东渐：章丘人，万历二十三年（1595 年）进士。三十九年京察时为吏部员外郎，为党争中缺乏操守者也。

㉜内察：对在京官员定期进行的考察，六年一次，逢巳、亥年进行。四品以上由本人自陈后由皇上裁定；五品以下具册奏请。往往引起争辩与政见冲突。

㉝省臣张孔教：时任吏部都给事中（正七品），为检察之任。山东掖县人，万历二十九年（1601 年）进士。后倾向阉党。

㉞恚：恼怒。

㉟飞语：流言。

㊱移疾：托病。归：告假返乡。事在万历三十八年（1610 年）。

㊲亟：赶快。

㊳山茨社：范凤翼返家后，心情抑郁不平，遂寄托诗酒，抒忧时之情。山茨社，在通州城西北濠河外，有寺名山茨，在刘氏别业附近，整体位于钟秀山西南侧。凤翼、国禄父子与通州、如皋、海门的东林、复社人士及友人顾国宝、冒起宗、冒襄、包壮行、李之椿、李渔、胡澄一等名家先后唱和于此，留下爱国忧时诗篇。

㊴钟秀山：《乾隆直隶通州志》，山建于城北郊，明隆庆三年（1569 年）春由知州高启新、郑舜臣先后组织人力用土堆成，共五座小山峰，故称北五山，与城南江边的五座天然石山狼、军、剑、马鞍、黄泥（俗称南五山），遥相呼应，景色宜人。北五山虽小，却有"钟陵甲秀"之美称，故名。

㊵濂洛之学：宋代濂溪周敦颐、洛阳程颢程颐学派，与关中张载、闽中朱熹，合为理学主要学派。周先生据《易传》与道教思想，提出"无极而太极"，"太极"一动一静产生阴阳万物，圣人模仿"太极"建立"人极"的宇宙观。人以中正律己，以仁义治人，而修养成圣人。而人修养的主要方法在于消欲主静。其门徒二程发展其学说，称濂洛之学。

㊶里中：家乡也。

㊷若：如也。

㊸重科：沉重的赋税。

㊹所：通"许"，表示对数量约略估计。

㊺曾应瑞：江西临川人，万历四十四年（1616 年）进士，任副使（正四品），徐绍吉门人。后入《钦定逆案》，罪行是"疏参范凤翼、姜习孔、孙绍统等东林党人与气节之士，削夺；岳元声回籍听勘"（见文震孟之子文秉《先拨志始》）。《明季南略》："副使曾应瑞等蹭跻营升……宵小盈廷矣。"拾遗：京察中，若京官自陈有遗漏，科道加以纠劾揭发。

㊻祖制：朝廷祖传之规矩。天启六年（1626 年），范已摈落十七年，应在考察之外。

㊼长芦运判：长芦镇在直隶青县南七十里，时为都转运使司驻地，领盐课司二十四，在沧州境及山东境者各十二。长芦运判，佐知府，掌盐运、河运等（正六品）。

㊽光宗：朱常洛。神宗长子，继位一月而逝，亦一疑案。

㊾少卿：从五品。尚宝司为掌管玉玺机构。

㊿大理寺左寺丞：最高司法机关正六品官。

○51正人：主要指东林党诸君子。

○52义子：干儿子。

○53崔呈秀：蓟州人，万历四十一年（1613 年）进士。阉党魁首之一。天启初曾求附东林党，被拒。天启四年（1624 年）因依法革职问罪，乃求见魏忠贤，拜为养子。自此参与密谋陷害东林党人，沦为阉党巨头，官至兵部尚书兼左都御史（皆正二品）。崇祯二年（1629 年），砸烂阉党，被定为"首逆同谋"，罪状是"负国忘亲，通内窃柄，凶谋立赞党祸"。处分为"首开佐逆罪魁，戮尸犹幸（又云，后籍没，缢死戮尸——笔者）"。

○54思宗：崇祯帝朱由检，熹宗朱由校之弟。前者为光宗长子，后者为光宗五子。"有嫡立嫡"、"兄终弟及"之义。

○55庚午：崇祯三年（1630 年）。

○56海上之乱：海边之乱，指该年黄海边通州城市民暴动。时镇守黄海边的狼山副总兵王扬德正率兵入援遵、永，远远北去，市民乘机"焚抢乡绅范凤翼等六家"（见康熙《通州志》）。暴动组织者有明铎、明万里、汤槐、杨茂、苏如轼、史云龙等人。事由：地方史权威管劲丞教授生前告知，"市民被'激'而'变'，近因与王部北上有关，那不一定是市民乘虚修怨乡绅，为的是官兵开拔需银子，绅、民分担有问题，引起对立；远因是邵潜在《州乘志》中说了'通之乡绅，近多不载'，意思是不太检束。"通州市民是在海门市民揭竿焚掠闾里后行动起来的。此一问题有《范凤翼行状》、《崇川记异》、康熙《通州志》、《范凤翼文集·乱案》等材料，但各说各理。此一问题可逐步深化研究解决。

○57体仁：温体仁，浙江乌程人，万历二十六年（1598 年）与范凤翼同榜进士。崇祯三年（1630 年）六月以礼部尚书进东阁大学士辅政。阴结党羽，排挤同僚。崇祯六年，代首辅后，图谋起用魏忠贤旧党，陷害异己多人。明清际史学家中有人称其为阉党余孽。十年，被劾去官，次年病死。从下文"睚眦"一词，温、范政见不一，实两党也。

○58乱民：管劲丞《抗清烈士明万里》，崇祯三年（1630 年），通州市民暴动，记载只有明铎、汤槐、杨茂、史云龙、苏如轼等。但有文章载："明万里，最乱魁也。"足见明万里是暴动组织者之一。民间传说明万里为州城东明家巷人，是一位举人。明末清初，清兵于扬州十日后进入通州，派汉人李乔为知州。明万里第二次发动市民，诛杀李乔……后来他被清廷肢解而死。同时遇害的有上次暴动中被杀的苏如轼的弟弟苏如辙。

○59润州：今镇江市。范凤翼在市民暴动时，急急避风头至扬州、镇江、南京等地，前后约十年。

○60牒：文书。

○61敦：敦促。

○62欢然：兴奋貌。

○63縆：绳索。舟縆，纤绳。

○64属：前后相连。

○65直指：官名，汉武帝直接派往地方处理问题的官员，也叫直指使者。后指朝廷直接派至地方问事官员。

○66荐剡：指推荐人的文书。

○67光禄寺少卿：该寺为掌管典礼中预备筵席及供应官员食品的机关。少卿为副长官（正五品）。

⑱色养:出于《论语》。后称承顺父母颜色、孝养侍奉父母为色养。

⑲瀡:出于《礼记·内则》,使柔滑之义。

⑳九服:古代天子所住京城之外的地方按远近分为九等,叫九服,后来泛指全国。六亲:历来说法不一,但指父母、兄弟、妻子居多。

㉑内:古今字,纳也。

㉒昏:古今字,婚也。

㉓资之:出钱帮助他们。

㉔讵:岂知。

㉕更仆:打更守夜的仆人。

㉖方:正也。

㉗倏:忽然。

**评论:**

范凤翼是明代天启年间被阉党列名《东林胁从》(见《东林朋党录》)黑榜的东林党人,与熊明遇、姚希孟、乔应甲、方震孺、周顺昌等52人同列,足证非等闲之辈。另一位通州人顾国宝则上了《东林同志录》的黑榜。冒襄祖梦龄、父起宗皆东林派。接着,江海平原吴素贵、吴素五、石璜、宗振祚、冒襄、蒋国传、李鼎(以上如皋县),包壮行、王毓科、王孙锦、张鹍鸣、李培因、王奎光、王俶维、顾楷、顾谡、白灿、邵潜、宫伟镠、钱岳(以上通州),崔思唯、成友谦、濮阳至、成宏志、张玙若、崔明献、易象兑、崔大韶(以上海门县)等28人参加东林后续复社,冒襄并成为后期领袖之一,跟阉党余孽作了殊死的战斗。江海平原涌现这么多东林复社,兹事体大,影响深远,值得研讨。

原来,公元16世纪至17世纪前半期,即明代中期及以后的嘉靖、隆庆、万历、天启四朝的一百多年中,我国社会农业与手工业生产中商品经济有了不同程度的发展,而长江三角洲尤其是江南地区表现得最为突出,并且封建人身束缚也有所松弛,雇佣工人特别是计日论资的短工,在法律上取得"凡人"的地位,市场上出现自由的劳动力出卖者。这两个基本条件具备,资本主义萌芽的历史条件也就渐渐成熟。《列宁全集》第3卷20页:"没有工商人口的增加,农业人口的减少,资本主义是不能设想的。"当时,江、浙、赣、皖的丝织、棉纺加工、制盐、陶瓷及造纸等渐成规模,商品化程度提高,经营形式多少具有资本主义生产关系的色彩。虽然在整个社会中,只不过是晨星,但它标志着我国古老的封建社会已经走到了最后的阶段。

商品经济成长,旧城市因工商业而发展,新市镇又逐步涌现,以商人、作坊主、工匠及贫苦市民为主构成新的社会力量。而万历后期阉党派出大批宦官任矿监、税使至各地搜刮。据史料记载,从万历二十五年(1597年)至三十四年(1606年),阉党就掠得矿银三百万两,贪污入私囊的更数倍于此。于是市民运动爆发:二十七年临清罢市,群起揪住税使太监马堂,打死其爪牙37人,皇上下令镇压,市民领袖王朝佐就义;荆州市民示威,抵制太监陈奉入境,将其爪牙6人抛入长江,襄阳、长沙、黄州响应,神宗不得不撤回陈奉;三十四年,云南腾冲市民杀死税使杨荣等200余人,皇上闻讯害怕得几天吃不下饭;三十六年,前屯卫、锦州、山海关大规模兵变,军中多有穷苦市民;四十三年福州市民罢市,声讨太监高寀,肉搏死拼,血溅市巷;最有名的为苏州织工葛成领导的暴动,声势最大,组织最严密,在历史上留下光辉一页。天启七年(1627年),苏州市民为保护东林骨干周顺昌,跟阉党东厂特务展开血战,感天动地。数十年中,大小数百次,北起辽东,南至滇粤,西起陕西,东至江浙,反映了我国封建社会阶级斗争的新动向。

东林党就是在此大背景下诞生的。以皇帝、太监、王公、勋戚、权臣为代表的大地主集团即阉党,已堕落为统治集团内部最腐朽最反动的集团。另一部分中下级官吏、市民工商业者、手工业工人、中小地主、知识分子为了改革弊政、发展经济、缓和社会矛盾,逐渐形成一股政治力量跟前者斗争,这就是东林党。

东林党政治主张是反对横征暴敛,力倡"惠商",取消矿监、税使,减轻民众负担,维持手工业者、小商人、织造工、农夫最低的生活与生产条件;澄清吏治,改革弊政,任用贤能,重用李三才等入阁为相;顾宪成、高攀龙、范凤翼等举荐正直人士;反对太监篡权插手朝政,上疏太监不得出宫门,更不可出北京城门,去当什么矿监、税使、监军等,不准他们在各地为非作歹、敲诈勒索、干涉地方政务;拥立万历帝长子为太子,为皇储,遏制魏忠贤等勾结郑贵妃篡夺皇位的阴谋。这些主张明显地含有新兴市民阶层的要求。两党斗争了几十年,终因魏忠贤纠集浙、齐、楚等派系大官僚,对东林党实施了残酷的迫害与血腥屠杀而受挫。神宗于1620年病逝，太子常洛即位为光宗，朝号泰昌，仅一个月又病逝，魏忠贤"始用事"。光宗长子朱由校即位为熹宗，朝号天启，才17岁。魏阉控权，自天启四年至六年镇压东林党，先后编制了东林《点将录》《同志录》《籍贯录》《胁从录》《党人榜》等黑名单，而后对万历、泰昌、天启三朝的大事如削减矿税、京察官员、立储、揭发魏忠贤、梃击、红丸、移宫等全面翻案，残酷杀害了刘铎、夏之令、苏继欧、丁乾学、吴裕中、张汶、英怀贤、万燝、汪文言，杨涟、左光斗、袁化中、魏大中、周朝瑞、顾大章（即"东林前六君子"），周宗建、缪昌期、周顺昌、高攀龙、黄尊素（著名思想家黄宗羲父）、李应昇、周起元（即"东林后七君子"），戍死吏部尚书赵南星，狱死东林骨干王之寀……牵连者约千人以上。《五人墓碑记》《左忠毅公逸事》《原君》等名文表彰了东林烈士与市民义士大无畏的勇毅精神，赞扬了苏州、常州、余姚市民群众气吞山河的英雄壮举，催人泪下。而当时的东北，满清奴隶主贵族集团正不断南下叩关，西北农民起义正星火燎原。所以，天启七年（1627年）八月帝崩，遗诏以五弟朱由检嗣位，崇祯帝十七年中无论怎样打击阉党，对付建州满清、李自成部夹击而"宵衣旰食"，一切都来不及了。孟森先生在《明史讲义·万历之荒怠》中说得好："明亡之征兆，至万历而定。"黄仁宇先生在名著《万历十五年》中亦称："中国幅员广大，情形复杂。明朝采取严格的中央集权，施政方针不着眼于提倡扶助先进的经济，以增益全国财富，而是保护落后的经济，以均衡的姿态维持王朝的安全。这种情形，在世界史中实属罕见。"亦入木三分。

因此，邵潜的《范凤翼传》极富文献价值，真实地记录了这位东林党人斗争的主要事迹。其父应龙字士见，名秀才，塾师，后以贡监"由里选，起家为庆云令"。他爱诗，但存诗不多，有待深入于古籍中寻觅。已知与他诗文往来的东林党人有吏部尚书郑三俊、大宗伯董其昌（名列《东林籍贯录》）、御史大夫高攀龙、少保大学士朱国祯、少卿丁元荐、少师大学士叶向高、吏部郎中冒起宗、孝廉包壮行、少宗伯钱谦益（名列《东林同志录》）、宁州知州冒梦龄、吏部主事李之椿、御史方震孺、吏部郎周顺昌等多人。其政治

倾向鲜明，并影响其子范凤翼。万历二十六年（1598年），范凤翼24岁中二甲进士，任知州、府学教授、国子监助教。后调户部主事监粮仓，有政绩，得到户、兵两部尚书赵世卿、李化龙的赞扬。赵曾疏停矿税，李曾与巡抚淮扬之李三才一道兴水利，皆东林党，后遭阉党攻击。三十一年赵署理吏部尚书，东林党人杨时乔调任该部侍郎，三十七年将范从户部调任吏部主事升员外郎（从五品），主要在考功司、文选司公干。前者掌文职官员的议叙与处分，后者掌文职官员的品级与候补升调之事，颇有权力。他坚持正义，淘汰了一批污吏。三十八年京察即六年考核京官一次，范凤翼请起用东林党魁顾宪成、高攀龙等贤人。先此即二十二年（1594年），顾宪成为文选司郎中（正五品），在会推阁臣中，他与吏部尚书陈有年奉旨草拟七人名单，无首辅王锡爵亲信礼部尚书罗万化，王提出责问。他们坚持原议不变呈神宗。皇上圈出陈于陛、沈一贯二人入内阁办事；却又指出名单中另二人系"擅自列名廷推，着司官（即顾宪成）降调杂职"。群臣上数百奏疏申救，固执的皇上不听。顾即告别同僚南归无锡重修东林书院，与高攀龙等八人开始讲学，并贴出名联"风声雨声读书声声声入耳，家事国事天下事事事关心"，"东林八君子"在讲学中抨击弊政，评论人物，产生巨大影响，东林党的主张深入市民之心。三十五年征拔"人品正大，心地光明，急宜起用之人"。三十八年京察中，范凤翼出于公心，上疏荐举顾、高与安希范三位。顾复官，正式起为留都南京正四品光禄寺少卿。此次京察，大学士叶向高推举李三才入阁，范又力荐顾宪成调北京。同时被荐的还有高攀龙、邹元标、赵南星、冯从吾、钱一本诸位。相反他将汤宾尹、刘国缙、康丕扬、亓诗教、徐绍吉等列为被察对象。但是，东林党行动遭到阉党等的猖狂反扑，整顿吏治受挫，朝政遂不可收拾。范凤翼十分义愤，"移疾告假归里"。在这场大辩论中，他认为人生在世，不管处于何地位，为官做民都可以，但言行应以国家、世道、百姓为重，否则便无任何价值。廷辩时，他慷慨陈词，抗疏中，其铁骨铮铮，表现了东林党人热爱祖国、关心民生的崇高气节和宝贵品格。次年二月，主持"京察"的孙丕扬"亦挂冠出都"。

神宗昏愦，太监篡权，吏治崩溃。九年后，天

启朝,魏忠贤等炮制《东林党人榜》、《东林朋党录》、《东林点将录》等妖书,然后举起了屠刀。范凤翼返乡八年即万历四十六年,又被魏忠贤走卒徐绍吉门人曾应瑞疏参,削夺正五品官职。他一笑置之。泰昌元年光宗登极,任其为司丞,升少卿(正四品),又推大理寺左寺丞(正五品),皆不就。当年高攀龙揭发崔呈秀在扬州等地贪污上千万银两,这个阉党干将放风:揭发是由范凤翼提供材料写成的,"出江北士夫口"。可见范虽不在朝,但仍坚持斗争,毫不动摇。最终被崔削除其官职为民。崇祯初,为东林昭雪,范凤翼复原官,南明弘光朝拜光禄寺少卿,他亦辞不赴。但是他与东林复社同志前前后后皆保持联系,在其《范勋卿诗集》、《范勋卿文集》中有许多互赠怀人之作,如冒起宗、刘宗周、包壮行、钱岳、范景文、冒梦龄、李维桢、方震孺、李之椿、郑超宗、顾与治、钱谦益、邵潜、高攀龙、周顺昌、文震孟、毛士龙、陈于廷、侯恂、姚希孟、瞿式耜、叶向高等巨擘。范凤翼是南通地方重要的东林党人,无悔无愧地站在当时思想界第一线,作出巨大牺牲与重大贡献。他是江海平原的骄傲与光荣!他又是南通诗学世家的开路人,他的思想与艺术被一代代传承发扬。

他的《范勋卿诗集》21卷,收诗1570首、词25阕。王思任评曰:"先生之心皎如白月,故其为诗昭素春容,风流洒脱,不走刻移背闷之路,不入巧纤凑绘之门。"南通博物苑范氏诗文世家陈列馆、南通大学文学院暨范氏诗文世家研究所正在深入研究中。

# 笑向西风写物华

## ——张馨谷艺事漫谈

琅 村

　　20世纪80年代初,有位长辈亲戚拿了一方印章来让我辨字,并说此印章是金沙某画家的用物。那是一方青田石章,印面圆形,上镌朱文两字,笔画虽清晰,却是不规范的篆书,故而一时难以识出。尽管如此,这字形却是印入脑海,等到后来见闻稍广,才明白那是"二痴"两字,并且进而怀疑那个金沙画家就是张馨谷,因为在费范九赠张氏的诗里看到一句"作画自署张二痴"。

　　这些年,我也曾试图验证自己的猜测,只是到目前为止,还没有在张馨谷的作品上看到那方印章的钤用。或许是印面本来就小,只适宜于扇面、尺页之类的小品,而张氏存世小品又少的缘故。不过,我还是有兴趣地等待着。

　　也就是在这等待的过程中,我陆续接触到一些有关张馨谷的材料,也逐渐觉得今人对张氏的记述,或虚或实,或真或伪,终究让人疑信不定。

图一　张馨谷像

　　为此,很想把这些比较原始的材料介绍出来,不敢妄说是"以正视听",只是希望人们以此来认识一个近于本初的张馨谷而已。虽然这种披露史料的写法,可能会显得驳杂,但因为是就着原始材料说话,至少会让人感到一点踏实吧。

一

　　关于张馨谷(图一)的生平,江苏人民出版社1996年版《南通县志》和上海社会科学院出版社2000年版《南通市志》都有他的传,传文大同小异,根据"后出转精"的常例,这儿把《南通市志》上的传(以下简称《张传》)录于下:

　　张蓁(1880～1932),字圣麟,号馨谷,南通县人。以画菊著称,自题名"菊痴"。幼时,即对绘画发生兴趣,见虫鱼花鸟,往往细心观察,继则席地而坐,用树枝于地上勾划。因爱菊而种菊、画菊,逐渐自学成才。十五六岁时正式作画,显露其艺术才华与独特风格。中年专事画菊,细心揣摩,务求形似神似,画艺大进。民国十二年(1923)受聘为私立金沙孙氏小学校美术教员,并负责规划校园,建"鞠寿堂",堂前辟菊畦,亲自灌莳培育从国内外觅来的良种,不遗余力。因谙治花之术,所画菊花,茎叶花瓣,品种不乱;设色得体,神韵逼真。张蓁生性耿直,崇尚菊花的高洁品格,富户向他求画,画菊一朵,须付银元一块;而对贫寒好学者则不收分文。与权势者接触,从不阿谀奉迎。一次,张謇请作扇面一帧,当得悉系赠送五省联军总司令孙传芳时,他甚为不悦,略涂数笔了事。民国十三年左右,作品参加法国巴黎画赛,获一等奖,得金牌一枚。其作品收入《南通书画大观》。

《南通县志》和《南通市志》都是官方纂修的志书,材料的择取及论述,理应审慎而精准,最具有权威性。然而事有不然者,即如这篇长不及四百字的小传,读后竟也让我疑窦丛生。在此不妨略加分剖。

首先是关于名号。按中国人的名和字,其取义通常都有一定的对应关系,只有别号可以不受限制地随意自取。《张传》中称张蓁的表字为"圣麟",按此"圣麟",推想是从孔子闻知鲁哀公西狩获麟而感叹周道衰歇那个典故而来的,但这一典故与表示草木丰盛的"蓁"字,并不能构成关联。相反,"蓁"与"馨谷"却不然,如《水经注》中有"蓁水出自蓁谷"之语,馨谷则以满谷芳馨来表示芳草丰蓁。关键的是"张蓁"和"馨谷"是其作品上最为常见的署款或钤印,而那个"圣麟"却无从知其何来何据。所以,我还是倾向于"张蓁字馨谷"之说,而那个"圣麟",似还有待于新材料来证明。

至于张馨谷的别号,见于其作品款印上的有"卉畦"、"蕙溪"、"锄花农"、"癖花居士"等,还有则见诸同时人记录,如孙谨臣谓其晚年自号"霞东散人",费范九记其自署"张二痴"等。《张传》提及的别号"菊痴",取得甚巧,既点明其种菊画菊,又切合其喜好戏曲,只是尚未在其作品上看到反映。却是有个"痴道人"的印章,多少表现出他于此道的痴迷。

张馨谷的学画历程,《张传》谓幼时即有兴趣,"十五六岁时正式作画",不知这个"正式"是何所指。鄙意艺事修习,本来只是一个过程,不同于现今的职业,是难有一个入行的时间来界定的。假如张馨谷是一个职业画家,那还可以拿售出第一幅作品的时间来指认,可惜他又并不如此。

《张传》记:"民国十二年(1923)受聘为私立金沙孙氏小学校美术教员。"此记似也不妥,因为是次于学画有成之后而说,容易让人认为此前只是在家作画,并无职业。其实不然,他后来的"雇主"孙谨臣在其去世时讲:"余尝兴学霞东,散人掌校园,花事略备,今忽忽二十一年矣。"张馨谷卒于民国二十一年(1932年),前推21年,则为清宣统三年(1911年)。那时虽未有孙氏自办的小学校,而张謇、孙谨臣等倡办的金沙公立高等小学校却已存在数年,张馨谷受聘于该校也是正常不过的事。此外,那个"美术教员"的身份也让人置疑,因为看当时地方报纸对他的报道,无一例外地称他是"校园主任",而事实上,人们对他在校的记述,也都只涉及其校园的建设。孙氏小学是否有美术教员尚未可知,但看南通那时最老牌的城北高等小学,至少在民国二十年(1931年)前还未设美术专课,更谈不上专任的教员。

张馨谷还有个绘画获奖的经历,每被今人艳称。《张传》对此事的表述为:"民国十三年左右,作品参加法国巴黎画赛,获一等奖,得金牌一枚。"除了那个时间上的"左右"属不能确定外,其他都言之凿凿。可仔细一想,又不能不生疑。获得这么大的荣誉,何以当时地方文献里却无一字提及?那时期南通的地方报刊,保存还是颇齐备的。我也曾设法去了解那个时间里巴黎究竟办的是什么赛会,结果却是渺茫,相反得到的知识是,在欧洲举办中国绘画展览,是20世纪30年代由徐悲鸿、刘海粟他们开始的。一来已在张馨谷去世后,二来即使时间能赶上,他也没有途径跻身这一行列。

只是换句话说,既有参赛获奖一说,也未必全是空穴来风,因此我怀疑可能是误了"会"。而照张馨谷的生平看,他最有可能参加的,应是近代中国破天荒的博览会——宣统二年(1910年)举办的南洋劝业会。这次赛会,张謇曾领导了一个为此专设的研究会,组织一批有专长的人士,分门别类地撰写参展品的调查报告。其中吴江人沈雪庐的《研究毛笔画之意见》,则是对其美术类里中国画的调查研究,这份报告点评了绝大多数参展作品,其中提到了张馨谷的一幅《翎毛》画轴,但认为"少士气"。或许因为这个不高的评价,还影响了后来评奖。据《南洋劝业会审查得奖名册》,当时所设奖项为五等,即奏奖(一等)、超等奖(二等)、优等奖(三等)、金牌奖(四等)和银牌奖(五等),而书画艺术品仅置于金银二项内,南通人里,石港的王燕和通师毕业生褚秉铎的作品得到金牌,而张馨谷却是敬陪末座。当然,艺术作品的评判,本是见仁见智的事,而对作者了解的程度也往往影响评判者的认识,所以,一次赛会的奖项,并不足以说明多少问题。就我来看,此事终究证明了张馨谷参赛获奖的事实,所以也有理由怀疑,所谓的巴黎获奖，就是由此而生的误传。

还有一次有可能造成误会的，则是民国十四年（1925 年）秋在南京举办的江苏省第三次地方物品展览会，按照章程规定，这次展览也进行过评奖。我所见的仅是一份展出结束后退还的展品清单，其中美术类就有张馨谷的画作四件，分别为"花卉册页"四幅和"彩绘菊花"、"彩绘锦鸡"、"彩绘雉与梅"各一轴，得奖情况惜不能知。

窃以为，为别人写传，虽然称述的是他人，可又往往反映着传作者的识见和意趣。一个对艺术并没有什么了解的人，是很难写好写准艺术家的。《张传》正可视为一例。如传中曾列举两事来表现传主的人格高尚，但我看其实是出自作者的主观想象，有悖于原本的真实。如所谓"画菊一朵，须付银元一块"，就不免让读者失笑，毕竟美术作品所反映的对象，不是按数论价的。作者虽存美意，却无意暴露出对艺事的无知。

这种外行的认识，同样体现在所写对孙传芳的表现上。孙氏是著名的大军阀，只要查阅载籍，其生平今人都能了解。只是作为五省联军总司令的孙氏来南通时，其形象并非如后人认为的那种凶神恶煞，如东道主张謇就对他维护地区稳定寄予重望，甚至称誉其部队所到之处从不扰民。张謇眼中尚且如此，何以本不相干的张馨谷却要对他表现得"甚为不悦"？退一步讲，即使张馨谷心怀不悦，我觉得作为一个认真的书画家，他也不可能糟践自己的作品，去"略涂数笔了事"的。这又反映出传作者对艺术创作的陌生。

关于孙氏事，在此再来饶一点舌。嘉宾来访，馈以礼品，本也是人际交往的常情，张謇也不例外，但据我们所掌握的材料，他的赠物几乎都是自己所办企业里的产品，如颐生酒厂的酒、女工传习所的刺绣、贫民工场的编物和缂丝等。

张謇的用意其实也很直接，就是借以宣传、推广那些产品。如此来看，请张馨谷作画以赠孙传芳，就变得不可思议了，一来即使要绘画，在南通城内张謇的身边也不乏绘画名家，犯不着远去金沙；二来扇面作画只属于一种小品，那个时代是不会被作为正规的馈赠礼品的。以此思路分析下来，则张馨谷为孙传芳作画一事，多半就属子虚乌有的了。

花了这么多笔墨来讨论《张传》里的问题，当然不是与传作者过不去而硬要拿来说事，主要还是想通过对问题的辨析，把一些史事的真相梳理清楚，以免以讹传讹。我想，这也是对传主张馨谷的一种尊重。

二

既然前举官方志传已不足信，那么，要想了解真实的张馨谷，就得推出孙谨臣的《霞东散人姚张蓁传》了。写传的这位孙谨臣名儆，号沧叟，前清举人出身，作为一名开明士绅，曾在地方上兴学办公益，多有作为，算是近代金沙的头面人物。张馨谷不仅长期在他所办的学校里管理校园，连孙氏私宅的园林也为之打理，他们的私交甚深，因而所知必谂。何况此传还是受张馨谷病中所托，于其去世后一月写成而刊布于地方报章，其真实性应该无可置疑。现将传文全部录下：

> 姚张蓁字馨谷，晚号霞东散人，南通金沙人。其先本姓张，自曾祖玉书赘于姚氏，长子介仁姓姚，次三姓张，次三皆无后。介仁生子三，长霭山，次学泰，三樵山，仍姓张。霭山无后，学泰一子，樵山为蓁父。樵山生子五，以次子蓁为霭山后。

> 散人生而颖异，幼喜绘事，成童时已卓然可观，于人物、山水、花卉、翎毛无不精究，惟翎毛、花卉尤夸独步。至三十岁后，所诣精进，求者门限为穿。散人尝谓师古法毋宁师造物，与范宽言师人不如师造化之意同。曾为人画鸟雀，悬之壁间，猫不知为画也，辄扑取之。至花卉设色之佳，尤不可言喻。自言用色加至十余遍，乃成一色。徐熙以设色擅长，在散人要无多让，惜其法不传。

> 生平好花卉，自谓丹青而外，惟爱名花，爱菊花尤甚，于收子、播种、插秧、分栽、截头、锄草、培壅、上盆、陈列各阶级，皆有法度。盖在精不在多，积三四十年，无虑数千百种，经淘汰后，仅留一百余种。遂使金沙菊花，不但甲南通甲江苏，直为一国冠。余如牡丹、芍药、山茶、月季、兰草、荷花之类，无一不求精美。渊明爱菊、茂叔爱莲，散人所爱较陶周尤挚。

> 散人所居仅数亩地，而规划布置，别有洞

天,令人游观不厌。尤异者,散人病且笃,适牡丹盛开,散人已豫约各知交亲临观赏,散人命将卧榻移转,与客周旋,言此金轮黄、此烟笼紫、此夜光白,盖所罗列者,在魏紫姚黄以上。游宴竟日,宾主欢然,不谓散人即于翌午逝世,年五十有三。卒之前数日,谕其子阆彬曰,他日吾墓门题书画家某某之墓。散人书法学欧,颇得神似,称书画家,名实相副,又病中曾语余曰,君为余作一传,余诺之,今距逝期一月而传成。

孙微曰:余尝兴学霞东,散人掌校园,花事略备。今忽忽二十一年矣,后此至校园,不复有散人踪迹,伤如之何。犹忆宴会沧园,酒绿灯红之夕,里中不乏度晓风残月者,散人铁板铜琶,独唱大江东去,今成广陵散矣。呜呼,岂独度曲成广陵散哉。

传文开始的一段家世叙述,解释了标题张蓁姓名前冠之以姚姓的由来。这种兼祧两姓的身份,在其作品上也偶有所见,不过"姚张蓁"的署名似乎都出现在其晚年,即民国二十年(1931年)左右的作品。这种署名与别号不同,并不能认为只是一时之兴,想来与其时确定其承嗣身份有关,只是我们对张姚两个家族的了解太少,尚难去作进一步的分析。

孙谨臣这篇传,于传主的生平履历几乎都未提及,这是因为张馨谷的活动范围只限于乡里,所历之事也不与什么重大事件有密切关系,所以才忽略不谈。孙氏所记的,重在张馨谷一生最值得记也是其最有成就的两个方面:绘画与莳花。至于另一段叙及其去世前夕的逸举,也恰恰是为着通过这有殊常人而近乎神异的结局,来作为其一生癖花的见证,让人们对所谓的"嗜花如命"有一个鲜活的理解。

三

张馨谷之为今人称道,多在于他的绘画(图二)。然而,即使孙谨臣为他写传,将绘画视为重点,却也只说到他"生而颖异,幼喜绘事,成童时已卓然可观",并不能指出其画艺的师从。而从那个"生而颖异"上,更容易让人理解成他的画艺,应该多来自自己的敏悟。

据目前可掌握的材料看,在张馨谷少时或更早

图二　张馨谷绘《篱菊画眉》

些时的金沙,并未曾出现过比较出色的画家。所以可以认为,即使张馨谷早年曾得过一些人的指授,但能臻于后来的成就,主要还在于他自身的原因。

因为没有明确的师承,所以表现在他的画作上,也往往没有什么"家法"的制约,反而显得取径多途。当然,这种不守故态,最终还得受其个人审美好尚的限制,故尽管风格上多有变化,但却始终统摄在一个基调之上。张氏的这个基调,似乎可以用"清丽"两字来概括。试举其最擅长的花鸟画来讲,尽管他在作品上也偶尔有着诸如师法陈白阳之类的标举,但白阳山人那疏爽纵肆的笔法在其作品上并不一见,却是蒋南沙、恽南田两家的痕迹为多,而有些作品更受着晚清海上画家如张子祥、王秋言等人的影响。总括起来,笔墨干净、设色明丽,庶几可以称为其绘画最明显的特征。

对于画艺,张馨谷未曾有什么论述留存下来,他又似乎不太喜欢在画幅上作长篇大题,所以偶有题识,都不作装饰门面的陈词滥调。如他在其

牡丹册上题写的两则，一则云："牡丹颜色只有黄白红紫，并无黑色。此种名烟笼紫，即世所谓黑牡丹是也。"这段文字反映出他对物态的关注。另一则题跋云："作画务求圆绽，结构周到，方能稍似。若平扁者有如未装饰之屋，不过架落而已。"这里他认为要"务求"的"圆绽"，换言之就是画图的立体效果，这正反映出他在绘画上的审美诉求。两则题记自有其内在联系，要讲求所绘对象的结构周到，进而达到其"圆绽"的视觉效果，就不能忽视对物态的关注。这一见解正来自其长年的莳花经历，是他对前贤所讲"师造化"的一种具体化的诠释。

张馨谷对于绘画自有见解，这还可以从其友人的诗文里探知一二，如南通徐贯恂就有题为《晚凉，就张馨谷论画城西，适其兴至，秋荷一幅立顷画贻，感题截句》的诗作。徐氏为名士兼诗人，亦喜绘事，与国内名流交流殆遍。与此见闻广博者坐而论画，则张馨谷对此道的识见自然也不会庸常。虽已不能知其所论之言，但就其鼓兴而即席作画看，则其见解之契合已不难推知。

南通费范九有首题为《与张馨谷论画即求作淡远楼图》的七言长诗，对了解张馨谷其人其艺颇有帮助，现移录于下：

> 一士落拓不偶时，作画自署张二痴。与余意气最相得，纵论画法属为诗。君谓画像取于易，阴阳奇偶天所垂。始于有法终无法，心超象外方神奇。当其初学苦戛戛，冥搜幽讨日攒眉。纡途奋力期必至，至则谿然殊自怡。人天震动现成佛，天下何虑而何思。纷纷来求穿户限，非可意者皆麾之。与可狂投袜材金，板桥不接豪富儿。君之狷洁亦违世，故应兀兀困画师。余家有楼百年古，书香茶气生河湄。楼名淡远称君画，将诗作赞君毋辞。

此诗直称张馨谷为"士"，可见费氏并未把他当寻常的画师看。诗中讲其以《易经》的阴阳奇偶之道来指导创作，自有法而求无法，由取于象而超乎象外，都说明了张馨谷对自己的创作有着极高的追求。至于用文与可和郑板桥的故事来比

况，则为着彰显其狷介的个性，而说到虽然求画者众，却是"非可意者皆麾之"，则愈见其对自己作品的看重。

费范九与国内名流也不乏交往，但对张馨谷的画却似有专嗜，所以即使在其任职上海商务印书馆时，也每有书信往来，如他有《柬张馨谷》三绝，诗云：

> 几日不相见，恨恨别意生。西风催短棹，早晚发江城。
> 春动闻雉雊，秋高粲菊华。闲情写花鸟，不让蒋南沙。
> 乞画不知足，相逢便迫之。饱看山水嶝，慰渴亦忘饥。

交往到几日不见则怅恨情生，则其间情亲可见，而索画到相逢便乞，又知其喜爱之深。费氏还曾有对联相赠，云："君于绘事，有古性情，频年鬻艺为生，犹耻向荒伧较值；我是书生，无他嗜好，几度寄缣乞惠，辄惊若神物相输。"上联赏识其介然个性，而下联讲得其作品惊如神物，这种推崇，怕也是无以复加了。

张馨谷以花鸟画最负盛名，其实他的山水画也清润有致，临仿各家诸作，亦颇尽变化之能。民国初年，徐贯恂曾邀诸多画家为其所居梅花山馆作读书图，其中如陈师曾、李苦李、何维朴、林琴南等都有佳作，而张馨谷所作的一幅，其密林深屋，与诸名家毫不相逊。

至于他的人物画，传世甚少，颇难下论。徐贯恂有《题张君馨谷画跣足大士像》诗，虽不能见其作如何，推想也不致太弱。他有致费范九一信，曾说"委画之件，蓁素不善人物，今勉承台命，绘'怪道玉人眉样好，妆楼多傍绿杨枝'之句，以博方家一粲"云云。这里的"素不善人物"显然是一种自谦，因为如果不能知其所擅，费范九也不会有这仕女画之委作的。

张馨谷的书法，通常所见者，入手似乎近于欧柳，以多见骨力的瘦硬风格见长。不过，与绘画相似，其面貌也不固定，有时也以流转腴润之笔出之，表现出其多样性。曾见其一通信札，内容是因对方考中秀才，特书对联两副为贺。这个举动恰恰说明了他对自己书艺的甚为自信。

## 四

张馨谷在当年能享高名,其绘画的精能自然是一个原因,但这毕竟还只能被少部分的文人雅士所注目,而更多人传颂的,却是他的花木园艺,尤其是艺菊之才。之所以能够被大众周知,民国十三年(1924年)十一月以张馨谷为主在金沙举办的菊花展览会起了很大的作用。关于这次展览会,当时的《南通报》刊有一篇题为《金沙市之菊花展览会》的专题报道,并以"种类新异、款式整齐、花冠圆满、颜色鲜明"作为附题,强调展览的特色。报道全文为:

> 本月十四、十五、十六三日,金沙市举行菊花展览会。十四日适为各区保卫团集合金沙会操之期,各处来宾甚众,展览会以是日为最热闹。展览场所有二,一为沧园,一为市公所。沧园朝南大厅,约陈设八十余盆。市公所之议场,约陈设四十余盆,并有各种宝贵古玩,映带其间。后进大殿,约陈设百余盆,杂陈之古玩,有钟鼎瓶炉等物。其菊花之特色,在种类新异,款式整齐,凡参观者,固莫不啧啧称美。顾更有最难者一点,厥惟花冠圆满,颜色鲜明,直径皆在四五寸以上。此殆金沙菊花之特点,非他处所可几及者,虽沪上门券一元之菊花大会,恐亦未能逾此也。夜间电灯光下,尤觉光耀灿烂,止观之叹,舍此莫属矣。主持此事者为张馨谷,助成之者为姜子寻、江鉴三、邵嵩华、李强南等。闻此等菊花,平日之栽培,颇费苦心,盖将护之宜干宜湿,施肥之或多或寡,皆须试验研究,以求适其性。非然者,必不能获此结果。记者尝叩张君以名种之名称,张君倭指为余述之。兹胪举如下,以供有渊明好者一览云:掌中飞燕、玉指挑脂、金龙爪、紫电青霜、金甲朱衣、绿衣红裳、锦绣春、玉蝴蝶、绿牡丹、银红牡丹、醉白、白莲台、金毛菊、梨香菊、西春、鸳鸯、金佛座、银佛座、麒麟甲、琥珀、春水绿波、武陵春晓、玉蟹、冰盘、天台丽色、凤凰脯、玉管银钩、玉如意、金万字、银盘托桂、紫袍玉带、松阴夕照、桂子霞光、落霞晚照、大五色、玉楼春、烟笼紫、紫霞光、雪拥莲、蜡黄、紫盘托桂、矮脚黄、梅雪争春、蛱蝶穿花、二乔、金芙蓉、玉芙蓉、绿珠、金蝴蝶、紫蝴蝶、芎萝春、晚霞映月、花蝴蝶、大红蝴蝶、杏盘托桂、金盘托桂、晚桃红、雄黄山、珊瑚映日、郁金黄、万点金、一盒雪、白万卷、竹叶白、海云红、杏黄蝶、白荷花、金荷花。

这次菊花展览会的规模,最起码在南通是空前的,因其影响,致使有些闻讯稍晚的人,于展览结束后还赶往观看。如住于南通城的老诗人顾未杭,就有《泛舟古沙看沧园晚菊》之诗,诗云:"同舟二三子,清暇寻欢娱。一访霞南山,中有好园居。采采东篱菊,经冬犹未枯。罗列室左右,异色相扶疏。圆者如悬鉴,大者如覆盂。如垂长鬒相,如洗凝脂肤。如到众香国,如入五都衢……"虽然展览已终,秋花已晚,但顾氏所见仍是盛况未衰。

也就是此行,顾氏首次与张馨谷相晤,甚至一见倾心,赠诗缔交。诗云:

> 与君悭一握,颇闻能写生。又闻善艺菊,匪徒以画名。爱画兼爱花,积慕徒闻声。此行来古沙,一见心为倾。沧园召宾侣,四壁花为邻。群芳君手植,异采相纷纶。问君莳花法,君亦不自知。但能识花性,燥湿适其宜。每得法外意,遂尔现离奇。君尤精法曲,丝竹不如肉。酒后一狂歌,大声震林屋。高谭殊未已,名花如解语。徙倚百花间,天为留佳处。愿君写为图,一花一画本。张之名园中,永作后来准。

据顾氏诗中所述,张馨谷的莳花之艺,似乎也没有受过师承,全在于自己能体悟花性,法外求法。这与其绘画的精熟,正有异曲同工之妙。

现今看来,张馨谷能施展其园艺之才,还多亏孙谨臣提供了一个平台,这不单是孙氏自家的那个沧园,主要还是孙氏小学的更大空间。

自从晚清以来新式学堂的兴起,受时风的影响,一些高等以上的学校,都比较注重校园环境的建设。这种建设当然不是单纯地为了观览,主要还是希望能给学生提供一个清新而优美的就学氛围。不过,就南通那时的校园建设看,能做到金沙孙氏小学这种规模和特色的也极为稀见。民国十五年(1926年),孙谨臣的表亲曹思曾有《孙氏校

园记》之作,对此校园记述特详,现转录于下:

> 环古沙四百方里绝少天然胜境,其足资骋怀游目、偃息啸歌者,孙氏校园外,殊罕觏焉。园为余表伯井澄公所建,位其校之东北方,广可十数亩。门临运动场,南向。入门,道以回廊,尽处小楼衔之。下有莲池,为葫芦状,东郭而西狭,桥跨其颈。池畔绿杨桃李,交柯连阴,风动影碧,浮映衣袂。渡桥为晚香亭,直对鞠寿堂。亭堂左右,菊畦纵横。每值霜来花放,红紫纷披,幽趣诚不亚靖节之东篱也。西十数武,循石径崎岖,乃登延月亭。亭六角,翼然土丘上,高于地者五尺。凭栏瞻眺,园景毕纳。北望村野,田畴交错,烟墟远树,历历如画。四周古柏参天,篁竹郁茂。月明之夜,光影地上,环绕荫映,微风飘荡,若藻荇交横于波漪。南则积危石数百为假山,突怒偃塞,各据其胜,而与廊阴所叠者及晚香亭右之双峰,对峙成犄角势。上接霞光,俯瞰莲沼,极奇伟之观。其间更杂植海棠、樱、榴、月季、牡丹之属,虽时序递迁,其精英代谢固无有穷期也。入山口而西抵花圃,名葩佳卉甚众,尤多异域之珍,张处士馨谷所灌莳也。处士既工画,又谙治花之术,兴来往往忘餐,盖其得于花木者深矣。昔柳子厚尝得养人术于种树,今之学者日睹圃内草树,由萌蘖而枝叶而华而实,与夫园中之一石一木,各得其所以显其能者,又焉往不足喻其积学以成材而适世用也哉。

校园经营到如此之盛,作为校园主任的张馨谷则厥功尤巨。民国二十一年(1932年)十一月四日,南通县教育局视学吴浦云在视察孙氏校后,于其日记中记道:"孙氏校花园中假山池亭,花木丛茂,风景清佳。教员中有好蓄笼鸟者,百灵、画眉、银眼川、芙蓉鸟之属凡八九笼,清晨启其笼衣,移挂树枝,鸟态极乐,吭颈争鸣,亦大趣景也。"其时距张馨谷去世已越半年,而所记校内教员笼鸟之好,又不妨看作是一种校园建设的流波所及。

自从民国十三年(1924年)金沙成功举办菊花展览会后,孙氏小学则连年对外展出和出售菊花,甚受地方欢迎。这里摘录几则地方报纸的报道,以见一斑。

民国十五年(1926年)十月二十日《南通报》刊《孙氏校今年菊花的盛况》:

> 金沙区东市孙氏小学校校园主任张馨谷君,对于培养花木素有研究,植菊尤擅专长,所以该校之菊久负盛名。记者前日由张君导往参观,见园中共植菊一千余株,高矮合度,且不缺脚叶。并有许多新种,系由日本购来的,其名称有白玉殿、青海之波、金上之花、浓化妆、郡山雪、金龙、桃望朔、平和、连城之玉、玉龙、亲玉、光辉山、红叶山等六十余种,花色奇异,我国佳种都不能及。其余新出的如掌中飞燕、小桃红等四十余种,又有老种如冰盘、西春、金佛座、麒麟角等二百余种,本月底均可次第开放。闻张君云:该校抱与人同乐之目的,各佳种菊花,均愿意廉值出售。闻日来远近来校预购者,日必数起。

民国十六年(1927年)十一月二日《南通报》刊《金沙孙氏校菊讯》:

> 金沙市孙氏私立小学校校园主任张馨谷,对于艺菊一门颇有研究,大为远近人士所称叹。记者昨日特往该校参观,园中植菊不下数千本,正含苞欲吐之时,花朵之肥硕,较去岁为佳。至于枝杆之高短适度,尤为特色。张君当将新出佳种百余种(其中多采自日本),一一指语记者。兹择最佳者二十种摘录如下:金凤舞、圣代誉、千里霞、御殿花、御所钟、清光月、吉野春、青海波、如月、紫龙光、金上花、平和锦、郡山雪、大和心、胭脂水、芳春、金龙、玉龙、平和誉、新春曙,以上各种,该校并可出售。想一般有渊明癖者,必往采购。

民国二十年(1931年)十一月二日《通通日报》刊《金沙孙氏校展览菊花》:

> 金沙区孙氏学校校园主任张馨谷,对于培养花木素有研究,而对于菊花一门经验尤深。历届所开菊花展览会,颇得各界人士赞赏。本年菊花品种,共二百余种,达千余株。

现花苞业已次第开放,公开展览,连日前往参观者络绎不绝云。

末一则所记,乃是张馨谷在世时所办的最后一次菊花展览。其实,他在校园所莳之花木,岂止菊花一种。早在民国十一年(1922年)时,孙氏小学荷池里开放的并蒂莲花,就成为轰动一时的地方新闻,孙谨臣与同为举人出身的吴绍穆还有诗歌唱和,流播人口。而在民国十六年(1927年)的清明日,孙氏校更在金沙首倡植树礼,把绿化事推广向社会,颇受民众注意。这社会影响的背后,都有着张馨谷的付出。

## 五

孙谨臣在为张馨谷写的传里,记其去世前数日特地告谕其子:"他日吾墓门,题书画家某某之墓。"这题写墓门之事,相当于通常所谓的"盖棺论定",也正说明张馨谷对"书画家"这一称号的看重。看来他很希望自己的一生,最终能以这个称号来传之于世,尽管在当时,他的艺花之名为更多人所熟知。按世俗的认识,书画与园艺,一偏于艺而一近乎技,其间有着雅与俗的区别,猜想张馨谷也未能免此世俗之囿。当然,他希望把自己定位于书画家,也绝不是妄自抬高,就书画家而言,毕竟他还能通文墨、知理趣,绝不同于一般的民间画匠。费范九称其为落拓不偶之"士",张謇惊讶地谓其"讵知读书暇,埋头治圃熟",都是看到他身上的那份书卷之气。想到当年南洋劝业会上沈雪庐对他"少士气"的评价,就觉得是皮相之言了。

张馨谷雅擅诗歌,虽然我收集到的仅三题七首,但鼎尝一脔,还是能大致看到其文采之富、文思之密的。现将这几首移录于下:

### 广陵杂咏

天宁门外天宁寺,宝塔湾前宝塔河。化雨春风刚浴佛,游踪暂驻见弥陀。

买舟西过绿杨村,游客频添笑语温。自古广陵多胜境,红羊劫后剩烟痕。

小金山恰对徐园,春柳长堤露未干。游倦停桡莲性畔,五亭桥上倚阑干。

宝城东去瓦窑头,日暮平山客泛鸥。二十四桥无觅处,只留明月在扬州。

### 嗇公七夕召饮泛濠

娟娟新月画船东,渐看银河泻水中。牛女双星西域使,今宵同作主人翁。

夕阳箫鼓杂琼瑶,绕遍公园第几桥。濠上张灯应亦醉,波心处处晕红潮。

### 写园菊

冷香晚艳醉涂鸦,笑向西风写物华。篱下不须怜我瘦,蕲新都是自栽花。

《广陵杂咏》组诗是张馨谷的纪游之作。按历代吟咏扬州的作品指不胜屈,要能写得不落恒径,自然需得作者的匠心独运。张馨谷的这几首诗,只记自己的游历,并不刻意描述扬州风物,这正是其高明之处。诗作用词遣句,清通明白,不故为高深,颇能表达此游的轻快之情。至于诗中以游客的笑语与劫后的烟痕作对比,以及末句讲名桥无觅而明月独存,都反映出世事沧桑的感慨,只是措词巧妙,颇得诗家"哀而不怨"之旨。

《嗇公七夕召饮泛濠》为纪事之作,时间为民国十二年(1923年)的七夕之夜,而事因则是张謇为儿子孝若奉政府命赴欧美考察,特邀友人集于南濠河苏来舫上为之饯行。被邀者几乎都是住在南通城区,并且经常与张謇有诗歌唱和的文士。张馨谷的被邀似乎是一个特例,或许也反映着张謇对他的特别垂青。张馨谷的这两首绝句也写得很巧妙,由古时张骞泛槎星河遇牛郎织女的传说,联系眼前张孝若受命使西,所以"牛女双星西域使,今宵同作主人翁",就成为最切景之句。其用"渐"字来描写银河泻水,也最准确地写出新月初生的过程,颇能见其诗心之细。至于把濠波所泛的灯影比作醉后的酡红,也足以知其观察细致和联想丰富。

《写园菊》也属于纪事之诗,是自己拈毫作画时心境的抒写。"冷香晚艳"是其希望表达出的对象,"笑向西风"则是其提笔挥洒时的那份自豪,后两句则说明其自豪之感的由来。在表达收获躬耕之实的快慰之时,作者孤高绝俗的个性也因之跃然纸上,颇堪玩味。

将上引的几首诗作试作分析,目的是想说明,张馨谷在文字上的功夫,应是远远超过"初通文墨"这个层面的。

除了擅于诗歌外，张馨谷还喜好昆曲。顾未杭赠其诗，就有"君尤精法曲，丝竹不如肉。酒后一狂歌，大声震林屋"之句，颇能刻画其豪情。张馨谷的这一爱好，显然是得自家庭的熏陶，因为其父亲张樵山就以精于昆曲而驰名当时。

近人徐海萍在《南通京剧发展史》里记述，清末民初时南通曾活动着一些民间的昆曲组织，影响最大的则是城内的振古曲社和金沙的古沙曲社，而后者的"社员中坚有张樵山、张星谷、张小峰、吴藻卿、江树椿等"，并说："曲社设在金沙的沧园，经常集会清唱，和南通振古曲社互相联系，时常往来，以求曲艺的进步。"徐海萍还提到，民国九年（1920年），张謇趁江苏的自治组织"苏社"在通成立之期，特函其旧老友、海宁昆曲家王欣甫来通，就中公园的清远楼举行曲会，并邀通城和金沙曲友参加。在金沙曲友名单中，就有张樵山、张星谷等人。这里的"张星谷"，是徐氏的同音误记。

据地方老辈们回忆，在当年古沙曲社中，张樵山最擅长净角，说是南通五公园落成时，张樵山以古稀老人与六龄童子合演《白兔记》中的《回猎》，引起全城轰动。张馨谷所唱的也是净角，这不仅在顾未杭赠诗里可见端倪，孙谨臣于其逝世，也慨叹："犹忆宴会沧园，酒绿灯红之夕，里中不乏度晓风残月者，散人铁板铜琶，独唱大江东去，今成广陵散矣。"

净角在昆曲里最能表现人物的粗犷、豪放和刚烈，张馨谷喜好这一角色，除直接来自家传外，可能也有些本身性格上的暗合。这种情绪表达在绘画上，就是清丽中透显出的那股英气。

文学的诗歌、艺术的昆曲，对于以书画家为最高目标的张馨谷讲，可能只是一种余兴，或说是成为理想书画家的一种准备，一种用于辅助的修养或素质。然而即便如此，也能达到如此境地，则张馨谷希望人们认同他的书画家身份，也丝毫不为过分的。

## 六

把张馨谷的园艺看得比书画重，并且还大力向社会推介的也有一位，那就是张謇。

张謇与张馨谷本就同一宗族，行辈在伯侄间，且与张樵山亦有交往。至今张馨谷的后人还能记起家中曾有的张謇所赠对联的内容，如赠张樵山的为："岂有文章甘下拜，生来情性不宜官。"赠张馨谷的为："欲行天下独，信有俗贤疑。"两副对联都是在刻画清高狷介的个性，似是专门为这对父子在写照。

民国十一年（1922年）张樵山去世，张謇曾以联相挽："儿于门望能新，竹树花溪，名画欲骖辋川右；翁亦浪淘俱去，铜琶铁板，高歌无复大江东。"虽是哀挽逝者，但话头却落实在其儿子身上。上联谓张馨谷画艺超众，经营园林可以比美唐代的诗画家王维，下联则感逝者已去，曲无嗣响。看起来是讲张樵山所擅长的昆曲无人为继，而实际上是个反语，意则在规勉张馨谷更加努力地传承。同时人顾泽轩有诗挽云："先生喜唱大江东，慷慨悲歌气自雄。赢得诸郎能嗣响，埙篪颇叶古人风。"这就是从正面说其能承父艺。孙谨臣也有诗挽张樵山，有句云："老友忽云殂，交情三十年。"可见他在聘请张馨谷料理校园之前，就早与其父有友朋之交了。

张謇向社会介绍张馨谷，并不仅仅是因为有其戚族的私谊，而是本自他的一个宏望。当年他在家乡兴实业办教育，就是希望建成一个具有现代文明的地区，并以这所谓的"新世界雏形"来示范全国。在这个过程中，他需要一切能够助成此事的力量。就张馨谷的艺事而言，书画虽然精湛，可始终只属于小众，而园艺却能够走进千家万户，所以后者的社会价值尤为张謇看重。

民国六年（1917年），张謇在南通城西南濠滨建造了五公园，他认为公园既是为民众提供的一处休闲处所，同时还兼有倡导和展示地方文明的功用。在公园落成时，张謇发表演说，在讲到"公园应以尚美好洁为主旨，须广此知识于人人"时，更进一步说：

> 兹试言日本：日之崛起，在今前五十年，国人一种尚美好洁之性情，几成为普通风气，故其国之进步颇速。我国苟不于此点提倡之，则空气已浊，凡百事业皆不可为。环顾我通，未尝无尚美好洁之人也，特无人以提倡之耳。若罗芬之塑像，向采旧法，近始改用石膏，一试之于狼山观音像，再试之于画片，所制精美绝伦，视之不在日人下，鄙人甚敬佩

之。又如金沙张馨谷先生之园艺,亦非蹈常袭故者流,将来必可成家。又如女工传习所余所长之刺绣,别出心裁,方之露香园顾绣实过之。鄙人甚愿萃世界美术于南通,尤愿由南通而推之全省全国。论者辄以鄙人之志愿为妄为奢,然推此志愿,由己以及子孙,继续为之,又安见其无成功之一日哉?

这里提及的三位,虽然所涉艺事各别,但都是以作品给人们带来美的享受,并且都能在继承传统的基础上有所创新。想来,张謇在这里希望借以推广的,除尚美好洁之心外,还兼有一层开放创新的意识。

张謇是何以知晓张馨谷艺事造诣的,目前尚没有见到最原初的材料,不过那不是难事,因为他每去金沙,都容易了解到。张謇的《金沙祭墓饮客沧园》诗,其"荒疏江客调笙曲,辛苦张生课菊花"句里的"张生",就显然是说张馨谷。

民国九年(1920年)秋,时逢张謇三兄张詧(退庵)七十寿辰,这年初冬时张氏兄弟曾到金沙,而《通海新报》有报道云:"夏历十月十一日,退啬二老偕高君安九等乘轮莅金,察看各项自治成绩。由西马头登陆,徒步至东市孙氏高等小校。先期由孙君井澄广备各式异种菊花,延请昆曲名家,预备为退老补祝。入夜,灯光花影,雅乐毕陈,颇极一时之乐。席散时已钟鸣八下,始启椗返通云。"这则报道中虽未提及张馨谷的名字,但孙氏高等校里的各式菊花,则已无第二人能取代。

最让张謇赞赏不已的,可能是民国十三年(1924年)沧园内的一次菊花展览,当时正值江浙战争,因此地方上同时有自卫组织的合操之举。张謇为此写过一首长诗,其主要篇幅则是对张馨谷艺事的赞誉,现将全诗录于下:

大运有舒惨,方冬百昌缩。荣悴不颠倒,四海黄华鞠。张生礌磈人,冷淡守村落。作画称好手,画菊掌堪覆。有时击节歌,大汉铿铁绰。讵知读书暇,埋头治圃熟。春苗夏茎叶,雨晴费量度。云以花报秋,正笑重阳促。潜气玄牝守,精英晚成蓄。一朝霜下杰,莒盎证缣幅。晔晔三百株,盘盂况未足。骈罗复

层层,中央及两角。昼列镜为屏,夜引电代烛。是聚冰玉光,尽洗烟火俗。叶背叶又转,花面花相瞩。珠履客充庭,绣帔人塞屋。蔓菁廊庑间,云蔓散婢仆。丹如火齐吐,赤如珊枝卓。白如珑鬖梅,青如娑罗竹。紫贝狎绀珠,缥碧隐素玉。缤纷数七色,墨阙好時漉。中央時左次,黄纯裁百六。盛衰无古今,众好凑繁缛。流苏影五组,锦綦绾两错。屏齐舒孔翠,翰逸振云鹤。爪锐麻姑伸,拳挛健儿握。囷囷或刻削,歆歆或攒簇。或旁唐玢璘,或杂沓驳荦。或旷旷而曜,或蕤蕤而馥。比而或似挤,让而或似睦。千万出容态,一心致涵育。量金论贵贱,微尚不货鬻。陈列具兵法,荼火望旗纛。兹市县之擘,视听众所属。江南正可哀,戎患莽犹伏。讲武趁农隙,周礼轨其续。简徒如简花,先事屏菱弱。居然习进退,颇亦明鼓铎。阵合尘沙骞,枪震原野廓。下邑在天壤,藐诸海一粟。遐思兵农制,新民庶几作。要当诲子弟,芃芃起械朴。河汉徒有言,日月悬吾目。勖哉张生志,毋厌童蒙渎。要使径寸苗,烂漫满囷谷。渊明慕田畴,此老不局促。

也就是看罢这次展览,张謇准备次年征集通州、如皋、海门三县的菊花,在南通五公园内举行一次更大规模的会展,进一步推广张馨谷的菊艺,为此他还发布了一份《为明岁公园征集通如海菊花大会启》,其文为:

导人民之好尚于清洁,分职业之农圃于审美,亦地方自治应有之事也。金沙以善艺菊闻久矣,今年十月十八日开菊花会于其沧园,计种凡二百五六十,计色凡三四十,计花凡三千五六百,美矣茂矣!其擅长:花之大径八寸,至小逾五寸,干之修短略相等,叶自趾而项疏密亦略等。干天而翘,叶沃若沐。花蕽蕽而有神,有伦者人,而有美者其天之真。问之馨谷张子,盖少即爱菊,专意古今选种、施肥诸法且二十年,益勤未倦,有余乐焉。经过之种殆千余,而仅仅得此也可唏,张子于是可以名家矣。欲本吾冀幸地方自治之蓄意,金沙市能自治之见端,而借以广张子之途,拟合我通市乡艺菊

诸家,于明岁十月之望,集于南通市五公园,第其甲乙。如、海,我兄弟之邑也,岂无人乎?果闻邪许之声,实叶印须之愿。

遗憾的是,这一盛事因张氏事业跌入低谷而未付诸实施,再次年,此议也随着张謇的去世而告寝息。张謇去世后,张馨谷曾挽以联云:

> 谋猷持大局艰危,国有栋梁,岂独县成模范;
> 哀悼达中央政府,千金归赙,伫看一字荣褒。

对联从大处落墨,未涉一丝私谊,与张謇着眼于他恰是一样的。

### 七

民国二十一年(1932年)张馨谷因病而逝,对于他去世,孙谨臣有较详细的记述,意在表现这位嗜花成癖的艺术家不同寻常的辞世经过。在张馨谷去世前一年的五月七日,吴浦云曾视察孙氏学校,在其当天的日记里就记有:"上午视察孙氏校,校园特充实。见金沙艺术家张馨谷,形容憔悴,闻有肺病,恐不久于人世。"可知他的患病,其实为时已久,宜乎其预知死期将至,有此约友赏花作别之举。

南通诗人张峡亭闻知死讯,曾集白居易、杜甫诗句为联相挽:"松树千年终是朽,菊花从此不须开。"上联之所以提及松树,是因为十年前张馨谷曾画松树扇面相赠。至于下联,就是在惋惜其最擅长的莳菊之艺无人为继。

其实,张馨谷的艺事,多多少少还是有所传承下来的。如后来成为海上名家的马塘人邓怀农,就得自他的绘画启蒙。孙谨臣有题《邓怀农先生画册》诗,其中有句云:"忆自二痴张帜时,君尝载酒学画菊。二痴已成广陵散,君乃海上抱幽独。往时设色敷丹黄,今则水墨秉芳馥。"严敬子《东皋老农小传》,记有:"老农姓邓,如皋马塘人,七岁丧父,家贫壁立,赖母陶夫人以针黹度日。尝往来外氏家,十余里负薪米还,日将晡,惫甚,衣蔽如乞儿。年十四,乃奉母徙金沙。"邓怀农十四岁时为清光绪三十三年(1907年),他之所以能从张馨谷问艺,就是迁徙到金沙的缘故。

乡先辈诗人陈叔吟《云洁轩存稿》里有一首诗涉及张馨谷,这首题为《秋末偕德卿西郊访菊,园主人金沙人,旧尝从张馨谷艺菊沧园者》的诗云:

> 重阳节后风光减,留得寒花此日开。物亦何堪迟暮感,天教不畏雪霜摧。沧园梦冷秋无迹,南苑香繁锦作堆。好选一枝带归去,林边暝色莫相催。

诗的颈联还分别注有"馨谷既谢世,园亦荒芜"和"城南公园今年艺菊多种"。此诗作于1953年,所谓"南苑",指的是那时在博物苑原址上新建的人民公园。诗题里没有具体记园主人的姓名,不过有此一诗,也能知张馨谷的菊艺终究有薪尽火传之人,更何况城南公园里还能见那绵延的锦绣。对此光景,料想不仅是张馨谷,就连那张謇,假如泉台有知,也会感到欣慰的。

# "另类"的亲历者

## ——重读蔡观明《知非录》

傅宏星

蔡观明其名其人,今者知之甚少。约七八年前,我开始撰写《钱基博年谱》,因而接触到了不少关于南通如皋人蔡观明先生的零星材料,当时就猜测他与无锡钱基博先生的关系一定非同寻常。2008年冬,我三访南通,又特地去市图书馆查阅了蔡观明的资料,除了摘录钱、蔡二人唱和的诗词、书信和相关史料之外,还将其自传《知非录》认认真真读了一遍,并把第十一章"从约翰到光华"手抄一过。其实也还是知之甚少。沙淘浪过,历史的影像常常并不大清晰,对于1925年上海光华大学创校的历史,我虽说兴趣依旧,但对官方的说法已经麻木了,非官方的说法又总感觉像个旧式家庭里的小脚媳妇,畏首畏尾的,所以回头再去琢磨那几页手抄的资料,反觉滋味醇厚,又萌生了重读《知非录》的念头。

2008年,南通将蔡观明的《孤桐馆诗》、《孤桐馆文甲编》和《知非录》三部旧书汇编一集,即《孤桐馆诗文》,收入"江海文库"第五辑出版,对于关心近百年南通历史文化的人来说,一段沧桑,不能算没有意义的事情。

据说旧上海滩的高等教育界,有所谓"四大金刚"之说,孰高孰低,确实不好判断,但比较公认的排名是:国立大学以交通大学为第一,私立大学以光华大学最为尊崇,而教会学校则以圣约翰大学为首座。在这三所上海最好的大学中,圣约翰常被认为是光华的"前身",而两所学校之间的"恩怨情仇",则来源于一次学潮。

从19世纪末中国现代大学初创到20世纪20年代,因校务处理不当而引起学潮,最终导致师生另立新校的情况,都不少见。例如大同大学,即是因为胡敦复、朱香晚等教师不满北京清华学校的美式校风,于1912年到上海另设的新校;1924年大夏大学的建立,则是厦门大学学潮的产物。但不难看出,这些新建立的大学与原有大学的关系,都是咱们中国人内部的"家庭纠纷",并不牵涉到国家尊严与民族情感等问题。即便是复旦脱离震旦而另立,也因为两校共同的创始人是中国人马相伯,并未出现太多的民族隔阂。然而,对圣约翰大学和光华大学的决裂来说,情况就完全不一样了。由于圣约翰是美国教会大学,而教会大学一贯被视为西方掠夺中国教育主权和文化侵略的直接工具,在当时的中国,社会各界普遍要求收回教会大学的教育权。因此,在"五卅"反帝爱国运动的背景下,师生脱离圣约翰另组光华大学的行动,就不仅仅只是校务处理不当而引起学潮那么简单,自然而然就上升到了维护国家尊严和民族大义的高度。

蔡观明先生一生,大部分时间都在家乡从事文化教育工作,几乎足不出南通,唯有1924年至1926年间,在圣约翰大学和光华大学任教。他恰恰就见证了"六三事件"的发生和演变,而且,在当时被各大报纸疯狂转载的两份圣约翰中国籍教师宣言,即《离校教职员宣言》、《离校教员致约翰同学会书》,都由他领衔签名,所以备受社会各界的关注。作为光华大学创校过程的亲历者和参与者,蔡观明在其中究竟起到了怎样的作用?当时的报道和事后学生的回忆文字,难免都语焉不详。孰料事情过去十八年后,已近知命之年的蔡观明开始撰写自传《知非录》,对此旧事仍念念不忘,不仅披露了许多历史细节,而且更有一段惊人的评论:"平心而论,我对于教育权的收回,认为尚非其时。因中国所办学校,不如外人所办远甚;自己的学校既办的不好,又不许人家办,似乎徒争意气,不顾实际。但那时情势特殊,且我系孟、钱两君邀来,自应和他们同进退。"文中直率地批评了"收回教育权"的主张,并且对自己当年与他人"同进退"而脱离圣约翰,颇显得有些无奈,这样的记述的确非常"另类"。

就《知非录》第十一章"从约翰到光华"与相关的记述来看,历史情况可能要复杂得多。

一

蔡观明原名达官,后改名蔡达,字处晦、尔文,笔名观明、孤桐,如皋拼茶(今属南通如东县)人。他生于1893年,与好友费师洪(字范九)、钱基博(字子泉)约属同代人。费、钱二位均参加过科举,其中费师洪十九岁参加州试,名列第一,时称"州首"。蔡观明因年轻几岁,就没赶上科举。他五岁延师就读,清宣统二年(1910年)考进状元公张謇创办的通州师范学校国文专修科学习,师从屠寄学写古文。1916年,任如皋《皋鸣报》主编;次年受聘于江苏省立第七中学(即后来的南通中学,以下简称七中),任国文教员七年。

在七中的这几年,蔡观明与费师洪时常往来,间有诗文,均在费主持的《南通报》上发表。1923年以后,才担任《南通报》特约撰述,每周撰评论一两篇。钱基博偶然在该报上看见了他的一篇演讲稿《诗之研究》,认为很有见地,就写信给费师洪,询问作者的经历,于是双方就算认识了。蔡观明乃将自著讲义《文学通义》寄给钱基博请教,又作了一首七律为赠,诗云:"测香以鼻测声耳,唯有文章测以心。览骥骊黄闲检校,操琴山水耐探寻。岂应竟托空言老,弥觉相望大海深。欲状生平酬问讯,朱颜三十日长吟。"①这是他俩订交之始,也是蔡观明后来到圣约翰附中任教的原因。

《文学通义》是一部中国古典及近代文学概论性质的书,由蔡观明于1920年初在七中完成。该书分总论、论文章的分类、论思想、论文词、论美相等五篇,作者自认为此书近于文章修辞学。因系文言写作,商务印书馆担心销路差,不肯接收,蔡观明只好改为自印,于同年5月出版。

蔡观明出自张謇门下,工诗能文,兴学办报,样样都拿得起放得下,又性喜结交,所以大江南北的名流学者、骚人墨客,都与他广结文字因缘。在《孤桐馆诗甲乙编》里,还有一首五律《赠子泉》

(1924年),诗云:"腹中饱万卷,挥手谢时名。斯人大勇猛,高识云天平。如我安及此,时作秋虫吟。钱君良史材,学泪盲腐英。往续技击传,睥睨侯官林(林琴南作《技击余闻》,君补数十事)。示我文数篇,吴传尤雄深(《吴禄贞传》)。此事足千祀,君谢非所营。聊以当博奕,虚誉胡容争。嗟今朝野士,万事期相陵。毫发得君意,天宇皆夷清。作诗誓隗始,永永坚同盟。"尤见他对钱基博这位新知的信任和钦佩。

不过,两人书信往来,谈艺论学,虽然非常投缘,但也有过激烈的学术争论。一次,钱基博论及范伯子之文,认为范文虽学于桐城而蹊径不同,足以与桐城派"抗颜争列",可名之曰"南通派"。蔡观明不以为然,当即复函曰:"顷见大著,论弟与范九之文,近于范伯子,而戏目之曰南通派。此弟所不敢受,亦不欲受也。"洋洋洒洒,辩之甚切,强烈要求钱基博给予"平反"。论争虽然激烈,但终究还算得"人间喜剧"里一个情景轻松的场面。至于钱基博是如何回应的,由于资料缺乏,确实不好妄测。不意此后十年,针对钱基博"范伯子非桐城派"的论调,从南通首先发难,闹得沸沸扬扬,大江南北十数位文章好手都卷入其中。一则关于"南通派"的议论,居然演变成了古文界的一场声势浩大的"公案",处于风暴中心的钱基博,那滋味一定不好受。

1924年上半年,蔡观明在七中的日子过得也并不愉快。由于去年暑假三年级与四年级学生发生冲突,遭到无理驱逐,教师罢教以示警告,结果激起四年级学生与任课教师之间的对峙,而校长处置不当,学潮遂久拖不决。这时,在上海圣约翰大学任教的钱基博刚好写信给费师洪转邀蔡观明到圣约翰附中任课,他便应允了。暑假一过,蔡观明就急急赶往上海就职,后来他在自传中写道:"我是担任附中国文课;但有一特别班,是中学最高年级,国文学分已修毕,预习大学一年级国文,所得学分,即算将来升入大学以后的学分,由我教授。总计每周授课时间,多至十八小时;有范文讲读,及默写,有作文,有文法,比在七中忙碌得多。但环境既佳,秩序井然,工作兴味,自然增进,又有规模很大的图书馆,虽中文书并不过多,但暇时每去浏览。又有弹子房的设备,供教员课余消遣。所以那时课务虽忙,反觉舒适。"②"课务虽忙,反觉舒适",这是圣约翰给蔡观明的第一个好印象。

众所周知,圣约翰自美国传教士卜舫济接任校长后,大力推行"英语运动",将英语普及到各科教学当中,收到了巨大的成功,使该校一跃成为中国最好的学习英语的场所。而重视英语的反面,国文教育则一直在有意无意之间被忽视了。五四运动以后,面对来自社会各方面的指责和非议,圣约翰大学的当局者也深谙妥协之道,于是另一场由外而内、从上至下的"国文改革"运动正式拉开了序幕。

1921年,圣约翰当局颁布《本校之大计划》,原有的中国文学哲学科裁撤,归并入文科,以"便利施行选科制之故",这一举措增加了中国文化在整个教学中的分量。1923年,以著名教育家黄炎培为首的三人委员会来校调查国文教学状况,黄炎培指出:"圣约翰大学的中文改进之计,事不可缓。"于是圣约翰全力推行一系列改革措施,主要有以下四点:一是严格考查成绩,国文学分不够、成绩不合格者,不授予学位;二是邀请1916年毕业生孟宪承回校主持国文部,继而聘请钱基博等国学名家为教授;三是成立国文教学研究会,改进国文课程和教学方法;四是增添国文图书等。这些措施的行之有效,使圣约翰长期以来重英文轻国文的局面有了明显的改观。蔡观明对此有客观而准确的评论:"以前约翰的缺点,就是不注重中文;自'收回教育权'的声浪日高,便也顺应潮流,把中文抬高,所以聘孟宪承为国文部主任——宪承也是约翰毕业生——锐意改革,那时中文教授方法的完备,倒在我国各校之上了。"③

俗话说:"严师出高徒。"意思是教师首先要"严字当头",课堂上勤讲勤改,生活中严以律己,以身作则,即所谓师不严则道不尊,道不尊则人才不成。蔡观明对此自然有真切的体会,他在《知非录》中写道:"教员在课室内,负管理全责,学生有犯规情事,可以立时记过,报告办事人惩罚。考试尤其严格,如发现学生作弊,立即斥退。所以学生从无程度不足马虎升级之事,约翰学生出校,在社会成名的,不下数十百人,决非侥幸。我恐怕北京大学,在精神方面,未必能够比得上。"圣约翰正是这样一所以纪律严明著称的教会大学,并持之以恒,逐渐形成了自己独特的办学传统。

圣约翰除了纪律严格之外,也还有思想自由和人性光辉的一面。如同燕京大学首任校长司徒雷登一样,圣约翰大学校长卜舫济这个名字,久蒙尘埃,在历史教科书上,他们曾被定义为外国文化侵略者,随着毛泽东的一句"别了,司徒雷登"而被放逐。在中国教育史上,一般书写者小心翼翼书写他们的贡献,唯恐与民族意识发生冲突。

但在圣约翰学生的各类回忆录里,都能见到卜舫济一闪而过的形象。比如著名教育家陈鹤琴在《我的半生》一书中,称卜舫济"苦口婆心,劝人为善,仁爱牺牲,以身作则"。在《施肇基早年回忆录》里,这位卜先生则"留长辫,衣华服,矩步规行,俨然一中国绅士。其人态度严肃而诚挚,办事认真不苟"。而圣约翰大学最年长的在世学子周有光,在2011年3月份出版的回忆录《拾贝集》中,写有关于卜舫济的片段:

> 卜舫济,美国人,能说一口浦东腔上海话。有一次,他用上海浦东话对学生说:"你们离开房间的时候,要把电灯关掉,否则浪费电力,电厂就要发财,学校就要发穷!"学生大乐。卜舫济校长亲自授课,教哲学史。枯燥乏味的课程,他教得生动活泼。我至今还记得他在课堂上的传授:"尼采说,不要生气,生气是把别人的错误来责罚自己。"

据说卜舫济主持圣约翰校政长达五十三年,只有在抗战期间因病返回美国休假五年。1946年10月23日,当他回到第二故乡中国时,已经是一位八十二岁高龄的老人了,体弱多病,风烛残年。当天他在接受记者采访时说:"这儿是我的家,我要永远在这儿,直到老死。"1947年3月7日,卜氏因病住院治疗数周后,在宏恩医院去世,葬于上海静安公墓,实现了他的宿愿。卜舫济生前曾对人说:

> 兹校之来学者,方今之中国学生也。方今之中国学生,不可不使之知欧化之真善,尤不可不使明国学之粹美。不知欧化之真善者,将墟故笃旧,而凿枘于方今,然不明国学之粹美,则见异骛外,而背弃其祖国。此又吾之所大惧也。然吾有事兹校教学三十年,尝诏之欧美科学之真善矣,然未尝使之知国学之不可放废也。欧化则播矣,国性或损矣,斯则吾之过也。然吾老矣,吾犹将努力④。

这话是在"国文改革"运动中所讲,相信一定也感动过不少中国籍教师吧。

孟宪承、钱基博二位先生执教圣约翰大学两年,蔡观明则只有一年,在他们的精心培育下,无论校风、学风均出现了新的气象,如若不是因为"六三事件",定然也会有一番更大的作为。

## 二

关于"六三事件"的过程和分析,在今天众多的出版物当中,莫详于熊月之先生主编的《圣约翰大学史》和徐以骅博士主编的《上海圣约翰大学(1879~1952)》,此处就不过多转述了。但有一点是各家都忽略的事实,即事件中蔡观明充其量算一个旁观者,那为何在两份最重要的教师脱离圣约翰之宣言书中,均由他来领衔签名,而不是中国籍教师里职务最高的国文部主任孟宪承,也非大名鼎鼎的钱基博教授,边缘变焦点,颇耐人寻味。总之,《知非录》也给出了自己的说法。

历史研究讲求全面掌握资料,不然结论会有崩塌的危险。过去关于"六三事件"最详尽的描述,并非如徐以骅博士所言只是钱基博的《光华大学成立记》,还应该有一部《光华大学五禩纪念册》。这本纪念册亦由钱基博编撰而成,分为载记、组织、文征三部分,几乎包括了"六三事件"中所有的文本,史料价值巨大,希望引起海内外学者的注意。近读徐以骅《卜舫济和他的自述》一文,文中写道:

> 当时所有比较可靠的文字资料和见证人的回忆都表明,卜舫济并未"有意侮辱国旗",至于后来见诸许多报道的"撕毁国旗"一说,更是以讹传讹。圣约翰大学校友会为该事件专门成立的调查小组,在一番详细调查后作出上述结论。卜舫济在6月5日就该事件发表一份声明,公开宣称是郭斐蔚主教指使他取下中国国旗,他以教会内这样极不寻常的方式透露了同主教的矛盾,并为自己开脱。过去关于"六三事件"最详尽的描述为圣约翰国文部教员钱基博先生的《光华大学成立记》,该文载于《光华大学十周年纪念册》。钱氏在文中虽然言辞激烈,但并未指责卜"侮辱国旗"。事实上钱基博还为1926年10月25日一期的《圣公会报》撰写了《圣约

翰大学校长卜先生传》,盛赞卜舫济治校有方,字里行间已了无"六三事件"的痕迹⑤。

笔者于此处有两点不同意见:其一,在整个冲突过程中,诚如徐以骅先生所言,卜舫济的确不曾"撕毁国旗",但他出尔反尔,两次直接出面阻止升国旗仪式,反对学生的爱国行径,不论有意无意,其行为本身都是在"侮辱国旗",若按钱基博《怎样做一个光华学生——送毕业同学》一文的说法,简直就是"侮蔑我国性"。其二,《圣约翰大学校长卜先生传》并非专为《圣公会报》而撰写,它最早发表于1925年4月22日《南通报》,隔日刊,三期连载,标题和内容几乎一样,其文末略云:"先生今年六十,邦人君子之前承教者,将征鸿文于硕德,颂君子以万年,而言之不可以无征也,遂胪次事实,而属基博为之传。"由此可见钱先生乃受众人推举而撰,并非撰于"六三事件"发生之后,更不可能私下里与卜氏"化干戈为玉帛"。众所周知,1925年3月22日为卜舫济六十整寿,圣约翰师生当然免不了一番庆祝,故而此文约写于1925年3月22日前后,此时距离"五卅"发生尚有两个多月,字里行间自然没有"六三事件"的痕迹。

蔡观明随众人脱离圣约翰后,起初暂住在族弟蔡晦渔孟纳路的寓所,既未协助学生的安置,又未参与新大学的筹建,过些时候也就回了南通。暑期中,孟宪承来南通演讲,面邀他去新组建的光华大学任教,他又应允了。不过,光华一部分办事人对蔡观明有点敷衍的意味,因此令他颇有微词。学年结束后,光华果然没有续约,他也无意继续留任,就忙着创办自己的学校去了。

那时国内对于帝国主义抗争的事件,层见叠出,蔡观明曾作了一篇《救亡大计》的文章,在《商报》上发表。文中有两要点,其中一点是"建设之抵抗",是针对不从实际充实力量而只喊口号的毛病说的,后来有人把此文载在次年的《国民快览》里面。现在看起来,无建设的抵抗,结果如此,可以证明他的论旨不误了。

## 三

蔡观明离开光华大学以后,先去家乡如皋创办扶轮学院并任教务主任。民国十七年(1928年),任桊茶行政局局长,支持徐一朋创办桊茶初

级中学。民国二十七年（1938 年），又协助徐一朋在桴茶中学增设高中部，同时创办国文专修学社，自任社长。日军占领桴茶后，避居乡间教书行医。民国三十六年（1947 年），任南通中学首席国文教师。曾出任东台县参议会参议员、如皋县参议会参议员。新中国建立以后，蔡观明历任南通市文物管理委员会副主任、江苏省文史馆馆员、南通市政协委员。

历史似乎总是充满了戏剧性，让人琢磨不透。1952 年院系调整，光华大学和圣约翰大学的金字招牌怎么都保不住了，前者的文理专业被"连窝"端给了新组建的华东师范大学，后者则被拆分得七零八落，东扔一块，西丢一块，其中文、理学院的大部分专业也被并入了这所师范大学。俗话说得好："不是冤家不聚头。"这两所当年上海高校界赫赫有名的"死对头"，不尴不尬、磕磕绊绊了二十多年，居然如此收场，恐怕让九泉之下的卜舫济和张寿镛二位校长都始料未及的吧。

蔡观明学识渊博，书法、国画、金石也有相当功底。一生撰写了大量的文史著述，计有《文学通义》（商务印刷，1920 年）、《中国文学史》、《中国文字学》、《经学指津》、《孤桐馆诗》（铅印本，1924 年）、《孤桐馆文甲编》（铅印本，1926 年）、《孤桐余韵》、《南通方言疏证订补》、《偏旁笔顺检字法的简明字汇》（油印本，1954 年）、《孤桐馆语言学论丛初集》（油印本，1963 年）、《吴嘉纪年谱》（油印本，1964 年）、《金沧江年谱》、《孙枝蔚年谱》、《知非录——蔡观明自叙传》（铅印本，1943 年）、《桴茶史料初集》（铅印本，1936 年）等。

他自幼爱好传统医学，又是当地著名的中医。抗战期间，他避居家乡开设诊所，为父老乡亲解决缺医少药的困难，受到欢迎。其医学著作有《平秘论》、《湿温警言》、《孤桐馆医案》、《素问音》（上、下）、《习医札记》、《医验杂记》、《国医蠡测》等，心得极多，都是他在常年行医过程中仔细观察、思考和总结的成果。

蔡观明不仅精通医术，早年还是位写作言情小说的高手，已正式出版的小说有《绿波传》（商务印书馆，1914 年）、《游侠外史》（文明书局，1924 年）。其他还有散篇小说《筠娘遗恨记》、《吴笺》、《清波向往记》、《花月新痕》、《误吻》、《玉无瑕》、《青衫红粉》等，均发表在当时上海或南通的报刊杂志上。这些小说一般署名"孤桐"，与擅写政论的章士钊笔名相同，后来的整理者不察，往往将其滥入《章士钊全集》，因此闹出了不少笑话⑥。其实，蔡观明署名"孤桐"的作品不限于小说，其他还有不少，且与章士钊使用"孤桐"的时间重叠，极不容易辨识。我的朋友朱铭先生是上海研究章士钊的专家，对章文的熟悉，一时无两，真可谓"海内罕及"，他就常跟我抱怨："怎么又是'孤桐'？唉。"

1966 年春，举国上下口诛笔伐《海瑞罢官》，蔡观明私下对人说："我就不信忠臣海瑞比奸臣严嵩还坏！"结果"群众"觉悟高，哪管他是什么"政协委员"，一律平等，绝不允许"反动言论"逍遥法外，蔡观明因此遭到了严厉的批斗。他忧愤成疾，于 1970 年 1 月 17 日在家乡逝世，终年七十七岁。

七十余年乡居生涯，也不算平淡，也不算孤陋，举凡诗文小说、金石书画、地志中医等，蔡观明均有所涉猎，足可用"学识渊博，多才多艺"来评价。他一生勤奋，文字等身，除了几部小说之外，大量文史和中医著述都属于自印铅字本、油印本和手稿本，居然没有一部著作是正式出版物。尤其让人感觉不可思议的是，历经劫灰，他这些心血凝聚的文字竟然大都保存了下来，静静地躺在南通市图书馆的地方文献和特藏部中。1962 年，蔡观明年近七十，老友费范九提前作诗祝寿："士望峥嵘七十年，老来幸值大同天。才高原不因文重，兴好何妨以画传。马列专书成武库，农工集会当经筵。钓游旧侣今难得，争向花时付酒钱。"寂寞的学人或可由此得些感悟。诗中"大同天"颇具讽刺意味，而"士望峥嵘"则为蔡观明一生写照，似也相宜的。

注释：

①此诗为《寄赠无锡钱子泉》，题下有小注："子泉采吾讲演稿入所辑国学文编（即《国学必读》——笔者注），移书范九，征余经历系小传，成此诗，因范九寄之。"

②蔡达《知非录》（上卷），第 25、26 页，铅印本，1943 年。

③同②，第 26 页。

④同②，附录二《圣约翰大学校长卜先生传》。

⑤转引自徐以骅《上海圣约翰大学（1879～1952）》，第 347 页，上海人民出版社，2009 年。

⑥孟庆澍《〈绿波传〉索隐》，《历史·观念·文本——现代中国文学思问录》，河南大学出版社，2010 年。

# 冒广生生平及其《疚斋杂剧》

冒榕龄

冒广生(1873~1959年),字鹤亭,号疚斋,生于广东潮州,故名广生。其曾祖冒芬、祖父冒保泰及叔祖冒澄斋、父亲冒树楷等分别有官职,冒树楷在候选福建某县缺职期间早卒。世代仕宦家族,科甲蝉联,时有"广东五府"之称。其外祖周星诒(《清史稿》误周为冒)为河南祥符有名藏书家,广生从小耳濡目染,接触到丰富的经史子集,对后来的学业大有裨益。光绪十七年(1891年)中秀才;光绪二十年(1894年)中举人,乡试考官为温州瑞安黄叔颂(绍第),黄爱广生之才择为快婿。可谓"文字因缘",一时传为佳话。

冒广生从家乡去瑞安完婚时,认识并从学于清末著名学者孙诒让。后来冒广生撰写的《冒巢民先生年谱》就是由孙氏题序,梁启超为之作跋,称赞冒广生"气咄咄如朝日",并以法国大革命时代的牟拉巴相比拟,可想象冒广生当年的英俊气概。

冒广生少年时代随寡母依外祖周星诒而居,周是淮南有名学者,对经、史、目录、校勘等学均有研究,冒广生受到极好的熏陶,可谓家学渊源。他从师受业并不囿于一家。他曾拜师于清末著名散文家桐城吴汝纶。在苏州居住期间,曾师从清代著名学者曲园老人俞樾。俞樾对他奖掖备至,主动为他编著的《冒氏丛书》、《小三吾亭诗文集》等作序、题签。

冒广生的青年时代,处于社会动荡、巨大变革的年代。他是关心国家命运的知识分子之一,奔波于京、沪、宁、通、如各地,广交海内名士如改良派康有为、梁启超、谭嗣同以及社会名流汪康年、狄平子、张元济、潘飞声等,上海博物馆图书馆编印《冒广生友朋书札》收录有152人685通

之多。民国初年,曾与比他长20多岁的以古文翻译外国小说的鼻祖林琴南(纾)同在京师五城学堂任史、地教员。

光绪二十九年(1903年),冒广生被推荐应试经济特科,他因受资产阶级民主思想启蒙学者的影响,在策论中引用了法国卢梭在《民约论》中的话。当时的主考官张之洞竟不知卢为何许人,在试卷上批道:"论称引卢梭,奈何!"致冒名落孙山,当时传为笑谈。

1957年,毛主席在中南海接见冒广生,对他说:"你们在60年前提倡革新,我们在23年后号召革命,大家都是为了救中国,是一条道路上的人。"(傅冬《八五老人一席话》,《人民日报》1957年6月12日)这是对19世纪末向西方探求民主救国之道的策励。

清末,冒广生曾任刑部郎中。辛亥革命后,先后任浙江瓯海关、镇江海关、淮安海关等监督和外事交涉员。后又相继在广州中山大学、勷勤大学和汤国梨创办的上海太炎文学院任词学教授。晚年蛰居上海从事著述。建国初被聘为上海文保会特约顾问。

冒广生每到一地,便搜罗刊刻当地文献。编刊了《如皋冒氏丛书》,在温州刻印《永嘉诗人祠堂丛刻》,在镇江镂刻《至顺镇江志》,在淮安镂刻《楚州丛书》,该丛书最先辑录吴承恩的著作,早于故宫博物院发表《吴承恩全集》之前。

冒广生治学领域广泛,除经史子集、诗词散文外,还涉及古典戏曲方面。他在戏曲方面的成就是既有理论著作又有创作实践,可以称得上是一位古典戏剧艺术家。

在戏曲理论方面,他于民国六年(1917年)在

温州瓯海关著《南戏琐谈》（原题《戏言》），这是一篇颇具学术价值的"南戏"论著，与民初王国维所著的《宋元戏曲考》可谓一脉相承。《南戏琐谈》从《诗经》"三百篇皆入乐"谈起，探讨了汉、唐、五代、北宋以迄元、明戏曲的发展，娓娓道来，阐述了南戏的发展并考证了元末明初戏曲家高则诚剧作《琵琶记》。他指出："'杂剧'之名，实起于宋。"这与王国维"两宋戏剧均谓之'杂剧'，至金而始有'院本'之名"的观点一致。

《南戏琐谈》是一篇随笔式的文体，肯定了温州戏学的历史地位，他认为温州的戏学与"南宋永嘉学术"可称为"二霸"。他还谈到了昆曲的形式和发展，论到了戏曲的行当、角色、音乐、乐器、服饰衣箱、道具等。这可看出冒广生对戏曲的各个方面都是有研究的，是个行家。九十多年前，关于戏曲学术方面的研究著作不多，而他把中国戏曲的历史发展浓缩在一篇不满万言的著作中，在当时是难能可贵了。

在戏曲实践方面，现介绍他的成名作——《疚斋杂剧》。该本于1934年刊印于广州，由长他20岁的清末遗老陈石遗（散原）题签，扉页印有已故名教授、著名戏曲理论家吴梅调寄《鹧鸪天》一曲：

> 水绘园空午梦荒，湘兰老去玉京亡。南都旧事重挥泪，北部新声此擅场。怀梦草，返生香，填胸百感对衷肠。金元词笔翻关、马，一笛苹风倚夕阳。

《疚斋杂剧》共有八折戏。前四折为：《别离庙蕊仙入道》、《午梦堂叶女归魂》、《马湘兰生寿伯毂》、《卞玉京死忆梅村》，后有附录四则。后四折为：《疚斋南海神杂剧》、《疚斋云婵娘杂剧》、《疚斋廿五弦杂剧》、《疚斋郑妥娘杂剧》。前后八折戏，从结构、剧情上看，各自独立。这种体例始于明代徐渭的《四声猿》。一般说来，元杂剧体例的特点是四折加一个楔子；一出戏只由一个角色主唱。凡由正旦主唱的叫"旦本"，由正末主唱的叫"末本"。每一折里唱词由同一个宫调的一些曲牌组成套曲。现在来看《疚斋杂剧》前四折，四折之前有七言概述了四折大意：

> 别离庙蕊仙入道，午梦堂叶女归魂。马

湘兰生寿伯毂，卞玉京死忆梅村。

这四句七言，分别是以下四折戏的题目。四折全是"旦本"。第一折，由饰吴蕊仙的旦角一唱到底；第二折，由饰叶小鸾的小旦一唱到底；第三折，由饰马湘兰的旦角一唱到底；第四折，由饰卞玉京的旦角一唱到底。再看所唱的宫调、曲牌，从第一折到第三折，作者皆用南北合套，第四折用了北曲。如第一折旦唱第一支曲子，北曲仙吕宫点绛唇；第二支曲子，北曲仙吕宫混江龙；第三支曲子，北曲仙吕宫油葫芦；第四支曲子，南曲仙吕宫天下乐；第五支曲子，北曲仙吕宫哪吒令；第六支曲子，北曲仙吕宫鹊踏枝；第七支曲子，北曲仙吕宫寄生草；第八、九两支曲子都是幺篇，即前腔；第十支曲子，北曲仙吕宫金盏儿；第十一支曲子，北曲仙吕宫赚煞。从这前四折来看，其体例基本符合元杂剧的格式。元代杂剧用的是北曲，但到了明代中叶以后，杂剧受到传奇的影响，杂剧的结构和典腔有较大的改革，用南曲写杂剧已成为一时的风尚，何况在民国时代冒广生写杂剧呢！

我们再来看看《疚斋杂剧》的后四折：《疚斋南海神杂剧》、《疚斋云婵娘杂剧》、《疚斋廿五弦杂剧》、《疚斋郑妥娘杂剧》，和前四折有所不同，突破"旦本"、"末本"的格式，根据剧情安排角色的唱，戏中各个角色都唱；曲腔前两折用南北合套，后两折用南曲。王国维在《宋元戏曲考》中指出："关汉卿之《蝴蝶梦》第三折则旦之外，俫儿（元曲里儿童的俗称）亦唱。""唯《西厢记》第一、第四、第五剧之第四折，皆以二人唱。"这说明突破"旦本"、"末本"的体例早有先例。

从总体来看，《疚斋杂剧》的体例仍属杂剧的范畴，而非昆曲传奇；从曲腔来说，也不能说用了南曲就算昆曲。

吴梅称赞冒广生"金元词笔翻关、马"、"遍尘寰，恨识先生晚。论词场，孰是宫、乔、马、关"（分别见《鹧鸪天》、《太师引》赞词）。两处皆以元代杂剧作家相比，冒的杂剧才华不言而喻。

以上对《疚斋杂剧》的形式作了肤浅介绍，现再读《疚斋杂剧》的具体内容。

第一折　别离庙蕊仙入道

吴蕊仙夫亡家衰，渡江到如皋，深受冒辟疆同情照顾，寄居深翠山房年余。她对冒的道德、文章、人品十分爱慕，但有羞于自炫自媒，不愿厕身于冒辟疆的贤妻、爱姬之中，无可奈何，只得出家为女道士，长斋礼佛。冒在南郊杨花桥盖了一所庙宇，庙名"别离"；吴蕊仙向冒告别，冒为她饯行并亲送至别离庙。这一折可分为三个场面：告别、饯行、送庙。通过这三个场面，作者把吴蕊仙对冒的深情和冒对吴的留恋深刻细腻地表现出来。例如冒辟疆告别吴蕊仙时说："今日席间本约有陈（其年）、戴（务旃）两世兄作陪，少停必到，趁此千金一刻，私语无人，蕊仙蕊仙，可有一言以赠临别？"（旦扮吴蕊仙）司李呵！（唱）[天下乐]你故国山河涕泪多，铜驼。痛心荆棘过，把妇人醇酒陶哀乐，不觉的双鬓皤。司李，今后你须保重。（生）则是舍不得你。（旦）女儿家值什么，休要思量再为我。

送庙一场更表达了吴蕊仙的悲痛心情。她对冒辟疆说道："这'别离'二字好痛人也！"并唱道："茅庵一个无多大，木鱼早晚做生活，清斋煨竹笋，活火煮松萝，有情天亦老，于佛意云何！"又对冒说道："司李，天长地久亦有尽时，石烂海枯则需情在。"

作者在这一折中抓住"别离"二字，深切地显示了吴蕊仙、冒辟疆之间的情意，并寄寓冒辟疆对亡明的哀痛之情。

第二折　午梦堂叶女归魂

这一折有浓烈的虚幻色彩，写吴江窈窕淑女叶小鸾的鬼魂归家探视父母。叶小鸾的爹爹叶绍袁，官居工部；母沈氏，系出名门。叶小鸾颖慧异常，十四能弈，十六善琴，能摹写山水、落花飞蝶，又生得玉颊修眉、丹唇皓齿，"比之梅花觉梅花太瘦，比之海棠觉海棠少清"。她是父母的掌上明珠，钟爱异常，自幼由父命许配昆山张大参之子立平，已择定吉日良辰让夫婿前来入赘，不幸，于吉日前五天染病身亡。叶绍袁怀念成病。听得吴门渤庵大师能以佛法行冥事，于是请其招魂。渤庵向叶绍袁说，叶小鸾前生是月宫中侍书仙女，名叫寒簧；女婿张立平前生姓郑，是浙中一巨卿公子，年少才高。寒簧偶在他读书楼下、花架间一展芳容。公子惊艳，寒簧因而受罚，堕落凡间，与张立平名为夫妇却实际不成伉俪。接着渤庵大师施展法力，以扶乩显示将叶小鸾鬼魂招来与叶绍袁相见，互道人间、阴世思念之苦。叶小鸾表示愿意随

渤庵大师皈依佛门。此折的主题，在于教人看破红尘，斩断情丝。且看叶小鸾鬼魂受戒后唱道："呀师僧，师僧神圣；断绝痴情，好似醍醐灌我顶。我于今五蕴空明，六根清尽。志心归命，猛可的通身汗如冰，一梦尘缘竟。""回头来告爹行，休得要这悲哽，夫妻儿女恁心疼，也不过昙花片时留幻影（内作鸦叫声），乱鸦啼醒，甚冤亲付与一楸枰。"又道："爹爹，你是大智慧人，还要眼明手快，情种愁苗，乃是入地狱的张本，不如一刀两断，立地清凉。爹爹珍重。"说完她随渤庵大师而去，叶绍袁把这段事写入他的《午梦堂文集》。

第三折　马湘兰生寿伯榖

马湘兰，名守真，小名月娇，性爱画兰，因号湘兰。金陵名伎。她父母早亡，堕落烟花，能作诗，名噪一时。她和姑苏王伯榖相恋，但未成百年之好。她趁王伯榖七十寿辰，重金聘了一班女乐特地到姑苏为他祝寿，做寿的名士有柳陈父、潘景升、陆无从、冒伯麟等。王伯榖也很想念马湘兰。贺寿时，众人谈笑风生称："姐儿来伴白头翁。"全剧人物调笑雅谑，情意融洽，歌舞达旦，宴饮竟日。这一折歌颂了马湘兰的豪爽及对王伯榖的一片深情。

第四折　卞玉京死忆梅村

卞玉京，又名卞赛，早年隶秦淮乐籍，后厌恶风尘出家为道士。但她常思念往事，昔日在山塘侨寓，与吴梅村一见倾心，要委身梅村，可不知何故，梅村不语，她以后就不再心向往之，但形萦梦绕，解脱不得，渐渐思念成疾。梅村也并未忘怀，他住在太仓，托郑保御捎信给玉京，向她致意十分想念她。卞玉京把自己所画的墨兰托郑带给梅村。抚琴暗自伤感，不能像柳如是、顾横波那样嫁给钱、龚做了尚书夫人，孤苦伶仃出家做道士又病魔缠身，于是托付使女柔柔转托郑保御，在她死后把她葬在无锡城东三十里祇陀庵外的锦树林，坟头上种棵相思树，如果来年结了籽，"一半儿先寄他，一半儿留供佛"。又交代柔柔："吴梅村如在清明时节来祭扫，你杀只鸡，买尾鱼，替我做一个权时地主。"

这一折虽只写了卞玉京绝命时的一个片断，却充分表达了卞对吴的一往情深。

在这四折戏之后，有附录四则，关系到四折戏内容的考证。当然，写杂剧是文艺创作，附录则是

根据真实的笔记写成的点滴史迹，二者是不相同的。这可以看出冒广生受清代朴学的影响，更可以了解他提炼生活、创作艺术作品的才华。

下面再读《疚斋杂剧》的后四折。

后四折从题材来说，有鬼神、海神与人合一修庙的故事，有少数民族女土司和属下汉人相恋的韵事，有烟尘女子和文士相爱赠送断肠诗的恋帖，有风尘寂寞的南明歌伎思念旧时恋人寓意南明覆亡的悲痛心迹，题材较为广泛。

第一折　疚斋南海神杂剧

屈大均和王华姜夫妇的鬼魂到南海神庙参拜，只见神庙荒凉；南海神告诉他俩无人祭祀，司庙、土豪恶霸又偷窃神庙，致使败落荒芜。屈大均告诉南海神，自己的坟墓是请西关的陈樾修葺的，建议海神宴请他，请他修庙。于是海神叫梦神请来陈樾并宴请了陈樾和屈大均夫妇，席间有蟹精、虾精、蚌精、鳖精上场跳舞助兴，又有龙女劝酒，宴毕应允修庙，海神邀他们同游华山。

这折戏神话色彩浓郁，似乎在影射现实中的"司庙"、"土豪恶霸"，这些人干尽坏事，连鬼神都不放过，另一方面宣传仁人乐善好施还是大有人在。

第二折　疚斋云婵娘杂剧

此折描述俏丽的少数民族女土司云婵娘，她收留了因骑马撞着昏官黄令而被拘系的邝露，任他为掌书记，并对他产生了爱情。她传令大小三军到昆仑关操练，所属各土司都来听令，办筵席与邝露欢饮。云婵娘酒醉入睡，各土司蛮族跳舞，天姬（小旦扮）请邝露跳舞，邝露抱着天姬跌倒，云婵娘上场扶起邝露，邝露向她献《鹧鸪天》词："当筵翠袖翩翩舞，暗地红丝细细牵。"云婵娘和他一首《浣溪沙》："看花偏爱老来娇，未谱蛮语抱蛮腰。"足见两心相印。最后，邝露和云婵娘一个弹琴一个吹箫，相和在欢乐中结束。

此折写得别开生面，剧情简练，场面很有气势，人物形象非常鲜明生动，歌颂云婵娘俊俏、英武、豪迈、爽朗，颇具力度。如旦（扮云婵娘）唱[南曲仙吕宫江头金桂]："风裘貂帽，扣狮蛮一捻腰……似秦良玉一般慷慨，比龙幺妹越发妖娆，才信夫人城峻，娘子军骄。令如山，谁敢摇？则见那辕门启处，三声鸣炮，众儿曹，一个个褒鄂都腰箭，哥舒夜带刀。"这一曲中云婵娘娇艳英武的姿态跃

然在前。

第三折　疚斋廿五弦杂剧

阎尔梅，别字古古，在淮安时和蒨娘相识。蒨娘聪明绝顶，而身世可怜。阎尔梅正在苦苦思念蒨娘时，从淮安带来蒨娘书信，书信是一首未写完的"七绝"，只得二十五个字："只为愁多与病多，那堪扶病唱骊歌。征车未发肠先裂，珍重前途……"因此叫"廿五弦"。阎尔梅设想蒨娘为何不将诗写完的种种情况，他想把诗句补全，可始终补不出来。最后，阎用一块曾在淮安替蒨娘抹眼泪的手帕把蒨娘的诗作保存，以寄托无尽的相思。

此折只是一个片断，写得缠绵悱恻，曲词凄丽婉约，阎尔梅与蒨娘的思恋之情流溢于字里行间。剧情生动，形象逼真恰到好处。

第四折　疚斋郑妥娘杂剧

郑妥娘又名郑如英，小字妥娘，是秦淮八艳之一。晚年风尘寂寞，有"门前冷落车马稀，老大嫁作商人妇"之叹。有一天，她到院中闲步，回想起当年的恋人期莲生寄迹瓯江，好久不通音信，便写信伺机托便人捎去。信中流露了思念期莲生之情。正在这时，说书老汉柳敬亭来访，他自从宁南侯左良玉阵亡后浪迹江南，说书糊口，内心深处对明王朝的覆亡十分伤感。郑妥娘接待了他，称他为"麻子哥"。柳带着一张"军中说剑图"，图上有吴梅村、冒辟疆、纪伯紫等人的题咏。两人观图不胜今昔之感。柳敬亭说了一段"武松打虎"之后，告辞要去送徐霞客游雁荡。妥娘把致期莲生的信托柳带交期莲生，以慰相思之苦。

这折戏格调沉郁，情节完整，把缅怀南明王朝的沉痛心情充分表现出来。柳敬亭唱[绵搭絮]："余生垂尽，难尽的只心肝。莽莽关山，双袖龙钟双泪弹。我得向前滩，买杆渔竿，一任他天荒地老，雨覆云翻，一向贪欢，再睹承平难复难。"唱毕，与郑妥娘都伤心地流泪。同唱[余音]："天涯老大同嗟叹，一样的蓬飘萍泛，看点点林鸦又噪晚。"

综观冒广生的《疚斋杂剧》，均取材于南明复社诸君子和金陵名伎的风流韵事，借他们的深沉恋情反映了当时文人的家国之痛，真是："满纸柔情，都是泪斑。"全剧文辞雅达、绮丽，曲调宛转、深

（下转第 145 页）

# 也谈编修家谱

周思璋

读了《博物苑》总第十八辑所载张柔武先生《认祖归宗当有据》和徐、周二先生《新修家谱琐谈》，不揣浅陋，补谈一二，以供参考。

家谱又称"家乘"，或称"宗谱"、"族谱"，是我国汉族人民特有的传统文化，起源于古代帝王、诸侯的谱牒。魏晋南北朝时，做官和婚嫁特重门第，谱牒作为贵族、官僚保持门阀的工具，故官宦世族皆编纂一姓的宗谱，记载显赫的祖先和繁盛的家族。残唐五代时，礼崩乐坏，门阀之见淡薄，谱学衰微。北宋崇儒教，倡理学，讲"三纲五常"，编纂家谱之风兴盛，上自官宦，下至庶民，除划入"倡、优、隶、卒"者而外，皆得入谱。相沿至明清和民国初年。自从战火燎原，民生凋敝，日食艰难，谈不到编修家谱。到了"千万不要忘记阶级斗争"的年代，家藏宗谱就成为"封建社会官僚地主的孝子贤孙"，不得不将祖先费心劳力编成的家谱付之一炬，或是卖入造纸厂。近年来政通人和，百废俱兴，海内外同胞雍洽和睦。离乡背井的炎黄后裔，不辞千里迢迢，跋山涉水，寻找祖先生根发源之地，访求同宗合祖的骨肉同胞；然而故老凋谢，谱牒散失，难以追本穷源，故而编修家谱成为急不容缓的大事。史是记载一国之历史，志是记载一方之历史，谱则记载一族之历史，不可偏废。但家谱创始于封建社会，难免瑕瑜互见，所以多数人提出要去芜求精，增加新的资料。

古代重男轻女，一家一族以男子为中心，固然不合于男女平权，而且近年来实行计划生育，城市不论男女仅生一胎。出嫁女子和她的配偶、子女理应载入家谱，但如何写法值得研究。如张姓的姑娘嫁给李姓，所生子女从父姓"李"，再下一代李姓的姑娘嫁给王姓，子女又从父姓"王"。如此继续下去，《张氏家谱》就成为《众姓公谱》了。我认为要制定一个比较妥善的规章。从前家谱记载出嫁之女是在其父的名讳下注："生几女。长适某某；次适某某。"今后新编家谱是否可将出嫁之女另写一行，下注其丈夫和子女以及孙子、孙女、外孙、外孙女。这样由女儿、女婿下溯已有三代，不能再往下写了，不知是否妥当。

新谱的起始。我认为编谱如同编纂史志一样，要翔实可靠，经得起推敲。如钱姓传说是八百岁的彭祖（传说名彭铿，又作彭籛）之后，彭祖是神话人物，不可信以为真。我家周姓历来传说是周平王（姬宜臼）之后，因犬戎入侵，平王之一子逃入民间，以周为姓。又多数周姓皆自称是宋代大儒周敦颐子孙，故称"爱莲堂"。这些说法或许有之，但缺乏记载。所以，历来编纂家谱皆以始迁之祖为第一世。如皋胡姓以胡瑗之祖修己为第一世；冒姓河西派以冒致中为第一世；河东派以冒桧为第一世。这样祖孙流传，系派连续，信实可靠。困难的是旧谱毁失无存，或是多年不修，世系中断，子孙不能记忆祖先名讳和房族支派，也有因人口繁衍，支派众多，有的散住外地，难以调查。我以为只能尽力为之，宁缺毋滥。如族众支繁，只能就一支一系新编，从前也是如此，称为"某氏某房支谱"。如果有规定的名字排行，就可以推算出是第几世。但有的人家没有规定，如皋冒姓和沙姓都没有规定，只能凭个人回忆，有的模糊不准。

总之，编修家谱是艰巨的工程，要群策群力，集思广益，尤其是被推选为执笔者要多看各家旧谱,互相参考,取长补短,不能自以为是,轻易动笔。至于"倡优隶卒不能入谱"是封建社会的糟粕,理应废除。从前男子丧妻后继配是"天经地义",可以载入家谱;女子丧夫再醮就讳而不记,也不合于男女平权,应当如实记载。前夫所生子女和后夫所生之子女也应当分别载入两家的家谱。曾见到有新修家谱增加"职业"一项,我看这是画蛇添足。职业不是永远不变的,有的人还在青年、中年,今后从事何业自己尚不能预知,不记为好。

(上接第 143 页)

沉、动听,不愧为名家之作。

行文至此,笔者不无感慨:中国戏曲有"曲海词山"之说。众所周知,从作为中国戏曲雏形的宋、元杂剧的存目来说,能知其名目的不下千种。金、元杂剧有撰著人姓名的约在七百种以上;明、清传奇更是作家辈出,作品如林;清代地方戏勃兴以后,很多大型作品都有"唐三千、宋八百"之说。这是就历史故事戏而言,至于神话传说、民间生活以及其他各种题材的作品,更是不可胜数。我国的戏曲剧目可以称得上是"浩如烟海"。不过,随着时代的推移,由于历史上的种种原因,绝大部分被淘汰掉了,有剧本流传的毕竟是少数。而且,由于古代印刷出版条件的限制,加上曲文深奥难懂,不易成为普及的东西。至今上演不辍的剧目,经过了不断的整理改编,也只是其中极小的一部分。

拙文写作初衷,只是信笔拈来,浅读古戏曲的渊源所在,温故知新而已。不当之处,还请方家批评指正。

# 城市化进程中绿化景观的雷同化纠谬与创新

## ——以"中国近代第一城"南通市研究为例

曹玉星

南通是我国首批对外开放的 14 个沿海城市之一。"中国近代第一城"的命题，为 2002 年 7 月城市规划及建筑学家吴良镛首次到访南通博物苑，参观过清末状元、实业家张謇的业绩展览后的"大胆假设"[①]。南通在 1895～1925 年"是中国人基于中国理念，比较自觉地、有一定创造性地、通过较为全面的规划、建设、经营的第一个有代表性的城市"[②]。南通好在没有大规模的旧城改造运动，许多历史遗迹得以保存。2008 年 10 月 28 日，国家住房与城乡建设部在北京举行授牌仪式，正式授予南通"国家园林城市"荣誉称号。2009 年 1 月，国务院同意将江苏省南通市列为国家历史文化名城。城市荣誉越来越多，城市似乎一夜间有了飞速的改变。然而面临中国新一轮的经济发展和规划浪潮，南通的城市建设也正面临十分严峻的考验。本文以南通的城市绿化景观为例对城市的绿化景观（green space）建设作一探讨。

### 一、堪称"中国近代第一城"的南通市绿化景观存在的问题

1. 城市绿地规划设计力量不足、思路缺失

南通虽然获得"国家园林城市"的称号，但根据评审专家讲还是欠账很多，欠缺不少，机构不全，人才不精。南通地方园林绿化规划设计力量长期缺乏，无精品力作。南通市有资质的园林绿化（风景园林）设计院（所）仅有南通市规划设计院有限公司、南通市市政设计院有限公司等少数几家，况且也不是主项，专业有资质的风景园林设计院所目前还没有。如今新一轮的城市规划建设浪潮如火如荼，新建或改建的城市道路绿化、街头绿化、小区绿化也大量产生。这样的设计任务就

落在上面讲的少数几家，本来设计力量就匮乏，加上紧急繁重的任务，设计作品就难免抄、套、不能因地制宜，闭门造车加上一定长官意志，何谈精品力作。许多房地产商在规划楼盘时不惜重金专门策划，包括绿化景观，有请美国贝尔高林、泛亚易道、日本奥原等著名景观设计公司的，理念是新，但建设成本高，许多也不因地制宜，概念图一宣传，楼盘一开，实际已相去甚远。如天安花园人工水渠式的水景，机械、做作、呆滞，城市绿地的规划设计看不出是自然式、规则式还是抽象式、混合式。另外，城市整体规划的短视性、随意性、意志性，导致城市公共绿地不断为其他市政设施（公交车道、立交桥脚、停车场等）让位，建了又拆、拆了又建的情况屡见不鲜，国家许多资金付之东流。南通市通京路、通富路、工农路、星湖大道（江苏省道 336 线部分）、市民广场等短期内绿地几次改造就是例子。

2. 绿化景观的意境消解、精髓缺失

赶时髦的当下城市绿化景观，越来越西化和洋化了，越来越远离中国古典园林天人合一、道法自然、含蓄隽永和诗情画趣的观念，在急功近利变为社会价值标准的时代，绿化景观的规划建设趋于媚俗化，普遍的物质化、科技化，无视高妙意境的诠释。许多绿化景观往往都只有优雅之名，而无优雅内涵，地域特色淡化，原有的生态人文景观退化或湮灭。当下城市绿化景观 = 进城的大树 + 密植的灌木 + 地被植物，或者再配些做作的水景、石景或点些景石，或者再加些没有设计等次的园路和铺装。星湖大道（江苏省道 336 线）两侧最近的绿地改造增加了园路，快速路两侧的绿地又有几个人去漫步休闲呢？如果说城

市绿地植物配置＝乔木＋灌木（球类、色块）＋地被（花卉、草坪）的话，就是不谈什么精髓、意境的话，也应该有多种设计方法。用数学排列组合的理论就有 $A_m^n$ 或 $C_m^n$ 种设计，m＝（乔木、灌木、地被），n＝每次设计所取植物品种。如果抛弃具体植物品种，就抽象的乔木、灌木、地被三种元素而言，也有 $A_3^3$（通常设计做法）＝1 种，还应该有 $A_3^2＝6$ 种，$A_3^1＝3$ 种，共有 $A_3^3＋A_3^2＋A_3^1＝10$ 种设计方法。为什么城市绿地就雷同到 $A_3^3＝1$ 种设计手法呢？如果再运用好"园林植物造型艺术"[3]，绿化景观就更加丰富多彩了。

西化和洋化突出地表现为大量的色块运用，时髦什么，流行什么。主要是绿、黄、红三种色块，绿色色块主要有龙柏小苗、龟甲冬青、黄杨等，黄色色块主要有金叶女贞、金叶黄杨、小丑火棘等，红色色块主要有红叶小檗、红叶石楠、红花檵木等，绿地中随处可见这样三种弯弯曲曲的色块。要不就是密植的花灌木，如栀子、杜鹃、茶梅、海棠、月季等，也有用桂花密植做绿篱的。这样的例子就随处可见了。

没有意境、没有精髓的雷同化的城市绿化景观，必将形成城市外部形象感知的碎片化，丧失城市形象与品牌的构建[4]。

### 3. 绿化建设以快代慢、"重实轻虚"

南通如全国 200 多个地级市中 183 个规划建设国际大都市一样，在"土地的"城市化（而非人的市民化）进程中，城市绿化建设也是以快代慢，无视植物生命规律，不论四季昼夜地建设。"只争朝夕"的紧迫观念、建设速度，缘于"落后就要挨打"的教训，"自强不息"、"厚德载物"的民族传统，便有奋起直追、"师夷之长技以制夷"的精神，恨不得一日千里，迎头赶上。这种精神催动了中国的经济发展，也促进了民族的复兴。但是，由慢变快的发展速度，使人们的心气越来越浮躁，这直接影响了人们对天人合一、道法自然、含蓄隽永和诗情画趣的精神追求与社会践履[5]。在这样的文化氛围之下，中国园林的文化理念就很难在现代城市绿化景观中贯彻了，更不用说"大道工程"、"广场工程"等形象工程了。各地为争办、举办园艺博览会而建设的"园博园"也许就是明证。

除了"一日千里"的速度，还有就是"一次成型"的密度，许多新建、改建的"一次成型"的城市绿化景观，既违背植物生命、生态规律，更谈不上中国传统园林艺术的精髓妙谛。再者，园林绿化景观讲究虚实相生，对"留白"缺乏足够的重视，过度"重实轻虚"，必将以实损虚，破坏城市绿地的空白之美[6]。在城市绿地建设中，要注重简洁与丰富的辩证关系。

### 4. 绿化植物弃旧趋新

当下城市绿化景观，好似做流行服装，也在赶着时髦。大连的"草坪风"、上海的"大树热"已是明证。现在城市绿地上靓丽的草坪、鲜艳的花卉无一不是国外引进的草种、花种，许多绿地、花园、广场的绿化可见一些伤病员式包裹的大树，或是异国他乡的新品种，如南方的植物海枣树等。如今，除了四季常青的草坪、灌木色块，绿化开始追求景观效果，乔、灌、草结合，针、阔、竹混交，这不，城市绿地又在开始改造了。于是，世界四大行道树（悬铃木、七叶树、椴树、榆树）之一的悬铃木（法国梧桐）已逐步被香樟等取代，乡土树种难觅踪影。天翻地覆，沧海桑田，社会新陈代谢急骤。人们长期对奇花异木的偏好以及对乡土物种的歧视和审美偏见，使传统文化越来越处下风。弃旧趋新，妨碍了对中国传统文化和学养的传承，再加上一味盲目刻意地对立体多层次的景观效果的追求，规划和建设的绿化景观的效果就可想而知了。其实，朱熹在《鹅湖寺和陆子寿》中有"旧学商量加邃密，新知培养转深沉。却愁说到无言处，不信人间有古今"的诗句；清末状元、实业家张謇推崇"不薄今人爱古人"，自觉地、创造性地建设、经营城市的博物态度，早就为后人树立了榜样。

### 5. 绿化养护管理欠缺

南通犹如我国其他城市一样，绿化建设作为一项重要的基础设施建设已被纳入政府的国民经济和社会发展计划，投入不断加大，步伐不断加快。各地积极创建园林式城市。但城市绿化普遍存在着重建设轻管理的现象，充分认识绿化养护的重要性，切实做好绿化养护工作已成为城市绿化工作的当务之急。对绿化养护重要性认识不足，经费缺乏，技术装备落后，绿化养护措施不到位，是养护欠缺的主要原因。目前，南通尚无国家一级资质的园林绿化施工企业，更不用说有资质的园林绿化监理企业、养护企业了。现在采取的一些养护措施,方法比较简单,技术含量低。养护管理人员由于缺乏必要的技术培训,技术业务素质普遍较低,养护工作缺乏创新,养护效率低,效果差⑦。

**二、绿化景观雷同化纠谬与多样性创新**

1. 城市绿地系统规划设计的思路

面临新一轮的发展和规划浪潮,南通的城市绿地系统要按照"科学发展观"的要求,切实转变思路,解放思想,高度重视环境保护、生态保护,城市绿化要注意人与自然的和谐共处,要以超常规的方式为人民高质量地搞好长期稳定的城市绿地系统生态景观专业性的规划设计。作为一个城市自然生产力的主体,城市绿地系统是城市生态系统的核心,应该贯穿于城市规划建设经营的全过程,而不仅仅是市政工程、房产工程的后期配套、点缀修饰和拾遗补漏。按照功能片区特点和环境质量要求,实施"顶层设计"模式,做好城市绿地系统生态的规划设计,明确与自然系统相和谐、低碳型、节约型的城市绿地系统建设新思路,指导城市绿化景观非千篇一律雷同化发展,而是和谐有序循环社会型发展。早在1895年,清末状元张謇针对南通独特的区域优势,开始运用先进的规划理念对南通进行功能定位、区域布局和建设治理,从统筹城乡发展的角度,构成了"一城三镇,城乡相间"的空间格局,确立了南通田园城市的地位,比近代城市规划先驱霍华德的"田园城市"学说还早三年。如今如何"彰显个性、放大优势"⑧也是南通城市绿地系统规划设计的新课题。

2. 地域理念定位与模式创新

南通有中国七大盆景流派之一的"通如派",有"云头,雨足,美人腰"的美誉与特点。张謇按照"一城三镇"思想布局的狼山花园私宅以及风景休闲区之"林溪精舍"、"葵竹山房"等景点是宝贵的历史园林遗迹。南通是中国首批对外开放的14个沿海城市之一,滨江临海,有"中国近代第一城"的荣称,有诸多全国第一,是"模范县"。南通应该在全国乃至全球范围内寻找自己的战略发展道路与定位,创造自己的"植物差异"、"景观差异"、"文化差异"、"功能差异"和整体性"价值差异"。城市绿地系统个性建设的差异化定位,就是城市自然生产力发展的资本和动力。在差异化发展中寻找到自己的价值观,在差异化地域理念定位与发展中找到自己的城市哲学。在全球一体化中创新自己城市特有的"绿地模式"、"生态模式"、"文化模式"。在城市各类绿地建设中要以"科学的内涵、艺术的外貌、文化的底蕴"为建设理念,以"人民满意、历史记忆"为建设目标,建设真正的"园林"式城市、"公园"式城市、"花园"式城市、"植物园"式城市。可以按照"一路一树"、"一地一色"、"一区一景"等方法统筹城市绿地景观,即使是"一路一树"局部简约的做法,如"梅花路"、"樱花路",也是集该树木园艺品种大全,外延简约,内涵丰富,局部简约,整体丰富。城市绿地用"植物园"专类园营造的理念来建设,创造一个真正具有"江风海韵"、适宜人居的"泛森林化"、"泛公园化"、"泛田园化"⑨的"国家园林城市"。

3. 加强城市绿地系统生物多样性保护

南通"据江海之会、扼南北之喉",南通五山(军山、狼山、剑山、黄泥山、马鞍山)是江南茅山山系的终端,构成江海平原的制高点。五山宋初在江海之中,宋中叶才逐渐与大陆涨接,而元明时军山一度坍入江中,直至康熙末年(1722年左右)才与大陆再次涨接。军山北麓比较陡峭,东南麓比较平缓,阶梯式分层次的植物群落丰富。岩石隙缝间向阳面上生长着耐瘠喜阳的乔灌木植物,背阴的隙缝间生长着攀缘性植物,山脚下树木丛间生长着耐阴耐湿的草本、花卉类植物,如地衣、鱼腥草、苔藓、铁线蕨、野芝麻、金钱草、车前草、筋骨草等,植物种群种类繁多,自然形成一处具有原始状态的生态区域。南通濠河,曲水回环,绕城而流,水面70万平方米,景观丰富,林木葱郁,是城市的"翡翠项链"。南通启东市长江北支入海口圆陀角风景区等均是生物多样性保护的重要区域。因此基础较好,所以要加强城市绿地系统生物多样性保护的研究以及绿化植物的地道性、本土化研究,加快地方性、乡土性、历史性植物品种的育种、繁殖与应用。

4. 探索城市绿化养护管理走社会化、产业化的路子

探索城市绿化养护管理走社会化、产业化的路子,可以保证城市绿化的水平和质量。园林绿化工作高度产业化,在城市、乡村,花、草、树木有

专门的机构、专门的人员收集良种、培育改良种苗,有专门的企业生产、销售,有成熟的管理公司维护、保养,有特定的协会组织交流、展览,为人民生活不断创造、增添、培护好亮丽的城市绿化景观⑩。

　　5. 强化监督与管理

　　在城市绿化景观的规划建设中,还应该建立高素质的监督与管理队伍。建立高质量的绿化景观系统,着力宣传普及科学的绿化景观知识,提倡生态化生产消费观念,倡导健康的生态价值观。而不是盲目追求 GDP 经济数量增长,不顾自然生态保护。时至今日,"形象工程"、"政绩工程"仍然红红火火,但诟病实在太多。在城市化进程如火如荼地推进之时,如何尽最大可能地医治各种"城市病",《求是》杂志 2011 年第 6 期刊登习近平同志题为《关键在于落实》的文章,对部分领导干部追求表面政绩,搞华而不实、劳民伤财的"形象工程"提出了严厉的批评。不久前,住建部也对城市高价买绿的不良倾向提出了严厉的批评,并且要求坚决制止这种急功近利、贪大求洋的做法,坚持只用对的,不用贵的,用最少的钱建更多的绿,实现城市生态环境建设的健康发展。城市绿化景观建设应高度尊重和保护生态环境,因地制宜,充分体现科学发展观。

　　另外,要学习传承中国传统园林艺术的精髓,注重地域人文特色和不同人群的高雅精神诉求。

　　总之,城市化进程中绿化景观的建设是和谐社会建设的一部分。和谐社会建设是一个持久而漫长的过程,但千里之行,始于足下,通过各种技术、行政、教育、科普等方法和行为诱导等多种手段进行城市绿化景观的规划、建设、监督与管理,从而达到雷同化纠谬,让博物思想不再缺失,使人们热爱与理解生命及其多样性,具备现代的科学与人文精神,关爱自然、尊重自然、理解自然以至积极行动起来保护自然生态环境,从而实现城市绿化景观的个性化循环社会型发展,迎接中国园林和中华民族的伟大复兴。

**注释:**

　　①吴良镛《张謇与南通"中国近代第一城"》,《人民日报(海外版)》2003 年 6 月 18 日。

　　②同①。

　　③曹玉星、陈蕾《园林植物造型艺术》,《园林》2001 年第 3 期。

　　④张鸿雁《被长三角结构空洞化的南京城市定位批判研究与建构》,《中国名城》2011 年第 3 期。

　　⑤温扬真《园林设计原理概论》,中国林业出版社,1989 年。

　　⑥沈葆久等《深圳新园林——抽象式园林》,海天出版社,1994 年。

　　⑦曹玉星、仇磊《中日城市园林绿化养护浅见》,《林业建设》2010 年第 1 期。

　　⑧丁大卫《在第二届世界大城市带发展高层论坛市长圆桌会议上的演讲》,http:// jiangsu. mofcom. gov. cn/aarticle/sjdixiansw/200604/20060402019282. html。

　　⑨同④。

　　⑩同⑦。

**图书在版编目(CIP)数据**

博物苑.总第 20 辑、总第 21 辑 / 南通博物苑编.—
北京:文物出版社,2013.12
　ISBN 978-7-5010-3919-7

　Ⅰ.①博…　Ⅱ.①南…　Ⅲ.①博物馆事业—南通市—
丛刊　Ⅳ.①G269.275.33-55

　中国版本图书馆 CIP 数据核字(2013)第 286719 号


| 书　　名 | 博物苑(总第二十、二十一辑) |
| --- | --- |
| 主　　编 | 赵　鹏 |
| 副 主 编 | 金　艳　徐　宁 |
| 责任印制 | 梁秋卉 |
| 责任编辑 | 周艳明 |
| 出版发行 | 文物出版社 |
| | 北京市东直门内北小街 2 号楼　邮编 100007 |
| | http://www.wenwu.com |
| | E-mail:web@wenwu.com |
| 印　　刷 | 北京君升印刷有限公司 |
| 开　　本 | 889×1194　1/16 |
| 印　　张 | 9.5 |
| 字　　数 | 200 千字 |
| 版　　次 | 2013 年 12 月第 1 版第 1 次印刷 |
| 标准书号 | ISBN 978-7-5010-3919-7 |
| 定　　价 | 30.00 元 |

投稿信箱　bjb@ntmuseum.com